Christoph Dohmen
Mose

Biblische Gestalten

Herausgegeben von
Christfried Böttrich und Rüdiger Lux

Band 24

EVANGELISCHE VERLAGSANSTALT
Leipzig

Christoph Dohmen

Mose

Der Mann, der zum Buch wurde

EVANGELISCHE VERLAGSANSTALT
Leipzig

Christoph Dohmen, Dr. theol., Jg. 1957, ist Professor für Exegese und Hermeneutik des Alten Testaments an der Fakultät für Katholische Theologie der Universität Regensburg. Nach dem Studium der katholischen Theologie und Orientalistik 1985 Promotion und 1988 Habilitation an der Universität Bonn. Von 1990–2000 war er Professor für Exegese des Alten Testaments an der Universität Osnabrück. Er hatte Gastprofessuren in Jerusalem und Rom inne. Seine Forschungsschwerpunkt liegen im Bereich des Pentateuch, der Biblischen Hermeneutik, und des Verhältnisses von Bibel und Kunst.

Die Deutsche Bibliothek verzeichnet diese Publikation in der Deutschen Nationalbibliographie; detaillierte bibliographische Daten sind im Internet über ‹http://dnb.ddb.de› abrufbar.

© 2011 by Evangelische Verlagsanstalt GmbH · Leipzig
Printed in EU · H 7414

Cover: behnelux gestaltung, Halle/Saale
Satz: Steffi Glauche, Leipzig

ISBN 978-3-374-02847-4
www.eva-leipzig.de

INHALT

VORWORT

Biblische Theologie durch das Nachzeichnen biblischer Gestalten und ihrer Geschichte zu entfalten, ist das erklärte Ziel der Reihe »Biblische Gestalten«, deren Band »Mose« hier vorgelegt wird. Mose darf als Schlüsselfigur Biblischer Theologie, die mit Gerhard Ebeling sowohl die in der Bibel enthaltene Theologie als auch die von ihr ausgehende und mit ihr übereinstimmende Theologie meint, betrachtet werden. Denn Mose steht am Anfang dessen, was wir unter Bibel verstehen, insofern er in den biblischen Schriften in einzigartiger Weise mit dem Gedanken des schriftgewordenen Gotteswortes verbunden ist. Deshalb soll im vorliegenden Buch nicht die Biographie einer großen Gestalt der Welt- und Religionsgeschichte nachgezeichnet werden, sondern die Geschichte eines Zeugnisses. Es ist das Zeugnis einer lebendigen Beziehung, weil durch Mose der Grundstein für die Begegnung mit Gott im Wort gelegt wurde. Sie in der Gestalt des Mose zu entdecken, möchte ich die Leserinnen und Leser des vorliegenden Buches einladen.

Der Name Gottes ist in der Bibel nur in der Form der vier Konsonanten »JHWH« überliefert. Die Aussprache des als Tetragramm bezeichneten Wortes ist unbekannt. Das hängt damit zusammen, dass man den Namen Gottes wegen seiner besonderen Dignität im Judentum nicht ausspricht, sondern ihn beim Vorlesen durch Worte wie »mein Herr« (hebr. Adonaj) ersetzt. Diese Bezeichnung »Herr« meint nicht den Mann im Gegensatz zur Dame, sondern den »Gebieter«. In den Bibelzitaten wird im Folgenden dieser Gottesname durch »HERR« wiedergegeben; und nur dann, wenn religionswissenschaftliche Aspekte im

Vordergrund stehen, wird das Tetragramm JHWH benutzt.

In den Fußnoten ist mehrfach vorkommende sowie für die Thematik grundlegende Literatur immer nur abgekürzt zitiert: Kommentare durch den Namen des entsprechenden biblischen Buches, sonstige Literatur durch das Erscheinungsjahr. Genaue Nachweise finden sich im Literaturverzeichnis.

Die Entstehung des Buches in allen Arbeitsphasen hat ermunternd und unterstützend meine Frau Ines Baumgarth-Dohmen begleitet. Ihr gilt weit mehr als ein Dankeswort, zumal sie mir als Kunstgeschichtlerin immer wieder neue Perspektiven auf Mose eröffnet und schließlich den Abschnitt C. 2.1. mit mir gemeinsam verfasst hat.

Zu danken habe ich auch bei diesem Buch meiner Sekretärin Frau Annemarie Dengg, die nicht nur alles geschrieben – und oft wieder umgeschrieben – hat, sondern stets die für alle notwendige und hilfreiche Ruhe ausstrahlte. Mein Assistent Dr. Matthias Ederer hat kritisch mit- und gegengelesen und manch gute Anregung gegeben. Ihm wie auch den studentischen Hilfskräften an meinem Lehrstuhl Stephanie Wäckerle und Verena Speiseder, die das Korrekturlesen übernommen haben, möchte ich herzlich danken.

Franz Mußner, dem Freund und Kollegen, sei das Buch zum 95. Geburtstag gewidmet.

Regensburg,
am Beginn des jüdischen Jahres 5771

Christoph Dohmen

A. EINFÜHRUNG

1. Mit Mose zur Bibel

Die Darstellung des *biblischen Mose* im Rahmen der
Reihe der »Biblischen Gestalten« will nicht eine Person der Vergangenheit auferstehen lassen und als
Mensch mit Stärken und Schwächen in den Höhen
und Tiefen ihrer Lebensgeschichte verständlich machen, sondern sie sucht vielmehr zu entdecken und zu
verstehen, was die Erzählungen über eine Person
durch ihre Geschichte sagen oder mitteilen wollen.
Von einer Person zu erzählen ist selbst dann, wenn es
anscheinend nur um »pure Fakten« geht, nicht von
der Absicht des Erzählers zu lösen, die Ereignisse eines Lebens auszuwählen, zu gewichten und in Beziehung zu einem größeren Lebenskontext zu stellen.
Das weiß jeder, der schon einmal einen Lebenslauf zu
schreiben hatte, denn dabei muss man sich selbst
je nach Anlass und Absicht immerzu entscheiden,
was aus dem eigenen Leben für die jeweilige Absicht
erwähnenswert oder gar notwendig zu berichten ist
und auch *wie* es berichtet werden soll. Selbst die Mitteilung des elementarsten Faktums der Geburt, das
als solches eigentlich noch nichts Besonderes und In-
dividuelles über eine Person aussagt, lässt Aussageab-
sichten deutlich erkennen, wenn man bedenkt, wie
mehr oder weniger Ausführlichkeit und Detailliert-
heit bei dieser Angabe unsere Wahrnehmung aller
weiteren Angaben über die Person lenkt und bestimmt. So kann jemand die Geburt nur durch das
Geburtsjahr – ohne Monat und Tag – angeben, oder
präzisiert durch Stunden-, Minuten- und Sekunden-
angaben. Erweiterte Angaben im Sinne von »geboren

als soundsovieltes Kind« oder präzisierte Angaben über die Eltern durch deren Berufe und Lebensalter etc. lenken bewusst dahin, die Person nicht isoliert zu betrachten, sondern als Teil einer Gemeinschaft und als »Kind seiner Zeit«, was gelegentlich durch entsprechende Erweiterungen beim Geburtsjahr oder Geburtsort angezeigt wird, wenn dabei auf bestimmte Ereignisse Bezug genommen wird. Daran ist zu erkennen, dass es eine enge Verbindung gibt zwischen den Lebensbeschreibungen einzelner Personen und der Erzählung der menschlichen Geschichte. Gerade das Grundelement der individuellen Lebensgeschichte, die Geburt als Kind von einer bestimmten Mutter und einem bestimmten Vater, deutet auf Geschichte hin, weil diese sich als Geschehen in der Zeit an der Folge von Generationen ablesen lässt. Die einfachste und elementarste Geschichtsdarstellung ist die der Genealogie, d. h. der Herkunftsangabe A = Kind der Eltern M(utter)-A und V(ater)-A, die wiederum Kinder der Eltern M-M-A und V-M-A sowie M-V-A und V-V-A sind usw., oder auch im Sinne nachfolgender Generationen denkbar: M-A und V-A hatten die Kinder A-1; A-2; A-3, die wiederum die Kinder A-1'; A-1'' und A-2' usw. hervorgebracht haben. Dass und wie aus solchen genealogischen Stücken Geschichtserzählungen werden, lässt sich auch und gerade in der Bibel sehr gut ablesen, weil sich dort nicht selten genealogische Kurzangaben mit längeren Erzählungen abwechseln. Man gibt also die Generationenfolge an und fügt dann bei bestimmten Personen wiederum einzelne für einen jeweiligen Erzählkontext wichtige weitere Informationen durch die Erzählung von Einzelereignissen hinzu. Wenn größere Geschichtserzählungen bereits vorliegen und überliefert werden, ist es dann auch möglich, durch die Rückführung auf reine Namensfolgen der Generationen die Geschichte kurz zu fassen bzw. so zu erinnern, wie es z. B. zur Eröffnung des Neuen Testaments in Mt 1 geschieht, wenn dort durch ein genealogisches Gerüst die Geschichte Israels rekapituliert und zur Voraussetzung der im Neuen Testament erzählten Geschichte von Jesus dem Christus vorgelegt wird. Am zuletzt genannten Beispiel, beim ersten Satz des Neuen Testaments, wird recht anschaulich, dass eine enge Verbindung zwischen der Darstellung einer Person und der Botschaft, die durch diese Darstellung übermittelt werden soll, besteht. Ganz wörtlich lautet der erste Satz nämlich »Buch der Geschichte Jesu Christi, des Sohnes Davids, des Sohnes Abrahams.« Das »Buch der Geschichte Jesu Christi«, von dem hier gesprochen wird, beginnt nicht biographisch bei den Eltern Jesu und seiner Geburt, sondern ganz einfach damit, dass das, was von Jesus erzählt wird, in einem großen Sinn- und Bedeutungshorizont der Geschichte Gottes mit dem Volk Israel steht, was durch den Rückbezug auf David und Abraham und d. h. auf den Traditionszusammenhang der mit diesen beiden verbundenen Verheißungen hergestellt wird.

Die Botschaft der Bibel ist aufs Engste mit der Erzählung einer geschichtlichen Entwicklung verbunden, die sich als solche gar nicht von der Darstellung von Personen lösen lässt. Die enge Verbindung von Personendarstellung und biblischer Botschaft findet sich in einzigartiger Weise bei Mose. Man kann wohl ohne Übertreibung sagen, dass Mose die wichtigste und auch die zentralste menschliche Gestalt der Bibel ist, insofern man die Bibel als »Heilige Schrift« versteht, wie es im Judentum und Christentum der Fall ist. Juden und Christen verstehen ihr heiliges Buch – ungeachtet der Differenzen zwischen jüdischer und christlicher Bibel[1] – nicht als Wort Gottes, das Gott geschrieben und dem Menschen übergeben hätte, sondern als Zeugnis der Gottesbegegnung bzw. Gottesbeziehung von Menschen. In diesem Sinne wird die Bibel als »Gotteswort in Menschenwörtern« verstanden.

Dieses Grundverständnis der Bibel als Heilige Schrift ist untrennbar mit der Gestalt des Mose bzw. der Darstellung des Mose als Mittler einer göttlichen Offenbarung verbunden. Da sind zum einen die ersten fünf Bücher der Bibel – Pentateuch bei Christen und Tora bei Juden genannt –, die von der Tradition Mose als Verfasser zugeschrieben werden, die zugleich aber in ihrem größten Teil auch von ihm und über ihn berichten, so dass der Verbindungspunkt zwischen äußerer Gestalt und dem Inhalt in der Gestalt des Mose liegt. Die herausragende Bedeutung des Mose für die gesamte biblische Botschaft lässt sich von diesen fünf Büchern des Mose her ableiten, wenn man auf die besondere Bedeutung dieser Bücher im Gesamt der Bibel für Juden und Christen achtet.

Die Jüdische Bibel ist traditionell in drei unterschiedlich gewichtete Teile unterteilt: Tora (Weisung), Nebiim (Propheten) und Ketubim (Schriften).

---

1   Abb. 1 stellt den Aufbau der Jüdischen Bibel (TaNaK) dem des Alten Testaments gegenüber. Durch die griechische Bibelübersetzung sind eigene Bücher – bzw. Zusätze bes. in den Büchern Ester und Daniel – im Alten Testament hinzugekommen, die Luther bei seiner Übersetzung der Bibel wieder aus dem Kanon der Bibel herausgenommen hat. Diese Teile sind in der Übersicht durch Unterstreichung markiert. Zu den Einzelheiten des Aufbaus und zur Erklärung der Unterschiede s. u., sowie C. DOHMEN / (G. STEMBERGER) (1996), 144 ff.

TaNaK		Altes Testament
תורה	**Tora**	
בראשית	Genesis	Genesis
שמות	Exodus	Exodus
ויקרא	Levitikus	Levitikus
במדבר	Numeri	Numeri
דברים	Deuteronomium	Deuteronomium
נביאים	**Nebiim**	
יהושע	Josua	Josua
שפטים	Richter	Richter
שמואל א	1 Samuel	Rut
שמואל ב	2 Samuel	1/2 Samuel
מלכים א	1 Könige	1/2 Könige
מלכים ב	2 Könige	1/2 Chronik
ישעיהו	Jesaja	Esra
ירמיהו	Jeremia	Nehemia
יחזקאל	Ezechiel	Tobit
הושע	Hosea	Judit
יואל	Joël	Ester (Zusätze)
עמוס	Amos	1/2 Makkabäer
עבדיה	Obadja	
יונה	Jona	Ijob
מיכה	Micha	Psalmen
נחום	Nahum	Sprichwörter
חבקוק	Habakuk	Kohelet
צפניה	Zefanja	Hoheslied
חני	Haggai	Weisheit
זכריה	Sacharja	Jesus Sirach
מלאכי	Maleachi	
		Jesaja
כתבים	**Ketubim**	Jeremia
תהלים	Psalmen	Klagelieder
איוב	Ijob	Baruch
משלי	Sprichwörter	Ezechiel
רות	Rut	Daniel (Zusätze)
שיר השירים	Hoheslied	Hosea
קהלת	Kohelet	Joël
איכה	Klagelieder	Amos
אסתר	Ester	Obadja
דניאל	Daniel	Jona
עזרא	Esra	Micha
נחמיה	Nehemia	Nahum
דברי הימים א	1 Chronik	Habakuk
דברי הימים ב	2 Chronik	Zefanja
		Haggai
		Sacharja
		Maleachi

Abb. 1: Die Jüdische Bibel (TaNaK) und das Alte Testament

13

Am Gebrauch der Heiligen Schrift im Gottesdienst der Synagoge lässt sich die je eigene Bedeutung dieser drei Teile gut ablesen. Die Tora steht im Mittelpunkt: sie wird in einer durchgängigen Lesung von Sabbat zu Sabbat normalerweise im Verlauf eines Jahres vollständig vorgelesen. Aus dem Bereich der »Propheten«, der eigentlich noch einmal in »vordere / frühe Propheten« (von Josua bis 2 Könige) und »hintere / späte Propheten« (von Jesaja bis Maleachi) unterteilt ist, werden ausgewählte Lesungen, die den jeweiligen Toraabschnitten zugeordnet sind, im Gottesdienst vorgelesen. Der Bereich der »Schriften« spielt abgesehen von den Psalmen liturgisch eine geringere Rolle. Dieser Gebrauch spiegelt in gewisser Weise eine Wertigkeit der einzelnen Teile der Heiligen Schrift im Judentum wider, die sich in den Texten selbst schon andeutet und darauf zurückzuführen ist, dass das erwähnte Grundverständnis als Heilige Schrift in allen drei Teilen von der »Tora des Mose« abgeleitet wird. Das ist vor allem an den inhaltlich parallel gestalteten Eröffnungen der beiden Teile von *Propheten* und *Schriften* abzulesen:

Josua 1,7–8	Psalm 1,1–2
»7 Sei nur mutig und stark und achte genau darauf, dass du ganz nach der *Weisung* handelst, die mein Knecht Mose dir gegeben hat. Weich nicht nach rechts und nicht nach links davon ab, damit du Erfolg hast in allem, was du unternimmst.	»1 Wohl dem Mann, der nicht dem Rat der Frevler folgt, nicht auf dem Weg der Sünder geht, nicht im Kreis der Spötter sitzt, 2 sondern Freude hat an der *Weisung* des Herrn, über seine *Weisung nachsinnt bei Tag und bei Nacht.*

14

8 Über dieses Gesetzbuch sollst du immer reden und *Tag und Nacht darüber nachsinnen*, damit du darauf achtest, genau so zu handeln, wie darin geschrieben steht. *Dann wirst du auf deinem Weg Glück und Erfolg haben.*«

3 Er ist wie ein Baum, der an Wasserbächen gepflanzt ist, der zur rechten Zeit seine Frucht bringt und dessen Blätter nicht welken. *Alles, was er tut, wird ihm gut gelingen.*«

Auf den ersten Blick scheint die Christliche Bibel einen solchen Vorrang der Mosebücher nicht zu kennen. Bei genauerer Betrachtung der Entstehungsgeschichte der christlichen Bibel in ihren zwei Teilen von Altem und Neuem Testament ist aber zu erkennen, dass auch die christliche Bibel ihr Verständnis als Heilige Schrift von »Mose«, d. h. von der Tora bzw. von der dem Christentum vorausliegenden Heiligen Schrift, der Bibel Israels, her bezieht. Hier ist es nötig, die »Entstehung« der Christlichen Bibel aus Altem und Neuem Testament im Überblick nachzuzeichnen.

Der Ursprung der zweieinen Bibel im Christentum
Sehr früh schon haben die Christen damit begonnen, ihre Christusverkündigung nicht nur mündlich weiterzugeben, sondern auch schriftlich zu fixieren. Gleichwohl geschah dies nicht in der Weise, dass die frühen Christen diese Verkündigung als »Heilige Schrift« konzipiert hätten, vielmehr ging diese Verkündigung von der anerkannten einzigen Heiligen Schrift, der Bibel Israels, aus.

Fragt man nun danach, wann, wie und warum es zur zweigeteilten christlichen Bibel gekommen ist bzw. was dazu geführt hat, dass die Christusverkündigung selbst zur vorhandenen Heiligen Schrift hinzugefügt wurde, dann stößt man auf *Marcion*, einen der bekanntesten Häretiker der frühen Kirche. Dieser Theologe des 2. Jh.s hat nicht das »Alte Testament« als Altes Testament verworfen, wie es nach ihm benannte spätere Tendenzen (Marcionismus) in der Kirche immer wieder versuchten, denn ein Altes Testament gab es zu seiner Zeit noch nicht. Marcion ging es auch in erster Linie gar nicht um die Bibel Israels im Christentum – also das spätere Alte Testament –, sondern er, der in hellenistisch-gnostischen Gedanken beheimatet war, unterschied dualistisch zwischen zwei verschiedenen Göttern mit ihren je eigenen Werken: dem Schöpfergott auf der einen Seite, der die von ihm geschaffene Welt durch sein Gesetz beherrsche, welches sich in der Bibel Israels niedergeschlagen habe, und dem *fremden Gott* auf der anderen Seite, der ausschließlich ein guter Gott sei und sich in seiner erbarmenden Güte in Jesus Christus geoffenbart habe. So gedacht ist es konsequent und logisch, dass die Bibel Israels für den christlichen Glauben abgelehnt werden muss, denn sie zeugt nach Marcions Auffassung vom Schöpfergott und nicht von dem Gott, den Jesus in seiner Verkündigung bezeugt habe. Marcion bleibt allerdings nicht bei dieser negativen Abgrenzung stehen, sondern er geht noch einen Schritt weiter, indem er einen verbindlichen Kanon von Schriften festlegt. Dazu gehören folgende zuvor von allen Bezügen zur Bibel Israels »gereinigte« Schriften: zehn Paulusbriefe (Gal, 1/2 Kor, Röm, 1/2 Thess, Eph, Kol, Phil, Phlm) und das ebenso »gereinigte« Lukasevangelium. Mit diesem »Kanon« bestätigt Marcion indirekt Geltung und Autorität der Bibel Israels in der frühen Kirche, denn sein Kanon ist ja nicht durch Reduktion eines vorliegenden neutestamentlichen oder gar alt- und neutestamentlichen Kanons zustande gekommen, sondern Marcion stellt *seine eigene Bibel* als verbindliche Urkunde erstmals zusammen. Die Idee einer solchen verbindlichen Urkunde übernimmt er von der vorliegenden Heiligen Schrift des Judentums. Marcions Bibel beansprucht somit, an die Stelle der Bibel Israels für die Christen zu treten. Der sich darin äußernde kühne Vorstoß Marcions, die Bibel Israels, die einzige Heilige Schrift des frühen Christentums, durch einen Kanon von Schriften zu ersetzen, die die Christusbotschaft beinhalten und betreffen, hat die Kirche dazu gedrängt, ihr eigenes Verhältnis zur Bibel Israels in Verbindung mit der mündlichen und schriftlichen Christusverkündigung zu klären. Wir wissen leider nichts über die entsprechenden Diskussionen in der Kirche, aber uns ist das Ergebnis bekannt: Es liegt in der zweieinen Bibel aus Altem und Neuem Testament vor.

Die Kirche folgte Marcion zwar darin, dass sie die Zeugnisse der Christusbotschaft – das spätere Neue Testament – als Heilige Schrift anerkannt hat, gleichwohl ist diese Anerkennung für sie in absoluter Entgegensetzung zu Marcion nur in der Verbindung mit der Bibel Israels und nicht lösgelöst von ihr denkbar. Die Kirche unterstreicht somit in der zweigeteilten Heiligen Schrift von Altem und Neuem Testament, dass sie den Juden Jesus von Nazaret nur aus der Einheit und Einzigkeit des Gottes heraus verstehen und verkündigen kann, der sich Israel offenbart hat. Dieser Gott, so die Antwort der Kirche auf Marcions Vorstoß, ist es auch, der sich in und durch Jesus offenbart. Die *eine* Heilige Schrift der Christen in *zwei* Teilen hält diesen Glauben an den Gott Israels, den Schöpfer der Welt, den Jesus bezeugt und verkündigt hat, für alle Zeiten unaufgebbar und unumstößlich fest. Die christliche Bibel aus Altem und Neuem Testament legt also zuerst einmal ein theologisches Bekenntnis ab: Es ist ein und derselbe Gott, der Israel erwählt und sich ihm offenbart hat und der sich sodann in Jesus, dem Christus/Messias, offenbart hat.

Die Antwort auf Marcion, wie sie die frühe Kirche in der einen Schrift aus zwei Teilen vorgelegt hat, hat eine Konsequenz. Marcion gilt seither der Kirche als »Häretiker«. Das zugrunde liegende griechische Wort bezeichnet ein »Auswählen, Bevorzugen«. Erst durch den spezifisch christlichen Gebrauch des Begriffs bekommt das Wort seinen negativen Unterton im Sinne der Bedeutung »leugnen«. Bei Marcion ist der Bedeutungswandel und das damit begründete Verständnis von Häresie noch gut greifbar. Marcion *wählt aus*, er *bevorzugt* einen Teil der für das Christentum konstitutiven Überlieferung. Da man sich in der frühen Kirche noch bewusst war, dass die Botschaft von Jesus, dem Christus, nur aus dem Ganzen der Offenbarung Gottes heraus verkündigt und verstanden werden kann, hat man auch gesehen, dass eine Auswahl und eine Bevorzugung innerhalb dieses Ganzen zur Leugnung des tragenden Fundamentes führen muss. Das Häresieproblem ist am Anfang ein Problem der Halbwahrheit; dies wird bei Marcion ganz deutlich; und die halbe Wahrheit, so ein jüdisches Sprichwort, ist die gefährlichste Lüge, weil sie nicht auf etwas Falschem in der Aussage beruht, sondern sich die Wahrheit selbst, als verkürzte und reduzierte, zu Diensten macht, und weil man sie deshalb nicht entlarven kann, indem man sie ihrer Falschheit überführt, also durch eine Richtigstellung, sondern nur durch Ergänzungen, Auffüllungen und Komplementierung zur ganzen Wahrheit.

Marcions Vorstoß hat die frühe Kirche zwar abgelehnt und hat, indem sie sein Ansinnen einer christlichen Bibel ohne die Bibel Israels als Häresie verworfen hat, die Notwendigkeit der Verbindung zwischen Christentum und Judentum festgehalten, aber sie hat es unterlassen, positiv ein Verständnis der Besonderheit ihrer zweigeteilten Einheit der Heiligen Schrift Alten und Neuen Testaments in der Lehre zu formulieren. Deshalb konnte es im Laufe der Kirchengeschichte immer wieder zu Tendenzen kommen, die als Marcionismus gekennzeichnet wurden, die aber anders als Marcion den dann schon als Altes Testament bekannten ersten Schriftteil der christlichen Bibel ablehnten bzw. mit unterschiedlichen Argumenten zu entwerten oder zu verwerfen suchten.

Kann man von Marcion her nachvollziehen, warum die Schriften der Christusverkündigung zur Heiligen Schrift, der Bibel Israels, von den Christen hinzugenommen wurden, so stellt sich nun für das Verständnis die Frage, warum die Christen die Bibel Israels nicht einfach um diese Schriften erweiterten, um so eine neue christliche Bibel hervorzubringen, sondern die komplexe und komplizierte Konzeption einer zweigeteilten Einheit wählten. Die Antwort auf diese Frage findet man im Rückblick auf die Entstehung bzw. Konstituierung des Biblischen Kanons, d. h. der Schriftensammlung der Bibel Israels. Die traditionelle Ausprägung der Bibel Israels liegt in der dreigliedrigen Fassung der Hebräischen Bibel aus *Tora, Nebiim* (Propheten) und *Ketubim* (Schriften) vor, die die jüdische Schriftbezeichnung *TaNaK* markiert, denn dieses Kunstwort ergibt sich aus den Anfangsbuchstaben der drei Kanonteile. Ein Blick auf die Konstituierung des dreigliedrigen Hebräischen Kanons von Tora, Nebiim und Ketubim hebt zwei für das spätere christliche Alte Testament wichtige Faktoren hervor. Zum einen wird deutlich, dass man nicht solange von einem offenen Kanon sprechen kann, bis definitive Urteile über sei-

19

nen endgültigen Gesamtumfang und die Textgestalt zu finden sind. Zum anderen sieht man, dass es den einen und einzigen Kanon der Bibel Israels nicht gibt, sondern lediglich den Kanon einer Glaubensgemeinschaft. Im Blick auf die Entstehung der Bibel Israels bedeutet das allerdings auch nicht die völlige Auflösung in undurchschaubare Pluralität von diversen Büchern, sondern es lässt sich beobachten, dass das sukzessive Wachstum der Heiligen Schrift bei allen Variationen doch an Fixpunkten orientiert ist, die sich in der älteren zweigliedrigen Struktur von Tora und Propheten widerspiegeln.[2]

Die Gegenüberstellung der dreigliedrigen TaNaK-Struktur der Hebräischen Bibel und des Alten Testamentes (s. Abb. 1) zeigt, wenn man von einer ursprünglichen Zweierstruktur von Tora-Propheten ausgeht, dass im christlichen Alten Testament nicht, wie oft gemutmaßt, die Propheten ans Ende – und damit näher ans Neue Testament – gerückt worden sind, sondern dass an Stelle eines dritten Kanonteils die (späteren) »Schriften« in den zweiten Teil, nämlich die Propheten, *eingeordnet* worden sind.[3] Diese Kompositionsstruktur einer erweiterten Zweigliedrigkeit von Tora und Propheten ist aber nicht auf die christliche Gestalt des Alten Testaments zurückzuführen, sondern geht wohl schon auf die Tradition der (jüdi-

---

2   Dies wird auch deutlich daran, dass beispielsweise ein prophetisch-apokalyptisches Buch wie Daniel nicht mehr in die Propheten eingeordnet werden kann, denen es sachlich und thematisch nähersteht, sondern in der Hebräischen Bibel unter den »Schriften« geführt werden muss.

3   Abgesehen von kleinen Umstellungen bzw. Einordnungen, z. B. beim Buch Rut, geschieht die Einfügung insgesamt zwischen die Teile »frühe/vordere Propheten« und »spätere/hintere Propheten«.

schen) Übersetzung der Hebräischen Bibel ins Griechische[4] zurück.

Ausgehend von dem zweigeteilten Kanon (Tora-
Propheten) ist das Wachstum des Kanons in unterschiedlichen Gruppen bzw. Glaubensgemeinschaften
verschieden verlaufen. Der Weg eines dritten Kanonteils, der als TaNaK Grundlage des pharisäisch-rabbi-
nischen Judentums wurde, ist nur *eine* mögliche Fortführung des zweigeteilten Kanons. Die Struktur, die
dem Alten Testament zugrunde liegt, muss im Kontext der Septuagintatradition als eine andere Möglichkeit betrachtet werden, die als *innere Erweiterung* der
älteren Zweiteilung zu verstehen ist. Dass eine solche
Kanonstruktur mit einem übermächtigen »Propheten-
Teil« dem Christentum entgegenkommt, liegt auf der
Hand, denn sie unterstreicht die prophetisch-eschato-
logische Perspektive, unter der das Christentum die
Bibel Israels wahrnimmt. Sie soll schließlich auch zur
umfassenden Perspektive des Alten Testaments im
Christentum werden. Dies gilt nicht nur aufgrund der
beschriebenen Erweiterung des Schriftenteils »Propheten« und des damit einhergehenden Übergewich-
tes gegenüber der Tora, sondern die Unvergleichlich-
keitsaussage in Bezug auf Mose am Ende der Tora in
Dtn 34,10, die zuerst einmal den Vorrang der Tora
(Mose) vor den »Propheten« sicherstellte, kann näm-

---

4   Aufgrund der »Übersetzungslegende«, die ausführt, dass 72
    Übersetzer unabhängig voneinander zur selben Übersetzung
    gekommen sind, um so die Inspiration der Übersetzung neben
    dem ursprünglichen heiligen Text herauszustellen, wird die
    wichtigste griechische Übersetzung der Bibel Israels »Septua-
    ginta« (was meint: die [Bibel] der »Siebzig«) genannt und mit
    dem römischen Zahlzeichen für 70 »LXX« abgekürzt (vgl.
    C. DOHMEN, Vom Umgang mit dem Alten Testament, Stuttgart
    1995, 18–22).

lich auch umgekehrt in der Weise gelesen werden, dass Mose der größte Prophet aller Zeiten ist und somit die Tora (Mose) selbst prophetisch rezipiert werden kann.

Aus den genannten Beobachtungen lässt sich etwas vereinfacht die unterschiedliche Struktur von TaNaK und Altem Testament auf eine jeweils eigene Rezeption der vorausgehenden bzw. vorgegebenen Tora-Propheten-Schrift zurückführen.

Die grundlegende, ältere zweiteilige Kanonstruktur der Bibel Israels (Tora-Propheten) bildet den Schlüssel zum Verständnis der zweieinen christlichen Bibel aus Altem und Neuem Testament. Es ist nämlich nicht von der Hand zu weisen, dass das Modell für die *eine* Schrift in *zwei* Teilen keine christliche Erfindung ist, sondern eine Nachbildung der Struktur dieser Tora-Propheten-Schrift. Die innere *Grenze* zwischen Tora und Propheten stellt den Ort der Weichenstellung für das Gesamtverständnis dieser Schrift dar, denn der Hinweis, dass es keinen größeren Propheten als Mose geben werde (vgl. Dtn 34,10), muss man als Leseanweisung verstehen, die sicherstellt, dass die Propheten im Licht der Tora zu lesen sind, und nicht umgekehrt, selbst dann, wenn auch die Tora als Prophetie verstanden wird, was die Position der Tora vor den Propheten sicherstellt. Die Bibel Israels gilt dem frühen Christentum zu jeder Zeit uneingeschränkt als *die* Heilige Schrift, nicht zuletzt aus der Einsicht, dass die Christusverkündigung nur auf der Basis dieser Schrift geschehen kann. In und durch die Schrift hält die frühe Kirche also fest, dass Gott sich nicht nur – und vor allem nicht zuerst – in Jesus Christus offenbarte, sondern dass er sich zuerst Israel und dann erst *in* *Israel* durch Jesus Christus der Welt offenbart hat. Auf die Heilige Schrift bezogen bedeutet das, dass der Bibel Israels im Christentum eine zeitliche und theologische Vorrangstellung zukommt, die man als »Prae« der Bibel Israels bezeichnen kann. Diese »Vorrangstellung« der Bibel Israels als Altes Testament in der christlichen Bibel, das »Prae« der Bibel Israels in der »Prae-Position« des Alten Testaments in der zweigeteilten christlichen Bibel, schreibt das Christentum auch in der Korrelation – nicht Opposition – der Begriffe »alt – neu« der Buchteilebezeichnung (AT – NT) fest. Aus dem Anordnungsprinzip, dass die »Christusbücher« als Neues Testament der Bibel Israels als Altem Testament im Sinne eines zweiten Kanonteils angefügt werden, ergibt sich eine sachlich notwendige Leserichtung – vom Alten zum Neuen Testament –, die auch die Interpretationsrichtung festlegt. Die auch in der christlichen Einheit von Altem und Neuem Testament weiter bestehende besondere Autorität der Mosebücher zeigt sich daran, dass sie kompositionell in der Bibel aus Altem und Neuem Testament den Evangelien gegenüberstehen, wenn die Bücher sachlich in je vier Gruppen geteilt werden.[5]

Altes Testament	Neues Testament
Tora	*Evangelien*
Bücher der Geschichte	Apostelgeschichte
Bücher der Weisheit	Apostelbriefe
Bücher der Prophetie	Johannesoffenbarung

Die vier Teile der christlichen Bibel (Tora – Propheten – Evangelien – Taten und Worte der Apostel) stellen Jesus

---

5 Vgl. zur Deutung dieser zweimal vierteiligen Kanonstruktur in der Christlichen Bibel E. ZENGER, Heilige Schrift der Juden und der Christen, in: DERS. (2008), 28 f.

nicht nur, wie es auch in vielen Erzählungen der Evangelien geschieht, an die Seite des Mose, sondern deuten für die Christen, dass die Botschaft über Jesus, den Christus, d. h. Messias der Bibel Israels, nur in Verbindung mit und durch die Autorität des Mose – das bedeutet des Pentateuch – verstanden werden kann.

In diesem Sinne kann man mit Fug und Recht von Mose als der Zentralgestalt der Bibel, bei Juden wie bei Christen, sprechen. Bevor die Darstellung der Gestalt des Mose in der Bibel einsetzen kann, um die biblische Botschaft herauszuarbeiten, die mittels der Darstellung der Gestalt des Mose verkündigt werden soll, ist es nötig, die biblische Darstellung von den Fragen abzugrenzen, die sich uns Heutigen in Bezug auf eine Person stellen. Die beiden folgenden Abschnitte der Einführung wenden sich deshalb der Frage zu: Wer *ist* und wer *war* Mose?

2. WER *ist* MOSE?

»Wer *ist* Mose?«, ist die Frage nach der Bedeutung, die der Gestalt des Mose zukommt. Eine Antwort auf diese Frage lässt sich aber nicht für alle Zeiten und Kulturen bzw. religiösen Kontexte in gleicher Weise finden. Vielmehr wechselt das Bild von Mose sehr stark im Laufe der Jahrhunderte, und Juden, Christen und Muslime verbinden je Eigenes mit Mose. Die erste und ganz allgemeine Sicht, die der Blick ins Konversationslexikon eröffnet, zeigt Mose gerne als Religionsstifter an der Seite von Zarathustra, Laotse, Jesus von Nazaret, Mani, Mohammed u. a. Wie auch einige andere der genannten Personen entzieht Mose sich aber schnell diesem Versuch, ihn als Stifter einer Religion zu betrachten.

Das Judentum nämlich, das man auf ihn zurückführen möchte, erkennt Mose zwar als Mittler göttlicher Offenbarungen an, aber die mit Mose verbundene und von ihm übermittelte Offenbarung begründet nicht die Religion des Judentums. Die Heilige Schrift des Judentums hält das selbst fest, wenn sie bei der Erzählung von der Berufung des Mose den Mose berufenden Gott sich vorstellen lässt als

»Ich bin der Gott deines Vaters, der Gott Abrahams, der Gott Isaaks und der Gott Jakobs. … Ich habe das Elend meines Volkes in Ägypten gesehen und ihre laute Klage über ihre Antreiber habe ich gehört.« (Ex 3,6 f.)

Im Selbstverständnis des Judentums stiftet Mose folglich nicht die Religion, sondern wird berufen, einer vorhandenen Beziehung zwischen Israel und seinem Gott eine neue Gestalt zu geben. Man könnte zwar an eine »Mosaische Religion« denken, deren Hauptinhalt das monotheistische Bekenntnis, der Eingottglaube, wäre, und Mose auf diesem Weg den Religionsstiftern zuordnen, doch findet sich dann keine gelebte Religion, die sich aus dieser Konzeption ableiten lässt, weil Judentum, Christentum und Islam zwar als monotheistischen Religionen charakterisiert werden können, aber alle drei – wenn auch auf je eigene Weise – den Eingottglauben nicht als theoretisches Konzept, sondern als Folge der Offenbarungen des einen, wahren Gottes erkennen. Das, was ihnen dabei gemeinsam ist, führen sie auf einen gemeinsamen Ursprung, der in Abraham gesehen wird, zurück, weshalb die drei Religionen, ohne ihr monotheistisches Bekenntnis zu betonen, gerne als »Abrahamitische Religionen« bezeichnet werden. Diese Überlegungen schmälern in keiner Weise die Bedeutung, die Mose in allen drei genannten Religionen zukommt, stellen allerdings das

Bild des Religionsstifters Mose infrage, wie es bei genauerer Betrachtung ebenso für Jesus in Bezug auf das Christentum und Mohammed in Bezug auf den Islam infrage zu stellen ist. Auch mit Jesus von Nazaret beginnt keine neue Religion, sondern innerhalb der Religion des Judentums entwickelt sich aus dem Bekenntnis zu Jesus als dem Messias eine neue Richtung, die erst später zur eigenständigen Religion wird; und auch Mohammed ist nicht als Religionsstifter, sondern als wichtigster und letzter Prophet eines Offenbarungsgeschehens, das Judentum und Christentum miteinschließt, zu erkennen.

Insofern Mose nicht als Stifter einer Religion betrachtet werden kann, jedoch die mit ihm verbundene Offenbarung (Tora) für die Religionen von Judentum, Christentum und Islam von entscheidender Bedeutung ist, muss die Frage, wer Mose *ist*, an die Tora selbst gestellt werden. Sie endet im sog. Mose-Epitaph von Dtn 34,10–12 damit, dass Mose als »Prophet« gewürdigt wird.

»Aber nicht wieder ist in Israel ein Prophet aufgetreten wie Mose, den der HERR von Angesicht zu Angesicht kannte, in Bezug auf all die Zeichen und Wunder, die der HERR ihn sandte, zu tun im Land Ägypten, dem Pharao und all seinen Dienern und seinem ganzen Land; und in Bezug auf alle Machterweise und alle furchterregenden und großen Taten, die Mose vor den Augen ganz Israels getan hat.« (Dtn 34,10–12)

Dieser Text sagt weder »*wer*« noch »*was*« Mose ist, aber der Vergleich, der mit den Propheten gezogen wird, erlaubt, Mose zumindest in die Nähe zu dem zu bringen, was die biblische Prophetie ausmacht.[6] Selbst

---

6 Zu den verschiedenen Formen der Prophetie in der Bibel vgl. L. HAGEMANN (1985).

wenn man die Formulierung als Unvergleichlichkeits-
aussage versteht, die Mose von allen Propheten ab-
setzt, dann bleibt aber das Prophetische doch der gemeinsame Bezugspunkt, insofern Mose eben nicht
von Priestern, Volksführern u. Ä. abgesetzt wird. Dtn
34,10 lässt sich in der kanonischen Buchstruktur der
Bibel aber nicht nur als Auszeichnung des Vorrangs
der Tora (= Mose) vor den Propheten (im Sinne des
Kanonteils *Nebiim*) lesen und verstehen, wie es in der
Tora-Perspektive des TaNaK zu erkennen ist, sondern
auch, was die Propheten-Perspektive des Alten Testaments widerspiegelt, als Zuordnung des Mose zu den
Propheten bzw. als Einordnung des Mose unter die
Propheten, wenn auch als größter unter ihnen. Das
hier angesprochene und für Mose reklamierte Prophetische ist einerseits auf die Art des Empfangs der
göttlichen Botschaft zu beziehen und andererseits auf
die sich daraus ergebende Bedeutung der durch Mose
vermittelten Inhalte. Diese doppelte Perspektive blickt
von Dtn 34 auf den größeren Erzählzusammenhang
des Pentateuchs zurück. Schon in Dtn 18 wird Israels
spezielles Gottesverhältnis im Blick auf die Propheten
dargelegt:

»Wenn du in das Land hineinziehst, das der HERR, dein
Gott, dir gibt, sollst du nicht lernen, die Gräuel dieser Völker
nachzuahmen. Es soll bei dir keinen geben, der seinen Sohn
oder seine Tochter durchs Feuer gehen lässt, keinen, der Los-
orakel befragt, Wolken deutet, aus dem Becher weissagt,
zaubert, Gebetsbeschwörungen hersagt oder Totengeister
befragt, keinen Hellseher, keinen, der Verstorbene um Rat
fragt. Denn jeder, der so etwas tut, ist dem HERRN ein
Gräuel. Wegen dieser Gräuel vertreibt sie der HERR, dein
Gott, vor dir. Du sollst ganz und gar bei dem HERRN, deinem Gott, bleiben. Denn diese Völker, deren Besitz du über-

nimmst, hören auf Wolkendeuter und Orakelleser. Für dich aber hat der HERR, dein Gott, es anders bestimmt. Einen Propheten wie mich wird dir der HERR, dein Gott, aus deiner Mitte, unter deinen Brüdern, erstehen lassen. Auf ihn sollt ihr hören. Der HERR wird ihn als Erfüllung von allem erstehen lassen, warum du am Horeb, am Tag der Versammlung, den HERRN, deinen Gott, gebeten hast, als du sagtest: Ich kann die donnernde Stimme des HERRN, meines Gottes, nicht noch einmal hören und dieses große Feuer nicht noch einmal sehen, ohne dass ich sterbe. Damals sagte der HERR zu mir: Was sie von dir verlangen, ist Recht. Einen Propheten wie dich will ich ihnen mitten unter ihren Brüdern erstehen lassen. Ich will ihm meine Worte in den Mund legen, und er wird ihnen alles sagen, was ich ihm auftrage.« (Dtn 18,9–18)

Interessant ist im vorliegenden Kontext, dass gerade nicht ein Nachfolger des Mose angekündigt wird, mit dem Gott in gleicher Weise wie mit Mose umgehen würde, sondern die Zusage knüpft vielmehr an den Ausgangspunkt der »Mose-Prophetie« an. Auf die konkrete Situation am Gottesberg wird angespielt, und zwar in der Weise, dass die von Gott als rechtens erachtete Bitte des Volkes um Vermittlung (Ex 20,18) in den Mittelpunkt gestellt wird. Später – an der Grenze zum Verheißenen Land – rekapituliert Mose für die Generation, die in dieses Land ziehen wird, die Ereignisse vom Gottesberg und stellt dabei die Besonderheit der Vermittlungssituation eigens heraus.[7] Die Einzigartigkeit wird in Dtn 5,4 durch die quasi paradoxe Umschreibung einer »vermittelten Unmittelbarkeit« hervorgehoben. Es ist eine Unmittelbarkeit (»*von*

---

7   Zu den Besonderheiten dieser Erzählung von der Übermittlung der Zehn Gebote in Ex 20 s. u. B.

Angesicht zu Angesicht«), die gebrochen bzw. vermittelt ist (»*mitten aus dem Feuer*« und »*ich stand zwischen dem HERRN und euch, um euch die Worte ...*«). Sie verweist aber nicht zuerst auf die Einmaligkeit eines vergangenen Geschehens, sondern zeichnet die von Mose für alle späteren Zeiten übermittelten Worte in einzigartiger Weise aus.

»Und dann rief Mose zu ganz Israel und er sagte:
Höre, Israel, die Gebote und Satzungen, die ich heute in eure Ohren spreche. Ihr sollt sie lernen und bewahren, um sie zu tun.
  Der HERR, unser Gott, hat mit uns einen Bund am Horeb geschlossen.
  ...
Von Angesicht zu Angesicht sprach Gott mit euch am Berg mitten aus dem Feuer.
  Ich stand zwischen dem HERRN und euch zu jener Zeit, um euch die Worte des HERRN zu verkünden, denn ihr fürchtetet euch vor dem Feuer und stiegt nicht auf den Berg.« (Dtn 5,1–5)

Die Einzigartigkeit der Mose-Prophetie wird in der Bibel selbst betont, wenn Mose von allen anderen Propheten dadurch abgesetzt wird, dass die Weise seines Offenbarungsempfangs sich unvergleichlich unterscheidet, denn Gott offenbart sich nach Num 12,6 f. seinen Propheten in »Erscheinungen« und spricht im Traum zu ihnen, während er mit Mose nicht rätselhaft, sondern unmittelbar »von Mund zu Mund« spricht, und Mose darf sogar seine Erscheinung, »Gottes Gestalt«, sehen:

»Von Mund zu Mund rede ich mit ihm mit völliger Deutlichkeit, nicht im Rätsel, und er schaut die Gestalt des (erscheinenden) Ewigen.« (Num 12,8 in der Übersetzung von Moses Mendelsohn)

Die Besonderheit liegt deutlich darin, dass Gott mit Mose *unmittelbar* verkehrt. Diese Unmittelbarkeit wird in der Hebräischen Bibel variationsreich umschrieben. So heißt es beispielsweise in Dtn 34,10, dass Gott Mose »von Angesicht zu Angesicht *kannte*«, und in Ex 33,11, dass Gott mit Mose »von Angesicht zu Angesicht *spricht*«.

In der jüdischen Tradition ist daraus die besondere Stellung der Mose-Prophetie abgeleitet und ihr absoluter Vorrang begründet worden, der zugleich für die gesamte Tora steht, wenn die Tora von der übrigen Prophetie abgesetzt wird. Die genannte Unmittelbarkeit der Mose-Prophetie bringt der Babylonische Talmud in einem schönen, selbstredenden Bild zum Ausdruck. Die Propheten, so heißt es dort, hätten durch einen *nicht hell* leuchtenden Spiegel geschaut, Mose hingegen durch einen *hell* leuchtenden Spiegel. Das Bild lässt sich auch so verstehen und wiedergeben, dass die Propheten durch ein trübes Glas und Mose durch ein durchsichtiges geschaut habe.[8]

Die so gesehene Mose-Prophetie begründet im Judentum einen Vorrang des Mose. Dies vor allem nachdem der jüdische Philosoph, Rechtsgelehrte und Arzt Mose ben Maimon, genannt Maimonides (1135–1204), der Prophetie in seinen berühmten 13 Glaubenssätzen[9] eine besondere Rolle zuerkannt und dabei der

---

8   Der Hinweis findet sich im Traktat Jebamot 49b des Babylonischen Talmud.

9   Diese 13 Glaubenssätze (Ikkarim), die Maimonides ursprünglich in seinem Kommentar zur Mischna, näherhin in der Einleitung zum Traktat Sanhedrin (X), vorgelegt hat, sind zu einer Art Glaubensgrundlage (Dogmatik) des Judentums geworden, auf deren Grundlage bis heute die Religion des Judentums reflektiert und dargestellt wird, wie das Buch des bekannten jüdischen Religionsphilosophen S. BEN CHORIN, Jüdischer

mit der Person des Mose verbundenen Prophetie, die zur von ihm vermittelten Tora führt, eine Schlüsselstellung zugewiesen hat. Das zeigt sich deutlich durch den inneren Zusammenhang der Glaubenssätze 6–9 des Maimonides. »Glaubenssatz 6 spricht von den Worten der Propheten, Glaubenssatz 7 von der vorrangigen Prophetie des Moses, Glaubenssatz 8 von der Verbalinspiration der Thora und Glaubenssatz 9 vom abschließenden Charakter der Thora, die keiner Ergänzung oder Veränderung mehr bedarf.«[10] Die Kürze und Dichte dieser Glaubenssätze lässt erkennen, dass das, was die Tora für das Judentum bedeutet, aufs Engste mit dem Verständnis der einzigartigen Prophetie des Mose verbunden ist.

»Der siebente Glaubensartikel des Maimonides lautet: ›Ich glaube mit vollkommenem Glauben, daß die Prophetie unsres Lehrers Mose, über ihm sei Friede, wahr ist; und daß er der Vater der Propheten vor ihm und nach ihm war.‹ Mit diesem Glaubenssatz, der unmittelbar an die Bezeugung der prophetischen Wahrheit anschließt, wird der Primat Mosis statuiert. Damit bewegt sich Maimonides ganz in den Bahnen der Tradition, die ausdrücklich feststellt, daß kein Prophet etwas Neues lehren könne, was nicht bereits in der Thora des Moses enthalten sei (Sabb 104a). … Obwohl aber Mose als Vater der Propheten ›Av la-Nebiim‹ bezeichnet wird, wählt Maimonides doch die Titulierung Mosche Rabbejnu, Mose unser Lehrer. Einen höheren Titel als diesen vermag das Judentum nicht zu verleihen. Mose wird nicht als Heiliger bezeichnet,

---

Glaube. Strukturen einer Theologie des Judentums anhand des maimonidischen Credo. Tübinger Vorlesungen, Tübingen 1975, zeigt.
10 S. BEN-CHORIN, ebd., 145.

erhält nicht das Prädikat ›göttlich‹ oder dergleichen. Er ist der Lehrer kat exochen, der Lehrer aller Zeiten und Generationen. Wenn sich Maimonides zu der Behauptung versteigt, daß Mose der Vater der Propheten vor und nach ihm ist, so wird hier eine Variante des talmudischen Grundsatzes angeschlagen, daß es kein Vorher und Nachher in der Thora gäbe. Was uns in geschichtlicher Abfolge geboten wird, ist dennoch nichts anderes, als ein aus der Ewigkeit durch die Zeit in die Ewigkeit gesprochenes Wort, das nicht an die Gezeiten des Lebens gebunden bleibt.

Dennoch war sich die Tradition des Judentums der Entwicklung im Sinne der Interpretation voll bewußt. Eine Aggada erzählt, daß Mose in der Welt der Wahrheit (im Jenseits) in der Schule des Rabbi Akiba die Thora lernt und dabei erfährt, wie jeder Buchstabe und jedes Krönchen auf jedem Buchstaben in tiefsinniger Weise ausgedeutet wird (Menachoth 29b). Welch theologischer Humor (eine Seltenheit) ist in dieser Legende enthalten. Mose, der Vater der Propheten, der die Offenbarung unmittelbar von Gott empfangen hat, der nun mit ihm wie ein Mensch zu einem Freund gesprochen hat, nicht in Träumen und Visionen, wie zu den anderen Propheten, muß sich durch einen Schriftgelehrten späterer Jahrhunderte belehren lassen. ... In dem siebenten Glaubenssatz des Maimonides wird bereits das formative Element in der Thora, in den fünf Büchern Mose, angedeutet, das in den zwei folgenden Sätzen noch weiter ausgeführt erscheint. Wenn Mose der Vater der Propheten ist, so ist seine Prophetie die Wurzel aller anderen Prophetie. Das Wort Av Vater, das hier für Mose gebraucht wird, in seiner Beziehung zu den Propheten vor und nach ihm, ist nicht nur im ursprünglichen Sinn zu verstehen, sondern klingt im rabbinischen Sprachgebrauch des

Maimonides wohl auch an den Terminus ›Av Beth Din‹ Vater des Gerichtshofes an, die gängige Bezeichnung für den Vorsitzenden eines rabbinischen Kollegiums. … Es ist für den jüdischen Sprachgebrauch überaus wesentlich, daß Mose als unser Lehrer, als Vater und Haupt der Propheten, nicht aber als Gesetzgeber bezeichnet wird. Diese Bezeichnung findet sich zwar in modernen hebräischen Texten, die bereits von der westlichen Bibelwissenschaft beeinflußt sind, aber für das traditionelle Verständnis ist Mose nicht der Gesetzgeber, sondern der Empfänger des Gesetzes, der es in prophetischer Schau entgegennimmt und als Lehrer seinem Volke vermittelt.«[11]

Die Mose-Prophetie wird auch im Christentum anerkannt. Ja, sie dient sogar als Grundlage zur Interpretation der Bedeutung Jesu, wie die Predigt des Petrus sehr deutlich zeigt.

»Also kehrt um, und tut Buße, damit eure Sünden getilgt werden und der Herr Zeiten des Aufatmens kommen lässt und Jesus sendet als den für euch bestimmten Messias. Ihn muss freilich der Himmel aufnehmen bis zu den Zeiten der Wiederherstellung von allem, die Gott von je her durch den Mund seiner heiligen Propheten verkündet hat. Mose hat gesagt: Einen Propheten wie mich wird euch der Herr, euer Gott, aus euren Brüdern erwecken. Auf ihn sollt ihr hören in allem, was er zu euch sagt. Jeder, der auf jenen Propheten nicht hört, wird aus dem Volk ausgemerzt werden. Und auch alle Propheten von Samuel an und alle, die später auftraten, haben diese Tage angekündigt. Ihr seid die Söhne des Propheten und des Bundes, den Gott mit euren Vätern geschlossen hat, als er zu Abraham sagte: Durch deinen Nach-

---

11   S. Ben-Chorin, ebd., 167–170.

kommen sollen alle Geschlechter der Erde Segen erlangen. Für euch zuerst hat Gott seinen Knecht erweckt und gesandt, damit er euch segnet und jeden von seiner Bosheit abbringt.« (Apg 3,19–26).

Schließlich findet sich auch in der Rede des Stephanus ein wichtiger Hinweis auf die Mose-Prophetie, insofern die ganze Darstellung des Mose in dieser »Formel« zusammengefasst wird:

»Dies ist der Mose, der zu den Israeliten gesagt hat: Einen Propheten wie mich wird Gott euch aus euren Brüdern erwecken.« (Apg 7, 37)

Gerade weil es hier nicht nur um den Erfüllungsgedanken – Jesus ist der von Mose angekündigte Prophet – geht, sondern die Mittlerfunktion des Mose in den Vordergrund gestellt wird, bekommt die Verbindung von Prophetie und Tora ein besonderes Gewicht; denn die Hochachtung, die Stephanus in seiner Rede Mose und der Tora entgegenbringt, führt indirekt den gegen ihn erhobenen Vorwurf der Blasphemie ad absurdum und stellt Stephanus an die Seite des Mose.[12] Die Sicht, dass Jesus als der »Prophet wie Mose«, also von Dtn 18 her zu verstehen ist, findet sich auch schon in der bekannten Emmaus-Geschichte, in der die Jünger den Auferstandenen, den sie nicht erkennen, fragen, ob er so fremd sei, dass er nicht wisse, was in diesen Tagen in Jerusalem geschehen sei.

»Er fragte sie: Was denn? Sie antworteten ihm: Das mit Jesus von Nazaret. Er war ein Prophet, mächtig in Wort und Tat vor Gott und dem ganzen Volk. Doch unsere hohen Priester und Führer haben ihn zum Tod verurteilt und ans Kreuz

---

12 Zur Deutung der Stelle und zur gesamten Stephanusrede vgl. H. BRAUN (2010), hier bes. 246–328.

schlagen lassen. Wir aber hatten gehofft, dass er es sei, der Israel erlösen werde. Und dazu ist heute schon der dritte Tag, seitdem das alles geschehen ist.« (Lk 24,19–21)

In vielfältiger Weise wird im Neuen Testament Jesus mit Mose in Beziehung gesetzt (s. u. C. 2.3.), doch im Zentrum all dieser Gegenüberstellungen von Jesus und Mose steht das Verständnis von Mose als Prophet, das Voraussetzung und Grundlage für die christlichen Aussagen über Jesus ist.

Die Ankündigung eines Propheten wie Mose aus Dtn 18,15 ff. hat auch Aufnahme im Islam gefunden und ist dort als Ankündigung auf Mohammed bezogen worden. Für muslimische Ausleger ist der Hinweis in Dtn 18,15, dass dieser Prophet wie Mose aus der Mitte *der Brüder* entsteht, so zu verstehen, dass nicht die Israeliten, sondern die mit ihnen verwandten Ismaeliten gemeint seien und sich die Ankündigung somit auf Mohammed und nicht auf Jesus beziehe. Der Hintergrund dieser Deutung ist nicht nur darauf zurückzuführen, dass Mose für Mohammed sowohl als Prophet als auch als Volksführer und Verkünder eines göttlichen Gesetzes ein einzigartiges Vorbild gewesen ist,[13] vielmehr will beachtet sein, dass mit 136 Erwähnungen Mose die am häufigsten im Koran begegnende Gestalt ist. »Auch sein Leben wird am detailliertesten geschildert, wenn man alle im Koran über 35 Suren verstreuten Nachrichten zu einem Gesamtbild zusammenfügt. Es sind mehrere Faktoren, die ihm ein ganz besonderes Gewicht verleihen. Nur für Mose wird die Berufung zum Gesandten ausführlich geschildert (Sure 20,9–36; vgl. Sure 28,29–34), wobei aus zwei Ko-

13   Vgl. L. HAGEMANN (1985), 65 ff.

ranstellen die besondere Nähe zwischen Gott und Mose hervorgeht. In Sure 19,52 heißt es dazu: Wir riefen ihn von der rechten Seite des Berges und ließen ihn uns nähern zu vertraulichem Gespräch; und in Sure 4,164 lesen wir: Und Gott hat mit Mose tatsächlich gesprochen. Dies kann kaum etwas anderes heißen, als daß dies von Angesicht zu Angesicht geschah; so ist wohl auch der in der Tradition gebräuchliche Beiname des Mose, ›der von Gott Angesprochene‹ (kalīm allāh) zu erklären (vgl. auch 7,144).«[14]

In gleicher Weise wie im Neuen Testament Jesus zu Mose in Beziehung gesetzt wird, wird im Koran Mohammed auf Mose bezogen, und zwar hinsichtlich des Empfangs göttlicher Offenbarung, wobei Mose zwar die Offenbarung Gottes zuerst erhalten hat, sie jedoch erst Mohammed in vollendeter Form und vollständig zuteil wurde. »Mose ist ›Urbild der Propheten‹. Sein Schicksal, als Prophet abgelehnt zu werden, ist demjenigen Muhammads vorausgegangen. Über dies präfiguriert er wichtige Merkmale Muhammads: Demut, Glaube an den einen Gott und das Gebet als lebendige Beziehung zu Gott.«[15]

Die Annäherung an die biblische Gestalt des Mose über die Frage nach seiner Bedeutung (»Wer ist Mose?«) lenkt den Blick auf die Gedächtnisgeschichte; denn die Bedeutung, die Mose heute hat – für Juden wie für Christen und Muslime –, hat er nicht »grund- und zeitlos« gewonnen. In zahlreichen Arbeiten hat der Heidelberger Ägyptologe und Kulturwissen-

14   H. Bobzin, Der Koran. Eine Einführung, München 1999, 48 f.
15   S. J. Wimmer / S. Leimgruber, Von Adam bis Muhammad. Bibel und Koran im Vergleich, Stuttgart 2005, 143.

schaftler Jan Assmann sich den Fragen des kulturellen Gedächtnisses gestellt und in diesem Zusammenhang auch die Aspekte der Gedächtnisgeschichte erörtert, die er selbst interessanterweise an der Gestalt des Mose in seinem Buch »Moses der Ägypter« (1998) erörtert hat. Das Studium der Gedächtnisgeschichte steht nicht im Gegensatz zum Studium der Geschichte an sich, sondern es geht der Frage nach, wie die Vergangenheit erinnert wird. »Das Ziel einer gedächtnisgeschichtlichen Untersuchung besteht nicht darin, die mögliche Wahrheit von Überlieferungen herauszufinden, wie etwa der verschiedenen Moses-Überlieferungen, sondern diese Überlieferungen selbst als Phänomen des kollektiven bzw. kulturellen Gedächtnisses zu studieren. Erinnerungen können falsch, verzerrt, erfunden oder künstlich implantiert sein, wie es die jüngsten Diskussionen auf den Gebieten der Psychoanalyse, Gerichtspsychiatrie, Biographie und Geschichte hinlänglich deutlich gemacht haben. Erinnerung kann nicht als verlässliche Quelle gelten, ohne an objektiven ›Fakten‹ überprüft zu werden. Das gilt auch für das kollektive Gedächtnis … Aber für den Mnemo-Historiker liegt die Wahrheit einer Erinnerung weniger in ihrer Faktizität als in ihrer Aktualität. Ereignisse leben im kollektiven Gedächtnis fort, oder sie werden vergessen. Dasselbe gilt für die fundamentalen semantischen Unterscheidungen. Es gibt keinen Sinn in der Geschichte, wenn diese Unterscheidungen nicht erinnert werden. Der Grund dieses ›Fortlebens‹ in der Erinnerung liegt in der fortdauernden Relevanz dieser Ereignisse und Unterscheidungen. Diese Relevanz kommt ihnen jedoch nicht von ihrer historischen Vergangenheit zu, sondern von einer fortschreitenden und sich stetig wandelnden Gegenwart, die an der Erinnerung dieser Ereignisse und Unterscheidungen als wichtigen Fakt festhält. Gedächtnisgeschichte analysiert die Bedeutung, die eine Gegenwart der Vergangenheit zuschreibt.«[16]Assmanns Untersuchung der Gedächtnisgeschichte gilt den Spuren Ägyptens in der abendländischen Kultur- und Religionsgeschichte. Er analysiert sie von der Gestalt des Mose her, die in diesem Kontext in einem neuen Licht erscheint, und das mit ihr verbundene, der Monotheismus, kann auf diesem Weg in seiner Funktion und Bedeutung neu interpretiert werden. Es ist also ein innerer Zusammenhang, der sich aus den Gegebenheiten der jüdischen, christlichen und islamischen Religionsgeschichte hinsichtlich ihrer in der Bibel grundgelegten Erzählungen durch die Mose-Ägypten-Verbindung herstellt. »Der allem Anschein nach ägyptische Name des hebräischen Religionsstifters lädt dazu ein, die Gestalt des Mose von Ägypten her zu beleuchten. Das kann man auf zwei Weisen tun. Man kann nach dem historischen Mose fragen und die ägyptische Überlieferung nach Spuren seiner geschichtlichen Existenz und Identität durchsuchen. Gerade das Fehlen eindeutiger historischer Spuren, die Entzogenheit des historischen Mose, lädt zu solcher Suche ein und bringt jedes Jahr aufs Neue Erzeugnisse einer Art von Enthüllungsliteratur hervor, als deren prominentester Beitrag Sigmund Freuds Buch *Der Mann Moses und die monotheistische Religion* gelten kann. Man kann aber auch nach Mose als Erinnerungsfigur fragen, also das Problem seiner historischen Existenz ganz einklammern und sich nur mit der Frage beschäftigen, welche Rolle Ägypten in der späteren biblischen und außerbiblischen Überlieferung über den Mann Mose spielt.«[17] Diese Perspek-

---

16   J. Assmann (1998), 27 f.
17   J. Assmann (2000), 121.

tive drückt sich bei Assmann in der Bezeichnung »Mose der Ägypter« aus. Diese Perspektive bzw. dieser Mose ist zu trennen von »Moses dem Hebräer«. »Als Figur der Erinnerung unterscheidet sich Moses der Ägypter grundsätzlich vom Moses dem Hebräer oder dem Moses der Bibel. Moses der Hebräer verkörpert die Konfrontation und den Antagonismus zwischen Israel/Wahrheit und Ägypten/Unwahrheit. Moses der Ägypter dagegen vermittelt diese Gegensätze. In mancher Hinsicht verkörpert er die Umkehrung oder zumindest die Revision des Exodus-Mythos. Moses der Hebräer ist Befreier aus Ägypten und daher der Inbegriff von Ägyptophobie. Der biblische Mose hat ein Bild Ägyptens in der westlichen Tradition lebendig erhalten, das zu den Idealen des Westens in schärfstem Gegensatz stand, das Bild Ägyptens als Land der Despotie, Hybris, Zauberei, Tierverehrung und Idolatrie. Der biblische Mose verkörpert die Mosaische Unterscheidung. Moses der Ägypter ihre Vermittlung und Überwindung.«[18] Das Stichwort »Mosaische Unterscheidung« erklärt nicht nur die Unterscheidung zwischen *Mose dem Ägypter* und *Mose dem Hebräer*, sondern führt zum Verständnis dessen, *was Mose ist,* weil es den Monotheismus, der in einzigartiger Weise mit Mose verbunden ist, beleuchtet. Der Monotheismus hat nach Assmann die Unterscheidung von wahr und falsch in die Religionsgeschichte eingebracht, weil die Verehrung eines einzigen Gottes alle anderen Götter zu Götzen macht, sie also für nicht existent und folglich die damit verbundene Gottesvorstellung und Gottesverehrung für unwahr erklärt. Diese in die Religionsgeschichte eingebrachte Unterscheidung von wahr und falsch begegnet schon im

---

18   J. Assmann (1998), 29.

14. Jh. v. Chr. bei dem ägyptischen Pharao Amenhotep IV. (Amenophis), der die Alleinverehrung des Gottes Aton einführte und die Verehrung anderer Götter in Ägypten unterband. Seinen eigenen Namen änderte er programmatisch in »Echnaton« (Achen-Aton), was so viel bedeutet wie »Glanz/Strahl des Aton« oder »Der Aton dient«. »Seine Religion allerdings stiftete keine Tradition, sondern wurde unmittelbar nach dem Tod ihres Gründers vergessen. Moses ist eine Figur der Erinnerung, aber nicht der Geschichte; Echnaton dagegen ist eine Figur der Geschichte, aber nicht der Erinnerung. Weil aber in der Sphäre kultureller Unterscheidungen und Konstruktionen alles auf die Erinnerung ankommt, sind wir berechtigt, nicht von Echnatons, sondern von Moses' Unterscheidung zu sprechen.«[19] Bei allen Unterschieden zwischen dem Monotheismus, den Echnaton in Ägypten durchsetzte, und dem des Mose, gibt es große Übereinstimmungen, die die Unterscheidung zwischen Wahrheit und Unwahrheit betrifft und die Unwahrheit ausgrenzt und verfolgt. »Die monotheistische Bewegung, die sich im allgemeineren Kontext biblischer Geschichte und Theologie gerade mit dem Namen Moses verbindet, versteht sich als eine anti-ägyptische Revolution. Im auffallenden Gegensatz zur Amarna-Religion gewinnt sie ihre zentrale semantische Dynamik aus der Konstruktion des ausgegrenzten Anderen und diese semantische Dynamik hat bis heute nichts von ihrer motivierenden und orientierenden Kraft verloren. Der mosaische Monotheismus ist eine explizite Gegenreligion, die zu ihrer Selbstdefinition ihr Gegenbild braucht. Aus diesem Grund hat die Bibel ein Bild Ägyptens als ihr eigenes Gegenbild bewahrt. Der zen-

---

19   J. ASSMANN (1998), 18.

trale Begriff für diesen Gegensatz heißt Götzendienst und Idolatrie.«[20] Gegenreligionen wie die der Mosaischen Unterscheidung entstehen als sekundäre Religionen durch Veränderungen und Transformationen, die oft mit Akten von Offenbarung oder Religionsstiftung in Verbindung stehen. Solchen Religionen, die zwischen wahr und falsch unterscheiden, ist nicht nur die Abgrenzung und Negation eigen, sondern auch eine spezifische Gewaltvirulenz. »Zwar lässt sich die immer wieder vorgetragene These, die sekundären Religionen, insbesondere die auf die mosaische Unterscheidung zurückgehenden drei Religionen Judentum, Christentum und Islam, seien *per se* gewaltbereiter und intoleranter als die primären Religionen, schon durch einen auch nur kurzen Blick in die Ethnologie und Stammensreligionen und in die politische Geschichte des antiken Vorderen Orients falsifizieren. Gleichwohl ist unübersehbar: Die drei abrahamitischen Religionen waren mit der ihnen ureigenen Unterscheidung zwischen wahr und falsch im Bereich der Religion nicht nur ideologie- und religionskritisch, sondern de facto bisweilen brachial, kämpferisch und rigoros exkludierend. Kategorien wie Häresie und Idolatrie, Heidentum und Ketzerei, Aberglauben und Unglauben waren und sind im Horizont der sekundären Religionen keine bloß theoretischen Vokabeln, sondern legitimierten sowohl institutionelle als auch individuelle Aktionen von Ausgrenzung bis hin zur Vernichtung – und zwar im Namen der durchzuset-

---

20 J. AssMANN (1998), 268 f.; zur Fortführung und zur Diskussion seiner Thesen vgl. J. AssMANN (2003). In diesem Band finden sich (S. 193–286) Diskussionsbeiträge zu den Assmannschen Thesen von R. Rendtorff, E. Zenger, K. Koch, G. Kaiser, und K.-J. Kuschel abgedruckt.

zenden oder zu verteidigenden absoluten Wahrheit. Dass diese Gewaltvirulenz der drei monotheistischen Religionen auch deren Heilige Schriften, die Bibel und den Koran, infiziert und dass in der Hebräischen Bibel sogar Mose als Legitimationsfigur von Gewalt im Namen der wahren Gottesverehrung fungiert, ist nicht zu bestreiten. Trotzdem scheint mir ebenso evident zu sein: Gerade dort, wo der Monotheismus der Hebräischen Bibel sich selbst reflektiert, ist er nicht nur herrschafts- und gewaltkritisch, sondern entwirft Utopien von Gewaltverzicht und Gewaltüberwindung – und zwar als Explikation gerade des monotheistischen Gotteskonzepts.«[21] In seiner kritischen Aufnahme und Weiterführung der These von Jan Assmann zur Mosaischen Unterscheidung gelingt es Erich Zenger, das Eigene und Besondere des biblischen Monotheismus herauszuarbeiten, so dass die enorme Wirkung des Monotheismus in Judentum, Christentum und Islam verständlich wird und darüber auch die Bedeutung der Gestalt des Mose. »Die Mosaische Unterscheidung zwischen wahr und falsch im Bereich der Religion proklamiert demnach keine *quantitative,* sondern eine *qualitative* Differenz mit zweifacher Zielsetzung: Sie zielt auf die Unterscheidung zwischen falschen Göttern, die unfrei machen und vernichten, und dem einzig wahren Gott, der Leben schenkt und in die Freiheit führt. Und sie zielt auf die Unterscheidung ›zwischen dem transzendenten Schöpfer der Welt, der mit nichts in der Welt identisch ist, und den Göttern, in denen Aspekte der Welt verklärt werden‹. Diese Differenz ist damit ein Gegensatz zu allen Formen von Pantheis-

---

21   E. ZENGER, Mose und die Entstehung des Monotheismus, in: S. STIEGLER (Hrsg.), Der Monotheismus als theologisches und politisches Problem, Leipzig 2006, 16 f.

mus und Kosmotheismus. Zugleich aber bietet diese Mosaische Unterscheidung einen Modus der Vermittlung zwischen dem transzendenten Gott und seiner Welt an – nämlich die Selbsterschließung des transzendenten Gottes, und zwar in der Gestalt der Tora, sei es in deren halachischer Konkretion im Judentum, sei es in deren biographischer Exegese durch Jesus Christus im Christentum. ... Aber das *Wahrheitskriterium* der biblischen Religion ist die Ethik und insbesondere die Option des biblischen Gottes für Freiheit und Gerechtigkeit für alle Völker, ja für jeden einzelnen Menschen, unabhängig von Rasse, Geschlecht und Lebensalter. Der biblische Monotheismus war m. E. sogar die entscheidende Weichenstellung für die Erkenntnis und Formulierung der jedem Menschen zukommenden Menschenwürde und Menschenrechte. Insofern war er in der Tat eine menschheitsgeschichtliche Wende.«[22] Dieses Verständnis des Monotheismus ist in seiner Zielrichtung nicht so weit entfernt von der zugegebenermaßen anders orientierten, da historisch gedachten Sicht von Martin Buber, der Mose als Schöpfer eines Programms politischer Theologie betrachtet hat, die eine »Absage einer aus Ägypten in die Freiheit ziehenden Hebräer-Schar an das ewige Pharaonentum«[23] gewesen sei.

3. WER *war* MOSE?

Die zuvor behandelte Frage nach der Bedeutung des Mose (»Wer *ist* Mose«?) hat zu Mose als Erinnerungsfigur geführt. Dabei ist die historische Frage, wer

---

22   E. ZENGER, ebd., 38.
23   M. BUBER (1966), 127.

Mose war oder radikaler gefragt, ob es ihn wirklich gegeben hat, ob er eine »historische Person« ist, völlig ausgeklammert worden. Gleichwohl bringt gerade die Gegenüberstellung von Echnaton und Mose (s. o. 2.) ans Licht, dass die historische Fragestellung, selbst wenn sie aus- oder eingeklammert wird, behandelt werden muss, denn die beobachtete Besonderheit, dass Echnaton als historische Gestalt verifizierbar ist, aber keine Spur einer Erinnerungsgeschichte zu ihm führt, während Mose als Figur der Erinnerung breit belegt ist, historische Daten von ihm aber nicht zu greifen sind, macht deutlich, dass auch die Erinnerungsgeschichte »Geschichte« ist, die zu ihren Ursprüngen zurückzuverfolgen ist. Der Anfang liegt stets in einer historischen Wirklichkeit,[24] so dass man davon ausgehen muss, dass dies in gleicher Weise auch für die Figur des Mose gilt.

Als Hauptproblem für die Suche nach historischen Fakten zur Person des Mose stellt sich die Quellenlage dar, denn wir haben keinerlei außerbiblische Zeugnisse zu Mose. In der Bibel hingegen ist Mose fest mit den Überlieferungen von den Anfängen des Volkes Israel verbunden, näherhin mit den Überlieferungen vom Exodus aus Ägypten, von der Sinaioffenbarung, der Wüstenwanderung und dem Verheißenen Land. Die in diesen Überlieferungszusammenhängen erwähnten Ereignisse lassen sich aber nicht klar und eindeutig mit bekannten historischen Daten in Verbindung bringen. Folglich ist festzuhalten, dass es für Mose keine außerbiblische Bestätigung gibt. Von den beiden größten Komplexen der mit Mose verbundenen Überlieferungen in der Bibel entzieht sich die eine, das »Sinaigeschehen« mit der »Theophanie«, je-

---

24   Vgl. J. Assmann (2000), 122.

der historischen Betrachtung, da es von seiner Anlage und Intention der Erzählung her historisch nicht fassbar ist. Der andere große Überlieferungskomplex, der Exodus aus Ägypten, könnte zwar mit historischen Daten der ägyptischen Geschichte in Verbindung gebracht werden – und oft genug ist es auf die eine oder andere Weise auch so geschehen – aber einer kritischen historischen Überprüfung halten solche Rekonstruktionen nicht stand, da sie immer unter der Last der Hypothese stehen, biblische Texte als historische Quellen zu lesen, um sie mit anderen (historischen) Quellen zu vergleichen und zu korrelieren. Im Zusammenhang historischer Rekonstruktion bzw. Korrelation unterschiedlicher historischer Daten stößt man immer wieder an die nicht geklärten – bzw. nicht zu klärenden – Fragen zu den Anfängen des Volkes Israel.[25] Die biblische Erzählung wird an einem genealogischen Gerüst entwickelt, ausgehend von Abraham über die zwölf Söhne Jakobs, und setzt dabei voraus, dass es Israel immer schon als Volksgemeinschaft gegeben hat. Insofern stellt die Bibel eine Nationalgeschichte des Volkes Israel dar, bei deren Darstellung die Idee einer Nation hinter alle Entstehungs- und Weisungsprozesse zurück projiziert wird. Das führt aber, gerade wenn außerbiblische Quellen oder alte Zeugnisse zur Bestätigung herangezogen werden, die Grenzen der Tragfähigkeit dieses Vorgehens vor Augen. Das berühmte Beispiel der sog. »Israelstele« des ägyptischen Pharao Merenptah (1213–1204 v. Chr.) zeigt dies recht

---

25   Vgl. C. Frevel, Grundriss der Geschichte Israels, in: E. Zenger
      (2008), 587 ff.; A. Berlejung, Geschichte des antiken Israel, in:
      J. C. Gertz (Hrsg.), Grundinformationen Altes Testament, Göt-
      tingen ²2007, 55 ff.; E. A. Knauf, Die Umwelt des Alten Testa-
      ments, Stuttgart 1994, 72 ff.

deutlich. Die Inschrift dieser Siegesstele des Pharaos aus dem Jahre 1208 v. Chr. endet mit einer 12-zeiligen Strophe, die in bekannten Redewendungen und Metaphern die Vormachtstellung Ägyptens beschreibt und dabei die Völkerschaften im östlichen Mittelmeerraum geographisch geordnet nennt. In diesem Zusammenhang findet sich eine Erwähnung Israels. Diese Erwähnung auf der Stele des Pharaos Merenptah wurde und wird gerne als ältester außerbiblischer Beleg für das Volk Israel gewertet, zumal es die einzige Erwähnung des Namens Israel in ägyptischen Texten ist. Derart isoliert mag man die Erwähnung Israels am Ende des 13. vorchristlichen Jh.s als Bestätigung für die Historizität biblischer Angaben (meist ohne die zu bestätigenden historischen Daten zu nennen) werten, doch eine genauere Betrachtung des Textes zeigt die Probleme der historischen »Rekonstruktion« allzu deutlich. Die Schlussstrophe dieser Inschrift lautet:

»Die Häuptlinge werfen sich nieder und rufen Schalom.
Keiner von den Neun Bögen hebt sein Haupt.
Tjehenu ist erobert. Cheta ist befriedet.
Kanaan ist mit allem Übel erbeutet.
Askalon ist herbeigeführt. Gezer ist gepackt.
Inuam ist zunichte gemacht.
Israel ist verwüstet; es hat kein Saatgut.
Charu ist zur Charet des Geliebten Landes geworden.
Alle Länder insgesamt sind in Frieden.
Wer als Fremdling herumzieht, wird gebändigt.
Vom König von Ober- und Unterägypten Meri-Amun
Ba-en-Re,
dem Sohn des Mer-en-Ptah Hetep-her-Maat,
der mit Leben beschenkt ist wie Re alle Tage.«[26]

---

26   Übersetzung von U. Kaplony-Heckel, in: TUAT I/6, 551 f.

Die älteste Erwähnung Israels außerhalb der Bibel ist also die Notiz von seiner vollständigen Vernichtung (»*Israel ist verwüstet; es hat kein Saatgut*«). Dieses Datum lässt sich ebenso wenig mit den biblischen Daten in Übereinstimmung bringen wie die sich indirekt aus der Inschrift ergebende Lokalisierung Israels im 13. Jh. v. Chr. in Mittelpalästina. Dass die Volksgruppe, die hier als Israel bezeichnet wird, nicht problemlos mit den Menschen in Verbindung zu bringen ist, die in der biblischen Erzählung im Zusammenhang mit Mose in Ägypten begegnen, ist deutlich. Diese offensichtliche Differenz wird auch dadurch unterstrichen, dass die Bibel selbst eine Spannung nicht ausgleicht: Mit Mose ist die Alleinverehrung des Gottes JHWH verbunden (Monotheismus), doch im Namen des Volkes, das diesen Gott JHWH ausschließlich verehren soll und das ihn als seinen Nationalgott verehrt, findet sich gerade kein Element, das auf diese Gottheit hinweist wie das »JA(H)« in zahlreichen biblischen Namen (z. B. Amas-ja, Jesa-ja, Abi-ja etc.). Demgegenüber enthält der Name Israel einen Hinweis auf den kanaanäischen Hochgott »El«. Das führt zu dem Schluss, das das spätere Volk Israel somit zumindest mehrere Wurzeln zu haben scheint, von denen eine in Mittelpalästina liegt, die später dann auch namengebend geworden ist, während eine andere mit Menschengruppen zu tun hat, die mit Ägypten in Verbindung stehen.

Hier sind vor allen Dingen die sog. »Hebräer« zu erwähnen. Die »Hebräer« der Bibel hat man immer wieder mit Bevölkerungsgruppen des Alten Orients in Verbindung gebracht, die als *Hapiru* (bzw. ᶜ*prw*/ᶜ*prm* u. ä.) bezeichnet werden. »Diese wohl überwiegend innerhalb des Kulturlandes, zwischen den Stadtstaaten, aber auch in Berggebieten agierenden Formationen stehen in einem gespannten Verhältnis zu den urbanen und fremdbestimmten Machtsystemen und finden sich so in gemeinsamer Opposition mit den heterogenen Schasu-Nomaden der Randzonen des Kulturlandes vor. In den Zeiten der ägyptischen Dominanz über Palästina (18.–20. Dynastie) besonders häufig bezeugt, können sie perspektivisch als Dienstleistende im zivilen und militärischen Bereich, aber auch als marodierende Banden auftreten, wobei ihr Operationsfeld wohl schon in der ›Palästinaliste‹ Thutmosis III. als ʿpr begegnet. Die Funktion des Ausdrucks als Sozialbegriff und Toponym ist mit der Ambivalenz der Bezeichnung Schasu vergleichbar, die in ägyptischen Dokumenten sowohl eine Bevölkerungsgruppe wie auch deren territoriale Konzentration anzeigen kann. Wegen der mehrfach bezeugten Deportation von ʿprw-Leuten nach Ägypten darf mit einer relativ starken Präsenz dieser Gruppen im Ostdelta gerechnet werden, die in Verbindung zu Schasu-Leuten das Land im Zuge von Flucht- oder Vertreibungsaktionen auch wieder verlassen haben können.«[27] Bringt man die biblische Bezeichnung »Hebräer« mit diesen »Hapiru« zusammen, dann muss man aber auch die in der Bibel nicht erwähnte Gruppe der »Schasu« berücksichtigen und bedenken, dass die eine der beiden genannten Bezeichnungen als Selbstbezeichnung in die Bibel eingegangen ist (»Hebräer«), während die andere (»Schasu«) dort nirgends erwähnt wird. Schasu ist eine ägyptische Bezeichnung für eine halbnomadische Bevölkerungsgruppe aus dem 2. Jt. v. Chr., wobei die Bezeichnung eben auch mit geographischen Konnotationen verbunden auftritt.[28] »Die Schasu sind vor allem in ägyptischen Texten und Illus-

---

27   M. Görg, Art. Hebräer: Neues Bibel-Lexikon I, 65.
28   Zu den unterschiedlichen Zeugnissen vgl. T. Staubli, Das

trationen des neuen Reiches bezeugt. Hier können sie sowohl im Kontext vorderasiatischer Ländernamen als Bewohner der nördlichen Randzone des ›fruchtbaren Halbmonds‹ erscheinen wie auch als Sippenstruktur in der Nachbarschaft des ägyptischen Staatswesens besonders im südöstlichen Palästina. … Auch wenn Schasu gelegentlich als Händler und Grenzgänger auftauchen, sind sie jedoch meist als Gegner der ägyptischen Interessen empfunden und so sukzessive in die Rolle paradigmatischer Feinde gedrängt worden, so daß sich etwa Ramses III. mit dem Epitet ›Bezwinger der Schasu‹ rühmen konnte. Die erstmals unter Amenophes III. im Tempel von Soleb (ca. 1380 v. Chr.) bezeugte Erwähnung des *Šꜣśw*–Landes *YHW* im Verband mit weiteren Subdistrikten des Schasu-Gebietes im Bereich des edomitischen Berglandes hat die Diskussion um die Herkunft des alttestamentlichen Gottesnamens befruchtet.«[29]

Auch wenn man manches Element der biblischen Geschichte in diesen Daten der ägyptischen Geschichte wiederzufinden glaubt, ist eine methodisch sichere und nachprüfbare Rekonstruktion auf der Basis dieser Quellen gerade nicht möglich, weil man biblische Aussagen und Angaben aus ihren Kontexten isolieren muss, um sie von ägyptischen Quellen her sozusagen bestätigen zu lassen. Dies findet vor allen Dingen in den verschiedenen Versuchen statt, Mose mit unterschiedlichen Personen der ägyptischen Geschichte in Verbindung zu bringen. Der eindeutig ägyptische Name »Mose«, dessen wahrscheinlichste Deutung als

---

Image der Nomaden im alten Israel und in der Ikonographie seiner sesshaften Nachbarn, Fribourg/Göttingen 1991.
29   M. Görg, Art. Schasu: Neues Bibel-Lexikon III, 464.

Frühdynastische Zeit	ca. 3000-2740 v. Chr.
Altes Reich – 3.-11 Dynastie	2740-1938 v. Chr.
Mittleres Reich und 2. Zwischenzeit – 12.-17. Dynastie	1938-1539 v. Chr.
Neues Reich – 18.-20. Dynastie	1539-1070 v. Chr.
18. Dynastie	*1539-1292 v. Chr.*
Ahmose	1539-1514 v. Chr.
Amenhotep I.	1514-1493 v. Chr.
Thutmosis I.	1493-1482 v. Chr.
Thutmosis II.	1482-1479 v. Chr.
Hatschepsut	1479-1458 v. Chr.
Thutmosis III.	1479-1426 v. Chr.
Amenhotep II.	1426-1400 v. Chr.
Thutmosis IV.	1400-1390 v. Chr.
Amenhotep III.	1390-1353 v. Chr.
Amenhotep IV./Echnaton	1353-1336 v. Chr.
Meretaton	1336-1335 v. Chr.
Semenchkare	1335-1332 v. Chr.
Tutachamun	1332-1323 v. Chr.
Aja	1323-1319 v. Chr.
Haremhab	1319-1292 v. Chr.
19. Dynastie	*1292-1190 v. Chr.*
Ramses I.	1292-1290 v. Chr.
Sethos I.	1290-1279 v. Chr.
Ramses II.	1279-1213 v. Chr.
Merenptah	1213-1204 v. Chr.
Sethos II.	1204-1198 v. Chr.
Amenmesse	1203-1200 v. Chr.
Siptah	1198-1193 v. Chr.
Tausret	1193-1190 v. Chr.
20. Dynastie	*1190-1076/70 v. Chr.*
Sethnacht	1190-1187 v. Chr.
Ramses III.	1187-1156 v. Chr.
Ramses IV.	1156-1150 v. Chr.
Ramses V.	1150-1145 v. Chr.
Ramses VI.	1145-1137 v. Chr.
Ramses VII.	1137-1129 v. Chr.
Ramses VIII.	1128 v. Chr.
Ramses IX.	1127-1109 v. Chr.
Ramses X.	1109-1105 v. Chr.
Ramses XI.	1105-1076/70 v. Chr.
Spätzeit und 3. Zwischenzeit - 21.-23 Dynastie	*1069-343 v. Chr.*

Abb. 2: Zeittafel zu wichtigen Epochen der Geschichte Ägyptens

Kurzform zu verstehen ist, in der das ägyptische Nomen *ms* »Kind« enthalten ist, womit eine Zuordnung zu einer Gottheit angesprochen wird,[30] hat dazu geführt, dass man Mose mit unterschiedlichen Persönlichkeiten der ägyptischen Geschichte identifiziert hat, deren vollständige Namen das Element »*ms*« enthalten. Bei den Identifizierungsversuchen hat allerdings nicht nur das Vorkommen von Namenselementen und -entsprechungen Ansätze geliefert, sondern häufiger noch die Überlieferung von Ereignissen und individuellen Lebensumständen.[31]

Ist Mose mit Beja zu identifizieren?
In diesem Zusammenhang ist mehrfach auf unterschiedliche Weise die Verbindung zu einem gewissen *By/Beja* hergestellt worden.[32] Bei ihm handelt es sich um einen hochgestellten ägyptischen Beamten aus der Zeit vom Ende der 19. Dynastie. In ägyptischen Quellen wird er als »Schatzmeister« geführt, was wohl der Funktion eines Wirtschaftsministers gleichkommt. Sein Name Beja ist nicht ägyptischen Ursprungs und von seinem einmal belegten ägyptischen Hofnamen her hat man darauf geschlossen, dass er zur Gruppe der Ausländer in Ägypten gehörte. Sein Name, der ägyptisch *B3-jj* lautet, enthält, wenn man ihn als Name semitischer Herkunft auffasst, als theophores Element »*Ja(H)/Ya(H)*«, was man gerne als Hinweis auf die Gottheit *Jahwe/Yahwe* der Hebräischen Bibel gedeutet hat, so dass der Name *By/Beja* als Kurzform des im

---

30 Zur ausführlichen Erklärung des Namens Mose vgl. M. Görg (2000), 19–28.
31 Eine ausführliche Darstellung und Diskussion der wichtigsten Identifizierungsversuche bietet M. Görg (2000), 28–42.
32 Vgl. M. Görg (2000), 32–37.

Semitischen häufig anzutreffenden Namenstyps »Ab-i-X« (»Mein Vater ist [der Gott] X«) verstanden werden kann, und zwar als »(der Gott) *Ja ist mein Vater*«. Im Zusammenhang mit den Versuchen, Mose mit *Beja* gleichzusetzen, ist immer wieder auf verschiedene Auseinandersetzungen der ägyptischen Herrscher mit Asiaten hingewiesen worden. In einem Text aus der Zeit Ramses IV., der auf die Zeit Ramses III. zurückblickt, wird von einem rebellischen Syrer namens »*Jrsw*« gesprochen.[33] Er habe mit Verwandten einen Aufstand gegen die ägyptische Herrschaft angezettelt und sei des Landes verwiesen worden. Einige Male ist auch versucht worden, jenen *Jrsw* mit *Beja* zu identifizieren, und wenn auch nur in der Weise, dass der Name *Jrsw* als Spottname für *Beja* im Sinne von »Der sich zum König machen wollte« gedeutet wurde. »Vielleicht liegt im Schicksal des apostrophierten *jrsw* ein ähnlicher Prozess vor, wie im Falle des Zeitgenossen Amenmesse, der ja als *msj/mssw* (mit Feinddeterminativ) diskreditiert worden ist. Es ist trotz des zeitlichen Abstands nicht ausgeschlossen, dass *By/Beja* erst nach seinem physischen Verschwinden aus der Geschichte im Nachhinein mit diesem Spottnamen belegt worden ist, um den Herrschern der 20. Dynastie den eigenen Anteil an der Rückkehr zur Ordnung ins rechte Licht zu rücken. So wäre auch *Jrsw* als eine Art Typenbezeichnung zu fassen, die die selbstherrliche Rebellion gegen die gottgewollte politische Ordnung und den Anwalt des Chaos symbolisiert. Das Ägypten der 20. Dynastie hätte mit der Überwindung dieser sich aufdrängenden Figur aus dem Nordosten die asiatische Gefahr ein weiteres Mal bezwungen, um damit

---

33   Vgl. M. GÖRG (2000), 36 f.

die politische Situation im Sinne der Weltordnung zu stabilisieren. Der möglicherweise aus *By/Beja* gewordene *jrsw* ist wohl schon in Ägypten eine Erinnerungsfigur geworden, mit der die Genese des frühen Mose partiell verbunden werden kann, ohne deshalb schon einer Identifikation zu dienen.«[34]

Ist Mose mit Amenmesse zu identifizieren?
Neben *Beja* ist Mose auch mit einem kuschitischen Prinzen identifiziert worden, der mit Messui einen Namen trägt, der im Ägyptischen dem des Mose nahe steht.[35] Jener Messui ist bekannt als »Statthalter von Äthiopien und königlicher Schreiber« bzw. »Vizekönig von Kusch« unter den Pharaonen Merenptach und Sethos II. Dabei ist nicht selten auf Num 12,1 und die kuschitische Frau des Mose als Anknüpfungspunkt aus der biblischen Tradition hingewiesen worden. Einen profilierteren Hintergrund zu dieser Gestalt hat man aber dadurch zu gewinnen versucht, dass man diesen Messui mit dem Pharao Amenmesse aus der 19. Dynastie identifiziert hat, zumal der Name Messui als Kurzform von Amenmesse gelten kann. In einem Papyrus ist der Pharaonenname mit dem Zeichen für Feind verbunden, was darauf schließen lässt, dass es sich um eine Art Gegenkönig handelt. Pharao Amenmesse soll von Nubien aus als Usurpator gegen Pharao Setos II. operiert haben. Denkt man nun noch an die kuschitische Frau von Mose in Num 12,1, legt sich die Identifizierung Messui = Amenmesse = Mose fast schon nahe. Doch es ist gewisse Vorsicht geboten, einzelne Bruchstücke der verschiedenen Überlieferungen zusammenzusetzen. »Festzuhalten ist allerdings, daß

---

34   M. Görg (2000), 37.
35   Vgl. M. Görg (2000), 29–32.

der mit Mose unter den aufgezeigten Umständen vergleichbare Name des Amenmesse in Kurzform mit einem Feinddeterminativ (vgl. Pap. Salt. 124) ausgestattet (zeitweise?) ägyptischerseits im Kurs gewesen zu sein scheint, wie auch immer das Verhältnis des Amenmesse zu Messui zu bestimmen sein mag. Dieser Umstand kann dafür sprechen, daß man in dieser eigentümlichen Fassung eine Erinnerung bewahrt, die alle Anlagen gehabt hätte, zu einem Topos zu werden, etwa so, wie wenn wir von einem ›enfant terrible‹ sprechen. Vielleicht darf man in dieser Typisierung einen wesentlichen Teilbeitrag zum Werden des Mose aus ägyptischer Perspektive sehen.«[36]

Ist Mose mit Ramsesemperre zu identifizieren?
Schließlich kommt noch eine weitere Gestalt zur Identifizierung mit Mose in Betracht. Es handelt sich um einen hohen ägyptischen Beamten unter Ramses II. und vielleicht noch unter Ramses III., dessen biographische Wurzeln im asiatischen Bereich liegen, näherhin stammt er aus dem Gebiet von Baschan im nördlichen Ostjordanland.[37] Da Baschan schon seit Pharao Tutmoses III. unter ägyptischer Vorherrschaft steht, stellt das Auftreten von Personen am ägyptischen Hof keine Besonderheit dar. Neben dem sozusagen offiziellen Namen »Ramsesemperre« trägt jener Beamte noch weitere Namen, so wird er auch »Geliebt von Heliopolis« genannt (ägyptisch Mrj-Jwn) und trägt daneben auch den semitischen Namen »Sohn des ʼzn«, was entweder als Stammeszuhörigkeit oder als »Sohn des Ohrs« im allgemeinen Sinn von Hören/Gehorsam oder auch als Ehrentitel eines Weisen gedeutet wer-

---

36 M. Görg (2000), 32.
37 Vgl. M. Görg (2000), 38–42.

den kann. Das Amt des Ramsesemperre ist mit wichtigen diplomatischen Funktionen verbunden, was sein Amtstitel »Erster Diener des Königs« andeutet. In Bezug auf die Mose-Identifizierung ist interessant, dass jener Ramsesemperre auch ägyptische Interessen im Ausland vertritt und als solcher auch auf regionale Arbeiter im Dienste Ägyptens aus den Kreisen der Schasu (s. o.) getroffen sein mag. »Klar ist aber auch, daß von einer direkt erkennbaren Verbindung oder gar Gleichstellung mit dem Mose der biblischen Tradition keine Rede sein kann. Immerhin steht aber auch dieser Zeitgenosse zusammen mit den vorverhandelten Figuren der Ramesidenzeit als eine Gestalt da, an deren historische Dimension ein Teil der Erinnerungsprozedur anknüpfen konnte, um in die Traditionsgeschichte des frühen Israels hineinwachsen zu lassen. Auf den Nachweis einer einzigen Persönlichkeit allerdings mit all den Anlagen, die zu dem außerordentlichen Spektrum der Konturen der Bibel geführt haben, ist man nicht zwingend angewiesen, wenn etwa die präsumtive Existenz eines Stammeshäuptlings der Schasu um die Konturen prominenter Semito-Ägypter im ramesidischen Ägypten angereichert worden sein kann. Mose als einer genuinen Variante einer ›Korporativpersönlichkeit‹ ergeht es wohl nicht anders als jenen ›Vätern Israels‹, deren überlieferte Existenz sich als Formung aus einer möglichen Pluralität von Namens- und Funktionsträgern des ›tiefen Brunnens der Vergangenheit‹ in der Vorzeit Israels ergeben hat. Vielleicht tauchen noch weitere Vergleichsfiguren auf, die Züge des späteren ›Mose‹ tragen und ihren Anteil an der Gestaltung transparent werden lassen.«[38]

---

38   M. GÖRG (2000), 41.

Will man dem historischen Kern der Mose-Überliefe-
rung näherkommen, muss man wohl mit der geboten-
nen Vorsicht und unter ständiger Reflexion der genannten methodischen Probleme mit einer kritischen
Betrachtung der biblischen Überlieferung einsetzen
und darf diese nicht als historische Überlieferungs-
splitter betrachten, die sich in die – ägyptische – Pro-
fangeschichte einordnen ließen. Zwei Aspekte könnten dazu einen Ansatzpunkt bieten. Zum einen ist der
ägyptische Name des Mose zu nennen. Er wird zwar
in der biblischen Überlieferung (s. u.) in Ex 2 hebräisch
gedeutet, doch bleibt das Problem bestehen, dass die
Person, die am Anfang der Religion Israels steht, keinen israelitisch/hebräischen Namen trägt, sondern
einen ägyptischen. Gerade auf dem Hintergrund der
»Erklärungsversuche« in Ex 2 lässt sich ablesen, dass
dieser Name immer als ägyptischer wahrgenommen
und als solcher als Problem betrachtet wurde, das aber
nicht zu umgehen war. Die Erzählung in Ex 2 unter-
nimmt nicht einmal den Versuch, dem »Mose« einen
ersten hebräischen Namen durch seine Eltern zu geben, der dann ja später von der Pharaonentochter
hätte geändert werden können. Damit ist in der Gestalt des Mose eine ursprüngliche und für das spätere
Israel auch konstitutive Verbindung nach und mit
Ägypten festgehalten, die allerdings nicht historisch
eindeutig auf die Person des Mose fixiert werden
kann.

Zum anderen ist die Verbindung des Mose nach Midian zu nennen, die die biblische Überlieferung an
den familiären Beziehungen des Mose festmacht. Hier
ist zuallererst der midianitische Schwiegervater des
Mose zu nennen, der zwar unterschiedliche Namen
erhält – Jitro, der Priester von Midian in Ex 3,1 und
4,18, Reguël, der Priester von Midian in Ex 2,16.18,

Num 10,29 oder Hobat der Keniter, in Ri 1,16; 4,11 –,
doch jeweils mehr oder weniger mit dem Gebiet von
Midian in Verbindung gebracht wird. Die in Num 12
erwähnte Kuschiterin als Frau des Mose muss nicht
unbedingt auf das Toponym Kusch bezogen werden,
sondern lässt sich auch von Kuschan ableiten, das in
Hab 3,7 mit Midian gleichgesetzt wird, so dass auch
in diesem Zusammenhang eine midianitische Verbindung zu erkennen ist. Für die spätere biblische Überlieferung sind diese midianitischen Verbindungen
aber mehr als sperrig, was die negative Charakterisierung der Midianiter z. B. in Num 25,5–18 und Num 31
zeigt. Bei der biblischen Überlieferung geht es aber
hinsichtlich der midianitischen Verbindung von Mose
um weit mehr als familiäre und damit persönlich-bio-
graphische Beziehungen, was sich daran zeigt, dass
mit den midianitischen Verwandten des Mose theologische bzw. religiöse Konzeptionen in besonderer
Weise verbunden werden. So erzählt Ex 18,1–12 im
Kern, dass sich der midianitische Schwiegervater des
Mose der JHWH-Religion zuwendet bzw. den Gott
JHWH bekennt und verehrt. Die midianitische Frau
des Mose, Zipora, vollzieht in der geheimnisvollen,
rätselhaften Geschichte von Ex 4,24–26 mit der Beschneidung eine Form von Initiationsritus für die
JHWH-Religion. In diesen Geschichten werden reli-
gionsgeschichtliche Zusammenhänge entfaltet: die
enge Verbindung des biblischen Gottes JHWH mit
dem Gebiet von Midian im Südosten Palästinas sowie
in Nordwest-Arabien im Hinblick auf die erwähnten
Schasu. Gleichwohl gilt auch in diesem Fall, dass die
historische Annäherung gerade nicht zur Person des
Mose führt, sondern über Mose zu den Ursprüngen
Israels und seiner Religion. Die für den Bereich von
Südost-Palästina/Nordwest-Arabien durch ägypti-

sche Inschriften belegte Bezeichnung »Land der Schasu – JHW« betrifft nicht nur dieses Gebiet, sondern deutet wohl mit »JHW« auf den Gott dieser Gruppe hin.

Über Vergleichspunkte im Detail kommt man letztendlich auch dann nicht hinaus, wenn man die Führungsrolle des Mose beim Exodus mit heranzieht[39], wenngleich damit die entscheidende Frage nach dem gestellt wird, »*was Mose ist*«, anstatt fragen zu wollen, »*wer Mose ist*«.

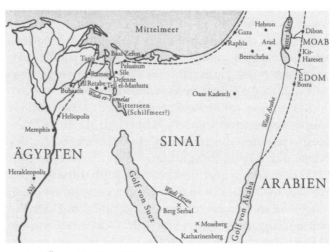

Abb. 3: Übersicht über Gebiete und Orte der Exodusüberlieferung

---

39   E. Zenger (1993), 332–335.

B. DARSTELLUNG

1. Mose und seine fünf Bücher

Die herausgehobene Bedeutung, die den ersten fünf Büchern der Bibel zukommt, beruht vor allem auf der Gestalt des Mose, der das Volk Israel aus Ägypten bis an die Grenze des Verheißenen Landes geführt und durch den Israel die Weisungen Gottes für das Leben im Verheißenen Land bekommen hat. Zwischen Mose und den fünf Büchern, der Tora, besteht eine einzigartige Verbindung, so dass beide sich gegenseitig beleuchten, was der Babylonische Talmud in einer kleinen Geschichte zum Ausdruck bringt, die erklärt, warum die Tora sogar nach Mose benannt worden sei, wie es sich in der biblischen Rede von der »Tora des Mose« zeigt, ganz besonders am Ende der Prophetenbücher, wo Gott selbst mahnt:

»Erinnert die Tora meines Dieners Mose.« (Mal 3,22)[40]

Mose gilt der Tradition nach deshalb als Urheber dieser fünf Bücher, die die Geschichte des Volkes Israel ebenso erzählen, wie sie die Gebote enthalten, die Mose von Gott empfangen hat. Der Beginn der sog. kritischen Bibelwissenschaft in der Neuzeit ist deshalb sehr häufig an der Frage der mosaischen Verfasserschaft des Pentateuchs festgemacht worden. Jean Astruc (1684–1766), der Leibarzt Ludwigs XV., der als ei-

---

40 Die Stelle findet sich im Traktat Schabbat 89a des Babylonischen Talmud. Außer an der erwähnten Stelle von Mal 3,22 wird im Alten Testament noch öfter von der »Tora des Mose« bzw. dem »Buch der Tora des Mose« gesprochen, vgl. z. B. Jos 8,31 f.; 23,6; 2Kön 14,6; 23,25; Neh 8,1.

ner der Väter der Pentateuchkritik gilt, hat bei seiner Bewertung der wechselnden Gottesnamen in Gen 1–3 die mosaische Verfasserschaft noch nicht infrage gestellt, sondern ist davon ausgegangen, dass Mose bei der Abfassung des Pentateuchs verschiedene »Quellen« benutzt habe. Andere haben diese »Quellen« später mit unterschiedlichen »Werken« bzw. »Autoren« identifiziert und so Mose die Urheberschaft der Tora abgesprochen. Das mag im Zuge weiterer Forschung sicherlich den literarischen Entstehungsprozess beleuchtet und verständlich gemacht haben, aber es vermochte nicht die besondere Autorität der Tora zu erklären, weil diese sich aus dem ergibt, was mit Mose verbunden und in der Bibel von ihm erzählt wird, dass er nämlich in einzigartiger Weise mit Gott in Verbindung stand und Gottes Willen erhalten und weitergegeben hat.

1.1. Mose-Biographie oder Landverheißung?

Mose selbst ist in Bezug auf den Inhalt dieser Sammlung von »Geschichte und Gesetz« so dominant, dass man den ganzen Pentateuch oft als Biographie des Mose betrachtet hat. Immerhin ist sein ganzes Leben von der Geburt (Ex 2) bis zum Tod (Dtn 34) im Pentateuch enthalten und bildet gleichsam den Rahmen, in den die gesamte Erzählung in den fünf Büchern gestellt ist. Lediglich im Buch Genesis wird Mose noch nicht erwähnt und auch das Buch Deuteronomium ist – insofern es als Moserede den Inhalt der Erzählungen aus den Büchern Exodus, Levitikus und Numeri rekapituliert – von der vorauslaufenden Erzählung abgesetzt. Doch das, was auf den ersten Blick nicht zur Geschichte dieses Mannes zu gehören scheint, die sog. Urgeschichte (Gen 1–11), die Erzelternerzählungen (Gen 12–36) sowie die Josefsgeschichte (Gen 37–50), ist doch mehr als nur eine Vorgeschichte zur Biographie des Mose, die das Volk, aus dem dieser Mose hervorgegangen ist, behandelt. Die letzten Worte, die Gott im Pentateuch an Mose richtet, deuten Grund und Ziel der pentateuchischen Erzählung an und lassen verstehen, warum Mose in dieser Erzählung eine so herausragende Rolle zukommt.

»Der HERR sagte zu ihm: Das ist das Land, das ich Abraham, Isaak und Jakob versprochen habe mit dem Schwur: Deinen Nachkommen werde ich es geben« (Dtn 34,4).

Die Geschichte des Mose, sofern man den Pentateuch als eine solche verstehen will, wird also nicht um seiner Person willen erzählt. Vielmehr ist es Gottes Beziehung zu Israel, die Mose in den Mittelpunkt des Interesses rücken lässt. Diese Beziehung, deren Anfang mit Abraham gesetzt wird, wird als Geschichte in Raum und Zeit beschrieben:

»Der HERR sprach zu Abraham: Zieh weg aus deinem Land von deiner Verwandtschaft und aus deinem Vaterhaus in das Land, das ich dir zeigen werde. Ich werde dich zu einem großen Volk machen, dich segnen und deinen Namen groß machen. Ein Segen sollst du sein. Ich will segnen, die dich segnen, wer dich verwünscht, den werde ich verfluchen. Durch dich sollen alle Geschlechter der Erde Segen erlangen.« (Gen 12,1–3)

Die Formulierung dieser Verheißung hat bereits die Nachkommen Abrahams, das spätere Volk Israel, im Blick, darüber hinaus aber auch die übrige Menschheit, die durch diesen Abraham Segen von Gott her erlangen soll. Somit ist der Anfang der Beziehungsgeschichte Gottes auch mit der Urgeschichte von Gen

1–11, die der gesamten Menschheit gewidmet ist, verbunden.

Zur Kategorie der Zeit, die durch die Generationen hindurch beschrieben wird, kommt in der Fokussierung auf Abrahams Nachkommen schließlich als zweite Koordinate menschlicher Existenz der (Lebens-) Raum hinzu, den das Land bildet, in das Abraham ziehen soll und das dann zur zentralen Gabe Gottes für Abrahams Nachkommen wird. Als Abraham und Lot sich trennen, damit es keinen Streit in diesem Land gäbe, wählt Lot die fruchtbare Jordansenke, die hier – vor dem Untergang von Sodom und Gomorra (Gen 19) – unmittelbar mit dem »Garten des HERRN« (Gen 13,10) verglichen wird. Für das Volk der kommenden Generationen wird aber dieses Land, das Abraham und seinen Nachkommen zugesprochen wurde, als dieser seine Heimat verließ, zum inneren und äußeren Ziel seiner Existenz und damit zum roten Faden seiner Geschichte. Das »Verheißene Land« ist für die Darstellung in Geschichte und Gesetz das zentrale Thema im Pentateuch: Der Auszug des Volkes Israel geschieht nicht allein, um das Volk zu befreien, sondern auch, um es in dieses Land zu bringen. Schon bei der ersten Begegnung mit Mose erklärt Gott seine Absicht:

»Ich kenne ihr Leid. Ich bin herabgestiegen, um sie der Hand der Ägypter zu entreißen und aus jenem Land herauszuführen in ein schönes, weites Land, in ein Land, in dem Milch und Honig fließen« (Ex 3,7 f.).

Auch die Gottesbegegnung am Sinai ist auf dieses Anliegen hingeordnet, weil Israel dort, am Gottesberg, »nur« die Weisungen für das Leben im Land erhält. Wenn die Erzählung des Pentateuchs schließlich an der Grenze zu diesem Land, also noch bevor Mose

oder das Volk es betreten, endet, dann kann das nur
als programmatische Sicht der Gesamtkomposition
verstanden werden. Der Erzählfaden des Pentateuchs
aber endet dann, wenn man ihn aus der Perspektive
des Volkes betrachtet, nicht am Ende des Buches Deuteronomium, sondern setzt sich fort durch die Bücher
Josua, Richter, 1/2Samuel und 1/2Könige, in denen
die Geschichte des Volkes im Verheißenen Land erzählt wird. Der Spannungsbogen von der Schöpfung
bis zum Tod des Mose hingegen hebt die pentateuchi-
sche Erzählung aus diesem großen Ganzen heraus
und lässt die Geschichte vom Werden des Gottesvolkes außerhalb des Landes zur idealen »Gründungsgeschichte« werden, ohne die die weitere Geschichte
nicht verstanden werden kann.

1.2. Die Komposition der fünf Bücher

Innerhalb des Erzählzusammenhangs, der im Pentateuch zu finden ist, gibt es einzelne Abschnitte, die
sich in der Unterteilung in die fünf Bücher wiederfin-
den. So hat jedes der fünf Bücher trotz des durchlau-
fenden Erzählfadens ein je eigenes Profil, das unter
anderem durch Textsignale am Anfang und Ende ausgewiesen wird, wie die nachfolgende Übersicht[41] mit
den Kurzcharakterisierungen des jeweiligen Buchan-
fangs und Buchschlusses verdeutlicht:

Das Buch Genesis/Bereschit
Buchanfang 1,1:
>   »Am/Als Anfang schuf Gott den Himmel und die
>   Erde.«

---

41   E. ZENGER (2008), 63–67.

Buchschluss 50,24–26:

Rekapitulation der Erzelternerzählungen und Vorausblick auf den Exodus:

»Gott wird sich eurer annehmen (vgl. Ex 3,16), und er wird euch hinaufführen, weg von diesem Land in das Land (vgl. Ex 3,8), das er Abraham, Isaak und Jakob mit einem Eid versprochen hat« (vgl. Gen 12,7; 13,14f.; 15,18; 26,3; 28,13).

Das Buch Exodus/Schemot

Buchanfang 1,1–9:

Genealogische Liste als Rückblick, neuer König in Ägypten und Andeutung eines fundamentalen Konfliktes.

Buchschluss 40,34–38:

Rekapitulation und Vorausblick auf den Aufbruch vom Sinai unter Führung des im Heiligtum mitziehenden Exodusgottes.

Das Buch Levitikus/Wajjiqra

Buchanfang 1,1:

»Und er rief zu Mose, und es redete JHWH zu ihm aus dem Zelt der Begegnung heraus folgendermaßen«: Rückbindung an den Schluss des Buches Exodus (»Zelt der Begegnung«) und Kennzeichnung der durch Redeeinleitungsformeln gegliederten Gottesrede (fast das ganze Buch Lev ist Gottesrede = »Sinaioffenbarung«).

Buchschluss 26,46 (bzw. 27,34):

»Dies sind die Gesetze und Rechtsvorschriften und die Weisungen, die JHWH gegeben hat für das Verhältnis zwischen ihm und zwischen den Kindern Israels am Sinai durch Mose«: Rückblick und Abschlussnotiz.

Das Buch Numeri/Bemidbar

Buchanfang 1,1:

>»Es redete JHWH zu Mose *in der Wüste im Zelt der Begegnung* am ersten Tag des zweiten Monats im zweiten Jahr nach dem Auszug aus Ägypten«: gegenüber Lev veränderte Ortsangabe (»in der Wüste Sinai«) und Zeitangabe, zugleich Rückblick auf das Buch Exodus.

Buchschluss 36,13:

>»Dies sind/waren die Gebote und die Rechtsvorschriften, die JHWH geboten hat durch Mose zu den Kindern Israels in den Gefilden von Moab am Jordan bei Jericho«: Rückverweis auf die Buchschlüsse Lev 26,46; 27,34 (s. o.) und Vorverweis auf den Buchanfang Dtn 1,1–5 (s. u.).

Das Buch Deuteronomium/Debarim

Buchanfang 1,1–5:

>»Dies sind die Worte, die geredet hat Mose zu ganz Israel jenseits des Jordan ... Es war im 40. Jahr, im elften Monat, am ersten Tag des Monats. Mose redete zu den Kindern Israels gemäß allem, was ihm JHWH für sie geboten hatte ... Jenseits des Jordan im Land Moab begann Mose dieser Weisung (Tora) Rechtskraft zu verleihen.« Neueinsatz gegenüber den vorangehenden Büchern, wo Subjekt der Redeeinleitungsformeln meist JHWH ist, nun mit Mose als Sprecher: Das Buch Dtn ist überwiegend eine Sammlung von Mosereden (sein »Testament«). Rückbezug der Datierung auf den Exodus. Topographische Situierung gibt sich als Fortsetzung des Schlusses von Num, freilich mit kleinen Differenzen (s. o.).

Buchschluss (bzw. Schluss des Pentateuch) 34,10–12:

>Das sog. Mose-Epitaph (= würdigende »Grabinschrift«), das Moses Einzigartigkeit herausstellt.

Das Buch Genesis präsentiert sich als theologische und anthropologische Grundlegung, die den Menschen in seinem Welt- und Gottesverhältnis betrifft. Das Buch Exodus knüpft insofern daran an, als es Israels Gottesverhältnis und -verständnis thematisiert. Ausgehend von der Geschichte Israels in Ägypten, die an die Josefsgeschichte in Gen 37–50 anknüpft, über den Auszug der Israeliten aus Ägypten bis hin zu den Ereignissen am Sinai samt den Anordnungen für das Heiligtum, das »Zelt der Begegnung«, entfaltet das Buch Exodus die Konstituierung des Volkes Gottes. Auf der Grundlage dieses Heiligtums, das im Buch Exodus vorgestellt wird und das das »Wohnen Gottes inmitten seines Volkes« ermöglicht (vgl. Ex 25,8), entwirft das Buch Levitikus die Lebensordnung Israels als »heiliges Volk«, die vor allem in zahlreichen kultischen Regelungen konkretisiert wird. Im Buch Numeri wird die Wüstenwanderung vom Gottesberg auf dem Weg ins Verheißene Land fortgesetzt (Num 10,11 ff.). Dabei spielen die Zählungen und Musterungen des Volkes zu Beginn (Num 1–2) und am Ende (Num 26) eine wichtige Rolle, weil das Volk hier schon »strukturiert« im Blick auf das Leben in den Stammesgebieten im Land gesehen wird. Im abschließenden Buch der Tora, dem Deuteronomium, wird schließlich die Mose-Perspektive dominierend. Nicht nur dadurch, dass das Buch sich als Moserede darstellt, sondern auch weil es im ostjordanischen Gebiet, im Land Moab, endet, wo Mose die Grenze des Landes und die Grenze seines Lebens erreicht.

Die fünf zusammenhängenden Einzelteile der Tora finden sich als »fünf Bücher« wieder. Dennoch bildet das Ganze eine Einheit; die Unterteilung in fünf Bücher aber geht sicher nicht nur auf praktische Notwendigkeiten zurück, etwa dass man in der Antike nicht alles auf eine Rolle hätte schreiben können. Vielmehr scheint es zur Redaktion der Pentateucherzählung zu gehören, dass der Stoff in der vorliegenden Weise in fünf Teile geteilt wurde.[42] Das spiegelt sich auch in den vielfältigen Bezeichnungen der Bücher wider. Auch wenn man heute gerne die gebräuchlichen jüdischen und christlichen Buchbezeichnungen in der Weise erklärt, dass im Judentum auf die formalen Buchbezeichnungen abgehoben wird, die sich aus Anfangsworten des Textes ergeben, und im Christentum auf inhaltliche Buchbezeichnungen im Anschluss an die griechische Übersetzung der Septuaginta (LXX), sind zahlreiche jüdische Bezeichnungen bekannt, die auch inhaltlich orientiert sind und teilweise vielleicht die der LXX stimuliert haben,[43] wie es im Christentum dann auch formale Bezeichnungen gibt, die die fünf Bücher nur als Mosebücher durchzählen (als 1.–5. Mose). In der nachfolgenden Übersicht sind zur besseren Orientierung einige in Judentum und Christentum gebräuchliche Buchbezeichnungen zusammengestellt.

Benennungen und Bezeichnungen der Bücher des Pentateuch

Das **erste Buch** (Genesis / 1. Mose) wird im Judentum nicht nur – nach den ersten Worten – *b^ereschit* (Im Anfang) genannt, sondern es findet sich auch die Bezeichnung *sefer b^eriat ha-ʿolam* (Buch der Welterschaffung) oder mit Bezug auf die Patriarchen *sefer ha-yaschar* (Buch des Rechtschaffenen / Aufrichtigen).

---

42   Vgl. P. Weimar, Pentateuch: Neues Bibel-Lexikon III, 106 ff.
43   Eine instruktive Einführung zur jüdischen Sicht der Tora bietet H. Liss, TANACH. Lehrbuch der jüdischen Bibel, Heidelberg 2005, 19–189.

Das **zweite Buch** heißt nicht nur [w^e'ellaeh] sch^emot ([Dies sind die] Namen), sondern auch *sefer jeziat mişrajim* (Buch des Auszugs aus Ägypten). Daneben begegnet im Talmud auch die Charakterisierung in Bezug auf das Ganze der Tora als *chomesch sch^eni* (das 2. Fünftel).

Das **dritte Buch** trägt den Titel *wajjiqra'* (Er rief), wird daneben aber schon früh auch *torat hakohanim* (Weisung der Priester) genannt, was der griechisch-lateinischen Benennung »Leviticus« nahekommt.

Das **vierte Buch** wird nicht nur – wie heute meist üblich – nach seinem vierten bzw. fünften Wort *b^emidbar* (in der Wüste) bezeichnet, was schon mehr auf eine inhaltliche Umschreibung deutet, sondern auch nach dem ersten Wort als *[sefer] wajedabber* ([Buch] und er sprach). Es begegnet aber auch die Benennung als *chomesch ha-pikudim* (das Fünftel der Musterungen/Zählungen). Nur bei diesem Buch hat sich im Christentum anstelle der griechischen Bezeichnung, die sich bei Gen, Ex, Lev und Dtn findet, hier die lateinische *Numeri* (anstelle des griechischen *arithmoi*) durchgesetzt.

Das **fünfte Buch** wird nicht nur als *['ellaeh] d^ebarim* ([Diese sind die] Worte), sondern in der rabbinischen Literatur auch im Anschluss an Dtn 17,18 als *mischneh torah* (Abschrift/Zweitschrift der Tora) bezeichnet, was wohl auch der Bezeichnung des Buches als »Deuteronomium« in der LXX zugrunde liegt.

Die Gesamtheit der fünf Bücher nennt man im Judentum nicht nur – nach dem Inhalt – *tora* (Weisung), was die LXX mit *nomos* (Gesetz) übersetzt und damit zahlreiche Missverständnisse begünstigt hat, sondern auch *chamischa chumsche ha-tora* (die fünf Fünftel der Tora). Letzteres kommt dem bei Christen üblichen Titel Pentateuch nahe, da *pentateuchos [biblos]* das *fünfteilige, -bändige* (Buch) meint.[44] Alle genannten Bezeichnungen haben einen gemeinsamen Hintergrund und ein Ziel: Sie zeigen an, dass das Ganze nicht nur *aus* seinen Teilen, sondern auch *in* seinen Teilen besteht.

Die wechselnden Bezeichnungen für das Ganze und seine fünf Teile durch Begriffe, die die inhaltliche Seite betonen, neben solchen, die den formalen Aspekt, Teil des Ganzen zu sein, hervorheben, machen deutlich, dass die Botschaft des Pentateuchs nicht von seiner formalen Gestalt zu trennen ist. Die großartige Kompositionsstruktur des Pentateuchs stellt den Schlüssel zum Verständnis seiner Einzeltexte dar. Die fünf Teile des Pentateuchs sind nämlich konzentrisch angelegt:

Genesis   Deuteronomium

     Exodus   Numeri

            Levitikus

Im äußerer Rahmen stehen Schöpfung und Verheißung des Landes sowie der Segen über Jakobs zwölf Söhne (Genesis) einerseits und die Weisungen für das Leben im Verheißenen Land und der Segen des Mose über die zwölf Stämme Israels (Deuteronomium) andererseits einander gegenüber. Im Inneren, durch die Bücher Exodus und Numeri gebildeten Rahmen, entsprechen einander die Wanderungen von Ägypten zum Sinai (Exodus) und die Wanderung vom Sinai zur Grenze des Verheißenen Landes (Numeri). Diese

---

44   Zahlreiche Belege zum Ursprung der Fünfteilung und zur Erforschung des Pentateuch finden sich bei C. HOUTMAN, Der Pentateuch. Die Geschichte seiner Erforschung neben einer Auswertung, Kampen 1994.

beiden Phasen des Exodus, die sich in den Büchern Exodus und Numeri dargestellt finden, sind vielfältig durch Entsprechungen aufeinander bezogen, was Abbildung 4 zeigt,[45] um dabei die besondere Bedeutung dieser beiden Bücher für die Mose-Geschichte zu verdeutlichen.

»Liest man diese fünfteilige Komposition als Theologie der Tora, wird offenkundig: Die Tora ist eine Gabe Gottes auf dem Weg in die Freiheit. Sie motiviert zu diesem Weg, und sie will diesen Weg, der durch vielfältige Gefahren von außen und von innen her bedroht ist (vgl. Ex und Num), schützen. Die Tora ist grundgelegt in der Schöpfung der Erde als ›Lebenshaus‹ – und sie ist der ›Reiseführer‹ hin in das Verheißene Land. Über diesem Weg steht der Segen Jakobs (Gen 49) und der Segen des Mose (Dtn 33) … Die fünf Bücher der Tora erzählen die Gründungsgeschichte Israels. Sie hält ›die Lehre‹ fest, warum, wie und wozu es Israel als Bundesvolk gibt und geben soll. Sie erzählt die für Israel immer geltenden Setzungen Gottes, die Israel durch die Wüste in das Land glückenden Lebens führen wollen: Wenn Israel sich als Hörer und Täter der TORA verwirklicht, gelangt es sozusagen täglich neu in das Land, das den Müttern und Vätern (Sara und Abraham, Rebekka und Isaak, Rahel, Lea und Jakob) verheißen ist.«[46] Die Mitte der Kompositionsstruktur

---

45 Abb. 4 nimmt Teile der Kompositionsskizze zur Tora von Erich Zenger auf, die dieser modifiziert in den verschiedenen Auflagen seiner »Einleitung in das Alte Testament« und auch in seinem Buch »Das Erste Testament« (s. Anm. 46) dargestellt und erläutert hat.

46 E. Zenger, Das Erste Testament. Die jüdische Bibel und die Christen, Düsseldorf ⁵1995, 169–171.

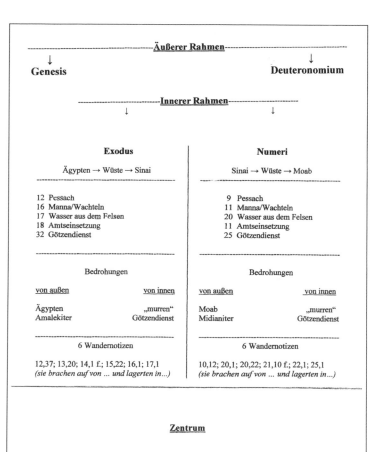

Abb. 4: Kompositionselemente der Tora

des Pentateuchs liegt im Buch Levitikus, näherhin im Ritual des großen Versöhnungsfestes in Lev 16.[47] Aus der Mitte heraus wird der gesamte Pentateuch verständlich: Der Gedanke vom versöhnungsbereiten Gott bildet den Lebensnerv von Geschichte und Gesetz (Weisung) in der Darstellung des Pentateuch.

1.3. Glaubensgeschichte mit und durch Mose

Diese Komposition der Gesamterzählung gibt den Rahmen für die Mose-Darstellung im Pentateuch ab. Sie begrenzt und konzentriert die Überlieferungen zu Mose und hält sie zusammen. Noch deutlicher als die Erzelternerzählungen es können, die die Grundlage und die »Vorgeschichte« für die Darstellung der Mose-Figur liefern, streicht dies der Abschluss der Mose-Erzählung im Pentateuch heraus. Die letzten Sätze des Pentateuchs blicken wie in einer Grabes- oder Gedenkinschrift auf das Leben und Werk des Mose zurück. Die Art und Weise wie das sog. Mose-Epitaph diesen Rückblick gestaltet, führt den Sinn der Erzählung über Mose vor Augen und bindet an die erwähnten Anfänge und Voraussetzungen der Mosegeschichte in der Geschichte des entstehenden Volkes Israel zurück.

»Niemals wieder ist in Israel ein Prophet wie Mose aufgetreten. Ihn hat der HERR Auge in Auge berufen. Keiner ist ihm vergleichbar, wegen all der Zeichen und Wunder, die er in Ägypten im Auftrag des HERRN am Pharao, an seinem ganzen Hof und an seinem ganzen Land getan hat, wegen all

---

47   Zur Theologie dieser Mitte vgl. B. JÜRGENS, Heiligkeit und Versöhnung. Levitikus 16 in seinem literarischen Kontext, Freiburg 2001.

der Beweise seiner starken Hand und wegen all der Furcht erregenden und großen Taten, die Mose vor den Augen von ganz Israel vollbracht hat« (Dtn 34,10–12).

Das, was hier zur Unvergleichlichkeit des Mose angeführt wird, greift mit dem, was Mose »vor den Augen von ganz Israel vollbracht hat«, auf die Umschreibung der einzigartigen Beziehung zwischen Gott und Israel zurück, wie Mose sie am Anfang des Buches Deuteronomium dem Volk in Erinnerung gerufen hat:

»Forsche doch einmal in früheren Zeiten nach, die vor dir gewesen sind, seit dem Tag, als Gott den Menschen auf der Erde schuf; forsche nach von einem Ende des Himmels bis zum anderen Ende: Hat sich je etwas so Großes ereignet wie dieses, und hat man je solche Worte gehört? Hat je ein Volk einen Gott mitten aus dem Feuer im Donner sprechen hören, wie du ihn gehört hast, und ist am Leben geblieben? Oder hat je ein Gott es ebenso versucht, zu einer Nation zu kommen und sie mitten aus einer anderen herauszuholen unter Prüfungen, unter Zeichen, Wunder und Krieg, mit starker Hand und hocherhobenem Arm und unter großen Schrecken, wie es der HERR, euer Gott in Ägypten mit euch getan hat, vor deinen Augen? Das hast du sehen dürfen, damit du erkennst, der HERR ist der Gott, kein anderer ist außer ihm. … Heute sollst du erkennen und dir zu Herzen nehmen: JHWH ist der Gott im Himmel droben und auf der Erde unten, keiner sonst. Daher sollst du auf seine Gesetze und seine Gebote, auf die ich dich heute verpflichte, achten, damit es dir und später deinen Nachkommen gut geht und du lange lebst in dem Land, das JHWH, dein Gott dir gibt für alle Zeit« (Dtn 4,32–35.39–40).

Es ist Israels einzigartige Gottesbeziehung, die Mose heraushebt und auszeichnet. Das Mose-Epitaph aber hebt Mose heraus, um ihn in die Erwählungsgeschichte Israels hineinzustellen. Das zentrale Ereignis der Erwählungsgeschichte, der Auszug aus Ägypten, der in der Bibel zum Gottesprädikat wird, wie die Selbstvorstellungsformel

»Ich bin der HERR, dein Gott, der dich aus Ägypten, dem Sklavenhaus, herausgeführt hat« (Ex 20,2/Dtn 5,6)

zeigt, wird untrennbar mit Mose verbunden, weil Gott all das, was er für Israel getan hat, durch Mose getan hat. Dtn 34,10–12 blickt aber nicht nur auf die Mose-Geschichte bzw. die Geschichte des Auszugs zurück, sondern nimmt gleichzeitig auch die Bedeutung des Mose für die Folgezeit in den Blick.

Dazu greift das Mose-Epitaph auf die Warnung von Dtn 18,15 zurück, die das Volk vorausschauend mahnt, dass es – wenn es in das Land ziehen wird, das Gott ihm geben will – in exklusiver Beziehung zu seinem Gott bleiben und daher nicht so leben soll wie die übrigen Völker. Vielmehr will Gott einen »Propheten wie Mose« aus dem Volk berufen. Dieser Prophet soll Mittler zwischen Gott und Volk sein, ganz genau so, wie es Mose am Sinai gewesen ist.

»Einen Propheten wie mich wird dir der HERR, dein Gott, aus deiner Mitte, unter deinen Brüdern, erstehen lassen« (Dtn 18,15).

Wenn Dtn 34,10 dann aber einschränkt, dass es künftig *keinen* Propheten wie Mose geben wird, soll damit die Ankündigung von Dtn 18,15 nicht revidiert werden. Vielmehr wird der Unterschied zwischen Mose und dem künftigen Propheten hervorgehoben, der darin besteht, dass Mose eine einzigartige Unmittelbarkeit zu Gott repräsentiert: Gott »kennt« ihn von Angesicht zu Angesicht, d. h. er verkehrt mit ihm ohne vermittelndes Medium. Es ist nicht die Besonderheit einer Rede oder Vision, die dann zum Inhalt einer prophetischen Botschaft würde, die Mose auszeichnet, vielmehr lässt der einzigartige Kontakt zu Gott die Person des Mose selbst zur Botschaft Gottes werden. Diese Botschaft ist durch die Geschichte des Mose, die der Pentateuch festhält, zur Tora (Weisung) geworden, die Moses Nachfolger Josua, der nicht zum Propheten berufen wird, als Schlüssel der erfolgreichen Landnahme Tag und Nacht zu studieren hat:

»Sei nur mutig und stark, und achte genau darauf, dass du ganz nach der Weisung handelst, die mein Knecht Mose dir gegeben hat. Weich nicht nach rechts und nicht nach links davon ab, damit du Erfolg hast in allem, was du unternimmst. Über dieses Buch der Tora sollst du immer reden und Tag und Nacht darüber meditieren, damit du darauf achtest, genau so zu handeln, wie darin geschrieben steht. Dann wirst du auf deinem Weg Glück und Erfolg haben.« (Jos 1,6–8).

So wirkt Mose auch über seinen Tod hinaus und kommt indirekt in Gestalt der Tora in das Land, bis zu dessen Grenze er das Volk Israel von Ägypten her geführt hat. Die Unvergleichlichkeit seiner Gottesbeziehung und -begegnung hat in Dtn 34,10 aber auch schon eine Funktion im Blick auf alle nachfolgende Prophetie, die an die Weisung der Tora niemals heranreichen kann.

Die Biographie des Mose, die man im Pentateuch oft gesehen hat, gibt bei genauerer Betrachtung dem Pentateuch weniger Halt denn vielmehr Gestalt. Der Pentateuch verdankt dem »Lebensweg« des Mose, der als einzigartiger Mittler zwischen Gott und dem Volk Israel steht, dass er als in sich geschlossene Einheit erscheint, deren inneres Gerüst durch den Weg Israels zu einem von Gott erwählten Volk auf dem Weg in sein von Gott verheißenes Land gebildet wird. Endet das Leben des Mose an der Grenze zum Verheißenen Land, also dort, wo das Ziel der Verheißung an Abraham, dass Gott seinen Nachkommen dieses Land geben werde (vgl. Gen 12,7), Wirklichkeit wird, so lässt die Erzählung des Pentateuchs dessen Anfang, die Geschichte der Geburt des Mose, ebendort ansetzen, wo Abrahams Nachkommen zu einem Volk geworden sind. Mit ebendiesem Hinweis, dass die »Söhne Israels« in Ägypten zu einem großen Volk geworden waren, beginnt das Buch Exodus. Die Situationsbeschreibung der Israeliten in Ägypten dient sodann als Hintergrund und Einführung für den Beginn der eigentlichen Moseerzählung.

2. Mose in seinen Büchern

Auch wenn das Leben des Mose im Pentateuch erzählt wird und man in den übrigen Büchern der Bibel weniger von ihm erfährt, als man vielleicht aufgrund der herausragenden Stellung des Mose erwartet, soll im Folgenden kein Versuch unternommen werden, den Lebensweg des Mose durch die pentateuchischen Erzählungen hindurch nachzuzeichnen, weil man auf der Suche nach »Lebensdaten« und den mit ihnen verbundenen »Ereignissen« schnell der Gefahr erliegen kann, aus dem Blick zu verlieren, warum und wozu die Bibel von Mose erzählt. Daraus ergibt sich die Leitidee der nachfolgenden Darstellung: Nicht jede Geschichte, in der Mose vorkommt oder die von Mose berichtet, wird behandelt, sondern es sind einige ausgewählt worden, die zum Kern der biblischen Botschaft von Mose führen und so das in ihr Ausgedrückte näherbringen und verständlich machen.

2.1. Die Geburt einer Geschichte

Die kurze Geburtsgeschichte (Ex 2,1–10) erzählt nicht
nur von den Umständen bei der Geburt und beim
Lebensbeginn des Mose, sondern spannt auch einen
Bogen von der Einordnung der nicht namentlich genannten Eltern des Mose in den Stamm Levi bis zur
Namensgebung durch die Tochter Pharaos. Liest man
die Geschichte ohne ihren Kontext, dann mag sich der
Eindruck aufdrängen, dass sie ganz ohne die vorausgehende Erzählung über die Situation der Israeliten in
Ägypten und die Absicht des Pharao, die Neugebore-
nen der Israeliten töten zu lassen (vgl. Ex 1), aus-
kommt. Denn weder im Zusammenhang mit dem Verstecken und späteren Aussetzen des Kindes wird
ausdrücklich auf die Bedrohung durch den Pharao
verwiesen, noch wird darauf beim Finden des Kindes
Bezug genommen. Und doch lässt die Erzählung bei
genauerer Betrachtung zahlreiche Hinweise erkennen,
die die Geburtsgeschichte des Mose ganz und gar mit
der vorausgehenden Erzählung von der Situation der
Israeliten in Ägypten verbinden.

»1Ein Mann aus dem Hause Levi ging hin und nahm sich
eine/die Tochter Levis. 2Die Frau wurde schwanger und sie
gebar einen Sohn. Sie sah, dass er gut/schön war und sie
verbarg ihn drei Monate lang.
3Als sie es ihm nicht mehr länger verbergen konnte, nahm
sie für ihn ein Binsenkästchen, dichtete es mit Lehm und
Pech ab und legte das Kind hinein, dann setzte sie es im
Schilf am Ufer des Flusses aus. 4Seine Schwester aber blieb
in einiger Entfernung stehen, um zu erfahren, was mit ihm
geschehen würde. 5Pharaos Tochter kam herab, um am
Fluss zu baden. Ihre Dienerinnen gingen derweil am Ufer
des Flusses auf und ab. Sie sah das Kästchen im Schilf und

schickte ihre Magd, um es zu holen. 6 Dann öffnete sie und sah es, das Kind: ein weinender Knabe. Sie hatte Mitleid mit ihm und sagte, das ist eins von den Kindern der Hebräer.

7 Da sagte seine Schwester zu Pharaos Tochter: Soll ich gehen und ihr eine Amme von den Hebräerinnen rufen, damit sie das Kind für dich stille?

8 Die Tochter des Pharao antwortete ihr: Geh! Dann ging das Mädchen und holte die Mutter des Kindes.

9 Pharaos Tochter sagt zu ihr: Nimm dieses Kind mit und stille es für mich. Ich selbst werde deinen Lohn dafür geben. Da nahm die Frau das Kind und stillte es.

10 Als das Kind größer geworden war, brachte sie es zur Tochter des Pharao und es wurde ihr zum Sohn. Sie nannte ihn Mose und erklärte: Denn aus dem Wasser habe ich ihn gezogen« (Ex 2,1–10).

Die Geschichte weist eine ganze Reihe von Besonderheiten und Schwierigkeiten auf: Es fällt auf, dass sie bis auf die Namen »Mose« und »Levi« keinerlei Personennamen enthält. Auch die Begründung für das Verbergen und Aussetzen des Kindes bleibt völlig unverständlich. Der Hinweis nämlich, dass das Kind gut oder schön gewesen sei, erklärt weder für sich alleine noch in Verbindung mit den Tötungsabsichten des Pharao die Handlungen. Zuletzt bekommt das Kind seinen Namen erst durch die Tochter des Pharao, obgleich es doch längere Zeit – drei Monate vor dem Aussetzen und bis zum Entwöhnen (zwei bis drei Jahre) – bei seiner Mutter aufgezogen wird.

Das Motiv vom Kind, das im Binsenkästchen auf einem Fluss ausgesetzt wird, ist nicht unbekannt. Auch die Legende des akkadischen Königs Sargon (ca. 2371–2316 v. Chr.) kennt dieses Motiv. So hat man diese Legende oft herangezogen, um von ihr her die Mosegeschichte zu erklären, weil man entweder direkte literarische Abhängigkeiten zwischen beiden Geschichten postuliert oder aber Kenntnis der Sargon-Legende bei den Lesern der Mosegeschichte vorausgesetzt hat. Eine genauere Betrachtung der Sargon-Legende im Vergleich mit der Mosegeschichte kann aber vor allem den Blick für die Besonderheiten der Mosegeschichte schärfen und so zu deren Verständnis beitragen.

Die Sargon-Legende[48]

»Sargon, der starke König, König von Akkad, bin ich.

Meine Mutter war eine Hohepriesterin (enetu), meinen Vater kenne ich nicht.

Der Bruder meines Vaters (meine Verwandtschaft väterlicherseits) bewohnte das Gebirge.

Mein (Geburts-)Ort ist Azupirānu, der am Ufer des Eufrat liegt.

Meine Mutter, eine Hohepriesterin, wurde mit mir schwanger. Insgeheim gebar sie mich.

Sie legte mich in ein Schilfkästchen. Mit Bitumen dichtete sie meine Behausung ab.

Sie setzte mich am Fluß aus, der (mich) überspülte.

Der Fluß trug mich fort, zu Akki, dem Wasserschöpfer, brachte er mich.

Akki, der Wasserschöpfer, zog mich heraus, als er seinen Wassereimer eintauchte.

Akki, der Wasserschöpfer, zog mich als sein Adoptivkind groß.

Akki, der Wasserschöpfer, setzte mich in seiner Gartenarbeit ein.

Während meiner Gartenarbeit verliebte sich die Göttin Ištar in mich.

55 Jahre übte ich die Königsherrschaft aus.

---

48 Übersetzung: E. OTTO (2000), 52 f.

Über die schwarzköpfigen Menschen herrschte ich und regierte (sie).
Steile Berge überwand ich mit kupfernen Spitzhacken.
Die Gipfel erklomm ich immer wieder.
Die Gebirge durchzog ich immer wieder.
Die Küstenregion belagerte ich dreimal.
Ich eroberte Dilmun.
Zur großen (Stadt) Dêr zog ich hinauf, ich …
Kazallu zerstörte ich.
Welcher König auch immer nach mir an die Macht kommt, er möge 55 Jahre als König herrschen.
Er möge über die schwarzköpfigen Menschen herrschen und (sie) regieren.
Steile Berge möge er mit kupfernen Spitzhacken überwinden.
Er möge immer wieder die Gipfel erklimmen.
Er möge immer wieder die Gebirge durchziehen.
Er möge dreimal die Küstenregion belagern.
Er möge Dilmun erobern.
Er möge zur großen Stadt Dêr ziehen.
… von meiner Stadt Akkad …«

Bei allen Gemeinsamkeiten, die die Geschichten aufzuweisen haben, sind die Unterschiede zwischen beiden doch größer. Gemeinsam ist den jeweiligen »Protagonisten«, dass sie in einem Schilfkästchen, das mit Pech versiegelt ist, im Fluss ausgesetzt und dort von anderen Personen gefunden und aufgenommen werden, so dass sie gerettet und später, als Erwachsene, selbst zu wichtigen Persönlichkeiten werden, die andere regieren und retten. Im Zusammenhang mit diesem gemeinsamen Element unterscheidet die beiden Erzählungen aber die »uneheliche« Geburt, d.h. das Unbekannt-Sein des Vaters, das nur in der Sargon-Legende zu finden ist, sowie die Begründung für das Aussetzen des Kindes. Sargon wird gerade *wegen* der Umstände seiner Empfängnis und Geburt ausgesetzt, während bei Mose angegeben wird, dass seine Mutter sieht, dass er schön bzw. gut ist, und dass sie ihn deshalb zu verbergen sucht. Dieser Hinweis kann sicherlich nicht als Begründung für das Aussetzen betrachtet werden. Da aber nicht nur in der Sargon-Legende das Aussetzen von Kindern zumeist damit in Verbindung steht, dass die Umstände von Herkunft und Geburt verborgen bleiben sollen, darf man wohl davon ausgehen, dass gerade durch den Hinweis auf das Schön/Gut-Sein des Mose diese übliche Erklärung zurückgewiesen werden soll. Zu diesem Gedanken, dass Mose nicht ausgesetzt wird, um seine Herkunft zu vertuschen, passt auch, dass Mose – anders als Sargon – nicht dem Fluss übergeben wird, um dann fortgetrieben zu werden, damit man sich auf diese Weise von dem Kind trennt, sondern geradezu umgekehrt wird das Kästchen ins Schilf – nicht in den Fluss – gesetzt, wohl um nicht abtreiben zu können. Auch beobachtet die Schwester des Mose das weitere Geschehen aus einer gewissen Entfernung heraus, um dann nach dem Fund des Kästchens erneut die Verbindung aufnehmen zu können. So betrachtet kann man bei Mose auch nicht von einem Zufallsfund des Kindes sprechen, wie das auf Sargon sicherlich zutrifft, denn die Moseerzählung geht indirekt davon aus, dass das Kästchen gefunden werden soll. Während die Sargon-Legende ganz deutlich die Funktion hat, die Herrschaft Sargons bzw. der Sargoniden zu legitimieren, da sie festhält, dass die als prototypisch betrachtete Königsherrschaft Sargons nicht in königlicher Herkunft gründet, sondern in der besonderen Zuwendung und Erwählung durch die Göttin Ischtar, steht bei Mose die Begründung für seine doppelte Zuordnung im Vordergrund. Er hat nämlich leibliche Eltern, die als Hebräer gelten, und eine Ziehmutter, die dem ägyptischen

Hof angehört. Dieser Aspekt der doppelten Zuordnung des Mose kommt in der Geschichte besonders deutlich im Schlusssatz zum Ausdruck, wenn die Tochter Pharaos Mose seinen Namen gibt, der an sich ganz und gar *ägyptisch* ist (s. o. A. 3.) und so viel bedeutet wie »Sohn (des …)« bzw. »geboren von …«, der aber in der Erzählung mit einer *hebräischen* Etymologie versehen wird. Diese volkstümliche oder auch theologische Erklärung des Namens Mose beruht darauf, dass im Hebräischen das Verb *maschah,* »*herausziehen*« durchaus so ähnlich klingt wie der Name *moschäh,* »Mose«. Der Aspekt der doppelten Zuordnung des Mose zu Israel und Ägypten wird demnach vor allem am Anfang und am Ende der Geburtsgeschichte greifbar, genau an den Stellen also, an denen in der Geschichte Namen genannt werden: der Stamm Levi zu Beginn, dem Vater und Mutter des Mose angehören, und der ägyptische Name des Kindes Mose zum Schluss. Darüber hinaus fällt auf, dass in der Geschichte nur Frauen agieren, der Vater tritt nach der kurzen Erwähnung im ersten Satz nämlich gleich wieder in den Hintergrund und der Knabe selbst, Mose, bleibt in dieser Geschichte noch Objekt der Handlungen der Frauen. Diese Elemente weisen darauf hin, dass die Erzählung dem Typos der »genealogischen Erzählungen« zuzuordnen ist. Als wesentliche Funktion dieser genealogischen Erzählungen kann bestimmt werden, dass sie »werten«.[49] Betrachtet man die Geburtsgeschichte des Mose als genealogische Erzählung, dann stellt sich die Frage nach den Besonderheiten der Wertung, die durch diese Geschichte geschieht. Zuvor muss man aber sehen, dass die Geburtsgeschichte des Mose in einem wesentlichen Punkt von den genealogischen Erzählungen abweicht, denn

---

49 Vgl. dazu T. HIEKE (2003), 320 ff.

sie enthält – wie gesehen – keine Namen, wie sie ansonsten für Genealogien konstitutiv sind. Dieses Problem lässt sich nur dadurch auflösen und verstehen, dass man die Besonderheit der Geburtsgeschichte ernst nimmt: Sie stellt Mose eindeutig und klar als dem Stamm Levi zugehörig dar, dies sogar durch väterliche und mütterliche Abstammung. Als solcher, als Nachkomme Levis, wird Mose später wieder bezeichnet – indirekt in Ex 4,14 durch den Hinweis auf seinen Bruder, den »Leviten Aaron«, und dann ausdrücklich in Ex 6,20. Diese Erwähnung in Ex 6,20 findet sich an einer für die Erzählkomposition des Exodusbuches wichtigen Stelle, die, wenn man sie im Kontext des Buches zu lesen versteht, einen Schlüssel zum Verständnis der Geburtsgeschichte des Mose liefert. An einer Stelle höchster erzählerischer Spannung, nämlich mitten in den Verhandlungen von Mose mit Pharao, wird in Ex 6 die Erzählung unterbrochen, um durch eine genealogische Skizze, die entsprechende Muster und Linien aus dem Buch Genesis aufgreift und weiterführt, die Nachkommen Levis vorzustellen. So werden Mose und sein Begleiter, Aaron, der zuvor nur einmal ganz kurz als sein Bruder aus dem Stamm Levi (Ex 4,14) eingeführt worden ist, von ihrer Herkunft her definiert. Die Überleitung, die in Ex 6,26 von der Genealogie zur unterbrochenen Erzählung zurückführt, hält diese Bedeutung fest:

»Das ist Aaron und Mose, zu denen der HERR gesagt hatte: Führt die Israeliten aus dem Lande Ägypten heraus« (Ex 6,26).

Die Genealogie der Söhne Levis in Ex 6,16–25 ist nun so gestaltet, dass eine Linie besonders hervorgehoben wird: die Linie der Priester von Levi über Kehat, dann Amram, Aaron, Eleasar und schließlich Pinhas. Diese

»Priesterlinie« führt die entsprechenden genealogischen Informationen zu den Erzeltern im Buch Genesis weiter und wird später in Num 3,1–4 noch einmal aufgegriffen:

»Dies ist die Geschlechterfolge nach Aaron und Mose zu der Zeit als der HERR zu Mose am Berg Sinai sprach …«.

Und schließlich wird in Num 26,57 die genealogische Information über den Stamm Levi noch einmal aufgenommen. So wird eine markante, mit der Erzählung von der Schöpfung im Buch Genesis beginnende Linie von Verheißung und Segen aufgenommen. »Man kann die Bedeutung dessen kaum überschätzen, dass das genealogische System des Buches Genesis, das von der Schöpfung (Adam) über Abraham bis zu den zwölf Söhnen Jakobs und damit den zwölf Stämmen Israels führte, nun in Ex 6 (in Verbindung mit Num 3) auf das aaronidische Priestertum fokussiert wird.«[50] Mit dieser Linie des Stammes Levi geht es zuerst einmal darum, die Institution des im Stamm Levi erblich weitergegebenen Priestertums an eine von der Schöpfung herkommende genealogische Linie anzuschließen. Das Priestertum wird so als Institution verstanden, die das sich verzweigende Volk im Innersten zusammenhält, indem es dieses mit seinem eigenen Ursprung verbindet. »Der Priester übt zwar seinen Dienst innerhalb der Institution ›Priestertum‹ aus – doch sein Priester-Sein geht nicht in der Institution auf, so dass es zu Ende wäre, wenn die Institution abgeschafft oder verboten würde oder die Ausübung des Dienstes nicht mehr möglich wäre. Durch die genealogische Verankerung kann das Priestertum alle institutionellen Krisen (Zerstörung des ersten Tempels, Exil, Rivalitäten, Verbote,

---

50   Ebd., 219.

Entweihung des zweiten Tempels usw.) überstehen. Die Notwendigkeit für eine derartige Absicherung besteht in der Weitergabe des Segens: Seit Abraham wird der besondere Segen und die Aufgabe der Segensvermittlung von Generation zu Generation weitergegeben – bis zu den zwölf Söhnen Jakobs. Wer danach die Aufgabe des Segens und der Segensvermittlung übernehmen soll, zeigt Num 6,22–27: Aaron und seine Söhne, also die Priester.«[51] Im sog. aaronidischen Segen von Num 6,22–27 wird sinnfällig greifbar, welche besondere Bedeutung mit der Genealogie der Leviten verbunden ist.

»Der HERR sprach zu Mose: Sag zu Aaron und seinen Söhnen: So sollt ihr die Israeliten segnen: Indem ihr zu ihnen sprecht: Der HERR segne dich und behüte dich. Der HERR lasse sein Angesicht über dir leuchten und sei dir gnädig. Der HERR wende sein Angesicht dir zu und gebe dir Frieden. So sollen sie meinen Namen auf die Israeliten legen und ich werde sie segnen.«

Dieser Segen Gottes, den die Priester durch ihre Generationen weitergeben, hat seinen Ursprung in der Schöpfungserzählung, wo Gott seinen Segen an die sich fortpflanzende Menschheit knüpft:

»Gott schuf den Menschen als sein Bild, als Bild Gottes schuf er ihn; als Mann und Frau schuf er sie. Gott segnete sie und Gott sprach zu ihnen: Seid fruchtbar und vermehrt euch, bevölkert die Erde …« (Gen 1,27 f.).

Der von Gott in der Schöpfung mit gesetzte gute Anfang wird auf dieser Linie der Weitergabe des Segens in die Geschichte hinein vermittelt.

---

51   Ebd., 226.

Auf diesem Hintergrund gelesen bekommt die Geburtsgeschichte des Mose ein ganz neues Gesicht. Mose wird als Nachkomme Levis – und zwar väterlicher- und mütterlicherseits – ausgewiesen. Damit wird er in diese große genealogische Linie von Verheißung und Segen aus dem Buch Genesis eingeordnet. Seine Geburtsgeschichte als Geschichte von der *Rettung des Retters* ist Teil der Vermittlung des göttlichen Segens in die Geschichte. Auf diesem Hintergrund wird auch verständlich, warum die Erzählung nicht sogleich die Namen der Eltern nennt, die erst in Ex 6,20 als Amram und Jochebet eingeführt werden. Ihre Nennung hätte den Blick auf die individuellen Eltern des Mose verengt. Das aber gerade sollte verhindert werden, um den Blick auf die große Linie der Nachkommen Levis zu weiten. Weder aus der kurzen Einleitung von Ex 2,1 noch aus der ausführlichen Beschreibung des Verwandtschaftsverhältnisses in Ex 6,20 »Amram nahm seine Tante Jochebet zur Frau. Sie gebar ihm Aaron und Mose« lässt sich ableiten, dass die Erzählung – der Sargon-Legende vergleichbar – eine illegitime Geburt des Mose beinhalte, die sodann auch eine Begründung für das Aussetzen des Kindes liefern könnte. Vielmehr ist deutlich, dass das Verwandtschaftsverhältnis zwischen Amram und Jochebet eine eindeutige Zuordnung des Mose in die genealogische Segenslinie, die mit dem Stamm Levi verbunden ist, bezweckt. Dazu passt auch, dass der eigentümlich wirkende Satz »Sie sah, dass er gut/schön war« (Ex 2,2) eine deutliche Anspielung auf die Schöpfungserzählung enthält. Dort wird mit der sprachlich identischen Formulierung die Qualität der Schöpfungswerke Gottes betont, wenn es dort immer wieder heißt, dass Gott sieht, »dass es gut/schön war« (vgl. Gen 1,10 u. ö.). Wie die Formel bei der Schöpfung aber darauf abzielt zu betonen, dass das Geschaffene vollkommen und vollständig ist, so deutet sie bei der Geburt des Mose an, dass er vollständig in dieser levitischen Linie steht, die den Schöpfungssegen vermittelt. Damit weist sie in gewisser Weise sogar jeden Zweifel an der Rechtmäßigkeit der Verbindung der Eltern des Mose klar zurück. Der Segen Gottes, der im Buch Genesis entlang der Generationen weitergegeben wird, erfährt im Buch Genesis noch einmal eine besondere Akzentuierung, insofern er nach der Sintflut aufgenommen und im Blick auf Noah und seine Nachkommen erneuert wird:

»Dann segnete Gott Noah und seine Söhne und sprach zu ihnen: Seid fruchtbar, vermehrt euch und bevölkert die Erde« (Gen 9,1).

Die Geburtsgeschichte des Mose nimmt auch dieses Motiv auf, wenn sie für das »Kästchen«, in das das Kind gelegt wird, im Hebräischen dasselbe Wort (*tebah*) benutzt, das die Sintflutgeschichte in Gen 6–9 für den »Kasten« benutzt, der Noah durch die Flut rettet: die Arche.

Wenngleich also die Geburtsgeschichte des Mose den Eindruck einer für eine Geburtsgeschichte typischen Beschreibung eines individuellen Ereignisses erweckt, zeichnet sich aufgrund der gesammelten Beobachtungen ab, dass Mose hier schon weniger als individuelle Gestalt und mehr als wichtiger Kristallisationspunkt der Beziehungsgeschichte zwischen Gott und seinem Volk Israel erscheint.

Mose selbst erfährt durch diese Geschichte eine doppelte Zuordnung. Zum einen – von seiner Herkunft her – zu den Hebräern, zum anderen – durch seine Auf- und Annahme durch die Tochter Pharaos – zu Ägypten. Auf diese Weise stellt Mose ein Band zwischen den in Ägypten geknechteten Israeliten, denen er entstammt, und den ägyptischen Herrschern, denen er als »Sohn der Tochter Pharaos« im weiteren Sinne zuzuordnen ist, dar. Mit dieser Verbindung erklärt die Erzählung des Buches Exodus, warum gerade Mose, ein am ägyptischen Königshof erzogener Hebräer, zum Retter seiner Verwandten wird. Denn die »Befreiung aus Ägypten« ist in der Darstellung der biblischen Geschichte durch ebendiesen Mose weder einem Sklavenaufstand, einer Rebellion der Unterdrückten, noch einer politischen Maßnahme der Vertreibung oder Ausweisung zuzurechnen.

2.2. Flucht zu den Ursprüngen?

Dort, wo die Erzählung des Exodusbuches mit der eigentlichen Lebensgeschichte des Mose beginnt, lässt sich schnell erkennen, wie wenig ihr an einer Biographie des Mose im engen und natürlichen Sinn gelegen ist. Es wird nicht einmal der Versuch unternommen, die Zeit des Heranwachsens, der Jugend bzw. des jungen Mannes zu skizzieren. Stattdessen werden aus der viele Jahren übergreifenden Phase von der Aufnahme des Kindes bei der Tochter Pharaos bis zu dem Punkt, da Mose selbst als Ehemann und Vater eines Sohnes erscheint, nur drei Ereignisse geradezu episodenhaft erwähnt. Diese erscheinen auf den ersten Blick als fast beliebig herausgegriffene Ereignisse, die den Charakter dieses Mose beleuchten sollen. Doch wenn auch Mose in diesen drei Erzählungen die Hauptperson ist, lässt sich schnell erkennen, dass diese weniger an der Person des Mose als an der Vorbereitung dessen, was Gott mit seinem Volk in Ägypten beabsichtigt, interessiert sind. Den drei Erzählungen ist gemeinsam, dass Mose in eine von ihm beobachtete Unrechtssituation eingreift. Bei den ersten beiden Ereignissen, die noch in Ägypten spielen, bleibt dieses Eingreifen gänzlich erfolglos. Mehr noch, das Scheitern dieses Eingreifens führt für Mose zur Flucht aus Ägypten. Mit dem dritten Ereignis aber, das im fernen Midian spielt, beginnt für ihn zumindest ein neuer Lebensabschnitt.

Die ersten beiden Ereignisse werden in gewisser Weise parallel an zwei aufeinander folgenden Tagen geschildert. Beim ersten Mal ist es ein ägyptischer Aufseher, der einen Hebräer schlägt, beim zweiten Mal ein Hebräer, der im Streit ebenso an einem anderen Hebräer handelt. Obgleich berichtet wird, dass Mose beide Male in den Konflikt eingreift, gibt der Text durch keinen Hinweis zu verstehen, dass die Darstellung auf ein besonders ausgeprägtes Gerechtigkeitsempfinden bei Mose abzielen würde. Darauf weisen die Unterschiede in der Darstellung beider Ereignisse hin. Im ersten Fall sieht Mose, dass der Ägypter den Hebräer schlägt, woraufhin er den Ägypter aber nicht zur Rede stellt, sondern handelt. Wenn es heißt, dass Mose sich nach allen Seiten umsieht und den Ägypter erst schlägt, nachdem er gesehen hat, dass niemand da ist, kann das entweder bedeuten, dass er unentdeckt – sozusagen im Geheimen – dem Ägypter heimzahlen will, was dieser dem Hebräer angetan hat (beide Male steht das gleiche Verb »schlagen«). Oder aber sein Umhersehen muss so verstanden werden, dass Mose nach Hilfe Ausschau hält, d. h. nach jemandem, der den Aufseher zurechtweisen oder bestrafen könnte. Dann wäre sein Schlagen der letzte Ausweg, um dem Hebräer zu Hilfe zu kommen. Nimmt man Letzteres an, dann wäre der Tod des Ägypters eine unbeabsichtigte Folge, die Mose durch das Verscharren der Leiche zu verbergen sucht. Gleichwohl liefert die Erzählung selbst viel zu wenige

Informationen, um eine Entscheidung in dem einen oder anderen Sinn fällen zu können.

Der zweite Fall, der am folgenden Tag geschieht, geht nicht nur von einer anderen Konstellation aus, nämlich dem Streit zweier Hebräer, sondern lässt auch Mose anders einschreiten, und zwar indem er den Schlagenden zur Rede stellt. Der so Angesprochene erklärt aber nichts und verteidigt sich nicht, sondern fragt stattdessen Mose nach seiner Autorität bzw. seinem Auftrag, sich einzumischen. Seine Frage, ob Mose ihn nun erschlagen wolle, wie er den Ägypter erschlagen habe, beendet das Gespräch und lässt Mose darüber erschrecken, dass das am Vortag Geschehene offensichtlich bekannt geworden ist. Der Erzählung scheint es damit wohl nicht um ein wiederkehrendes Handlungsmuster des Mose zu gehen, das auf seine Charaktereigenschaften hinweisen soll; wohl aber gehören für die Erzählung beide Handlungen des Mose aufs Engste zusammen. Die zweite übernimmt in dieser Verbindung die Funktion, Mose selbst über das Bekanntwerden der zuvor erzählten Tat zu informieren, denn dieses Wissen führt zu den nächsten Schritten im Leben des Mose. Mit dem Hinweis darauf, dass auch der Pharao von dem Geschehen erfahren hat und nun Mose nach dem Leben trachtet, begründet die Erzählung nämlich die Flucht des Mose aus Ägypten, die schließlich im Land Midian an einem Brunnen endet.

Dort setzt die Erzählung des dritten Ereignisses aus dem Leben des Mose ein: Als die sieben Töchter des Priesters von Midian an diesen Brunnen zum Wasserschöpfen kommen, um ihre Ziegen und Schafe zu tränken, kommt es wiederum zu einem Konflikt, und zwar mit anderen Hirten. Mose tritt erneut in den Konflikt ein, allerdings so, dass – anders als in den beiden Ereignissen zuvor – nichts weiter über den Konflikt selbst und seine Lösung berichtet, sondern lediglich das Ergebnis festgehalten wird. Die Frauen können mit ihrem Vieh zu ihrem Vater Reguël zurückkehren und ihm berichten, dass »ein Ägypter« sich für sie eingesetzt und ihnen sogar Wasser geschöpft und das Vieh getränkt hat. Reguël schickt seine Töchter zurück, den Mann zu holen. Für die Erzählung scheint damit das Wichtigste dieses Ereignisses berichtet zu sein, denn sie schließt mit dem kurzen Hinweis, dass Mose bei dem Mann bleibt, seine Tochter Zippora zur Frau nimmt und mit ihr seinen ersten Sohn zeugt, den er Gerschom nennt, diesen Namen aber, indem er ihn mit den Worten »Gast bin ich im fremden Land« (Ex 2,22) deutet, auf sein eigenes Schicksal bezieht.

Auf diese drei Episoden zurückblickend lässt sich erkennen, dass der Kern der Erzählung nicht im Leben, nicht in der Person und nicht im Charakter des Mose liegt, sondern in dem, was dieser Mose für das Volk Israel an Bedeutung bekommen soll. Das Scheitern in den beiden ersten Ereignissen wird nur verständlich, wenn man im Exodusbuch weiterliest und sowohl den Auftrag an Mose zur Herausführung des Volkes aus Ägypten (Ex 3) wahrnimmt als auch die sich daraus ergebende Darstellung der Herausführung aus Ägypten. Die beiden ersten erzählten Ereignisse zielen auf das Eintreten des Mose für die *Hebräer* ab. Sie machen dies dadurch deutlich, dass sie das Eingreifen des Mose mit einem Ortswechsel verbinden (»er ging hinaus«; Ex 2,11.13), die Hebräer dann aber als »seine Brüder« titulieren, so dass deutlich wird, dass Mose (anfangs) nicht unter den unterdrückten Hebräern ist, sondern von außen hinzutritt. Er ist im Sinn der Erzählung einer von ihnen und doch nicht bei ihnen. Jetzt aber will er sich aus welchen Gründen auch immer, die Erzählung selbst gibt keine Gründe an, für sie einsetzen. Das aber misslingt – sowohl im Konflikt zwischen dem Ägypter und dem Hebräer als auch in dem zwischen den beiden Hebräern. Beide Teile der Erzählung halten damit vorausschauend schon einmal fest, dass die spätere Herausführung des Volkes Israel aus Ägypten nicht einer Initiative oder Idee dieses Mose zu verdanken ist. Das, was Mose für das Volk Israel selbst tun will, scheitert vielmehr und bringt ihn selbst in schwierigste Verhältnisse. Erst in Midian kann Mose in gewisser Weise wieder zu sich kommen.

In Ex 2,15 bleibt die Erzählung merkwürdig schillernd bei der Aussage, dass Mose sich in Midian an dem Brunnen *niederlässt*; denn das Niederlassen des Mose wird gleich zwei Mal ausgesagt (wörtl.: »Und er ließ sich nieder im Land Midian, und er ließ sich am Brunnen nieder«; V. 15). Dabei bleibt offen, ob dieses »Niederlassen« nur das zufällige, erschöpfte Ankommen an einem ruhigen Ort auf der Flucht meint, was mehr zum Niederlassen am Brunnen passt, oder ob es um ein bleibendes Wohnen geht. Im letzten Fall wäre das Niederlassen im Land Midian so zu verstehen, dass Mose bewusst dorthin geflohen ist, um dort zu bleiben. Während die Töchter Reguëls gegenüber ihrem Vater von einem »Ägypter« sprechen, den sie vielleicht an seiner Sprache und seiner Kleidung als solchen erkannt haben, kann der Leser der Bibel sich erinnern, dass Mose – zufällig oder bewusst – auf verwandtschaftliche Verbindungen gestoßen ist, denn ihn, den Nachkommen Levis, verbindet mit den Midianitern der gemeinsame Erzvater Abraham. In Gen 25,2 sind die Nachkommen genannt, die Abraham mit seiner weiteren Frau, der Ketura, gezeugt hat. Es sind Simran, Jokschan, Medan, Midian, Jischbak und Schuach. Dieser Verbindung, die durch die Erzählung zwischen Mose und Midian hergestellt wird, misst Martin Buber eine besondere Bedeutung bei: »Ein Mann aus dem versklavten Volk, der einzige nicht Mitversklavte, ist in die freie und herbe Luft der Väter zurückgekehrt. Hier hebt sich aus der Legende eine für das Verständnis alles Folgenden grundlegende, biographische und geschichtliche Wahrheit empor.«[52] Indem Mose hier als Ägypter angesehen wird und doch ein verborgener Verwandter der Midianiter ist, wird seine doppelte Zuordnung, die die Geburtsgeschichte (Ex 2) schon dargestellt hat, noch stärker hervorgehoben. Die dritte Begebenheit im Leben des Mose – nach den beiden für Mose negativ verlaufenen in Ägypten – stellt die Erzählung nicht als Fortsetzung oder Wiederholung der vorangegangenen Ereignisse in neuer Konstellation dar, sondern als Eröffnung einer neuen Lebensphase für Mose, die seine Person stärker in den Blick nimmt. War er zuvor der Ägypter, der aber nicht wirklich zu den Ägyptern gehörte, und dann der Hebräer, der nicht wirklich zu den unterdrückten Hebräern gehörte, so ist er nun beim dritten Ereignis zuerst zwar auch zwischen den Gruppen der midianitischen Mädchen und der Hirten am Brunnen, tritt aber – indem er die Sache der Mädchen zu seiner eigenen macht – auf die Seite der Midianiter, ohne dass es zu einem weiteren Konflikt kommt. Die Erzählung lässt Mose auch nicht als »starken Helden« auftreten, da er die Hirten nicht einmal verbal zurückweist, vielmehr wird alles auf seine Hilfe konzentriert. Die spontane Unterstützung der Mädchen am Brunnen bringt sein Leben weiter, da er in der Familie Reguëls bleiben kann und eine seiner Töchter, Zippora, zur Frau nimmt. Seinem ersten Sohn gibt er den

---

52   M. Buber (1966), 46.

Namen *Gerschom,* der mit dem hebräischen Wort für »vertreiben« *(garasch)* zu tun hat, in der Erzählung selbst aber als Zusammensetzung aus den Wörtern für »Fremder/Gast« *(ger) und* »öde« *(schamam)* erklärt wird. So wie die Erzählung Mose den Namen auf sein eigenes Schicksal hin deuten lässt: »Gast bin ich im fremden Land« (Ex 2,22), lässt sich auch das Motiv der Vertreibung mit dem Schicksal des Volkes in Verbindung bringen, denn in Ex 6,1 kündigt Gott an, dass der Pharao das Volk nicht nur ziehen lassen, sondern sogar aus seinem Land vertreiben wird. Sowohl die Vertreibung als auch das Fremdsein deutet aber auf den Ursprung des Mose zurück und auf seine besondere Stellung zwischen Ägypten und den Hebräern, die die Erzählung von Ex 2 von der Geburt an thematisiert hat. Bevor die Geschichte des Mose weitergeht, blickt die Erzählung auf den Anfang zurück, indem sie einen erneuten Wechsel auf dem ägyptischen Thron ansetzt, wie er zuvor schon in Ex 1,8 als Ausgangspunkt der Erzählung von der Unterdrückung der Israeliten eingeführt wurde. Nun hat der Tod des alten Pharao (Ex 2,23) zwar keine unmittelbare Veränderung der Situation der Israeliten zur Folge, immerhin aber kommt nun Gott ins Spiel. Wie eine große Deutung, die die gesamte nachfolgende Exodusgeschichte verständlich macht, heißt es, dass Gott das Stöhnen der Israeliten hört, seines Bundes mit Abraham, Isaak und Jakob gedenkt und auf sie blickt und sich zu erkennen gibt (vgl. Ex 2,24f.). Es fällt auf, dass diese vorangestellte Deutung des Ganzen zwar betont, dass die Israeliten unter ihrer Sklavenarbeit stöhnten und klagten, dass sie aber nicht zu Gott riefen. Der aber nimmt ihre Not wahr und sieht sich in Erinnerung an den Bund mit den Vätern in der Pflicht. Durch diese Deutung nähert sich für die Leser der Erzählung die Geschichte des Mose immer dichter der des Volkes Israel in Ägypten an.

2.3. Der »Beruf« des Mose

Was die ersten beiden Kapitel des Exodusbuches über Mose erzählen, bleibt in seinem Bezug auf die Erzählintention und die Zu- und Einordnung in das Ganze des Exodusbuches zunächst noch offen und unklar. Das ändert sich erst mit der sog. Berufungsgeschichte, die deutlich werden lässt, *warum* überhaupt von diesem Mose berichtet wird. Sie beginnt in und mit dem Alltag des Mose, der das Kleinvieh seines Schwiegervaters Jitro[53] weidet. Die Erzählung lässt nichts Ungewöhnliches darin erkennen, dass Mose eines Tages das Vieh über die Steppe hinausführte und dabei zum Gottesberg, der hier »Horeb« – später »Sinai«[54] – genannt wird, gelangt. Mose scheint also ohne besondere Absicht zu diesem »Gottesberg« gegangen und eher zufällig dorthin gelangt zu sein. Die Notiz, dass er das Vieh »über die Steppe hinaus / hinter die Wüste« (Ex 3,1) getrieben hatte, als es den Berg erreichte, hält wohl fest, dass der Gottesberg nicht un-

---

53 Während zuvor in Ex 2,18 Moses Schwiegervater »Reguël« genannt wird (auch Num 10,29), heißt er nun in Ex 3 »Jitro« (auch Ex 4,18; 18,1) und in Ri 4,11 »Hobab«.

54 Hatte man früher oft angenommen, dass die beiden Bezeichnungen Sinai und Horeb auf die beiden nebeneinanderliegenden Gipfel, den sog. Moseberg und den Katharinenberg, bezogen seien, hat die kritische Exegese die beiden Bezeichnungen unterschiedlichen Traditionen bzw. Autoren zugewiesen, wobei zumeist angenommen wird, dass der ältere Name »Sinai« wegen eines möglichen Anklangs an den assyrischen Mondgott »Sin« in »Horeb«, das »Ödland / Wüste«, also ein Gebiet außerhalb bzw. jenseits des Kulturlandes bedeutet, geändert worden sei, vgl. C. Dohmen (2004), 52–54.

mittelbar im Gebiet von Midian liegt, was auch dadurch bestätigt wird, dass sich sein Schwiegervater später, als Mose mit dem aus Ägypten herausgeführten Volk am Gottesberg lagert, aufmachen muss, um Mose zu treffen (vgl. Ex 18).

Dass das, was dann am Dornbusch geschieht, ein Mose völlig überraschendes Ereignis und in keiner Weise aus einem bewussten Gang zu einer heiligen Stätte zu erklären ist, wird von der Erzählung eigens betont, wenn sie davon spricht, dass der brennende und doch nicht verbrennende Dornbusch das Interesse des Mose auf sich zieht und ihn so von seinem bisherigen Weg abweichen lässt. Bevor das weitere Geschehen in der Erzählung aber damit beginnt, liefert sie ihren Lesern schon vorab die nötige Erklärung:

»Da erschien der Bote des HERRN ihm in einer Feuerflamme mitten aus dem Dornbusch« (Ex 3,2).

Diesen Hinweis bekommt selbstverständlich nicht Mose als Akteur der Erzählung, denn er will ja erfahren, was es mit dieser Erscheinung auf sich hat. Allein den Lesern wird deutlich gemacht, dass es sich um eine Gottesbegegnung handelt, die aber als Erscheinung für Mose in doppelter Weise gebrochen bzw. vermittelt ist. Gott erscheint dem Mose nicht unmittelbar, sondern durch seinen Boten/Engel, der selbst wiederum in der lodernden Flamme erfahrbar wird. Im ersten Moment wirkt dieser deutende Vers ein wenig störend, weil er sowohl Spannung aus der Erzählung nimmt als auch das nachfolgende Gespräch zwischen Gott und Mose eigenwillig verkompliziert. Für den Fortgang der Erzählung ist es aber besonders wichtig, dass Gott dem Mose hier (noch) nicht unmittelbar entgegentritt, denn erst später, wenn Mose zum Mittler der Gottesbotschaft für das Volk wird, rückt er in ein näheres und vertrauteres Verhältnis zu Gott. Indem Gott sich dem Mose in Ex 3,6 als Gott seines Vaters vorstellt und dies durch den Bezug auf die Erzväter in der Wendung »der Gott Abrahams, Gott Isaaks und Gott Jakobs« erklärt, wird Mose erstmals ausschließlich und eindeutig dem Volk Israel zugeordnet. Seine Verbindung nach Ägypten wird nicht angesprochen und begegnet im gesamten Zusammenhang der nachfolgenden Berufung und Beauftragung nicht mehr, selbst dort nicht, wo man es vielleicht am ehesten hätte erwarten können, nämlich als Begründung, warum gerade Mose von Gott ausgesucht wurde, um mit dem Pharao über den Auszug der Israeliten zu verhandeln. Nachdem Gott dem Mose seine Absichten, das Programm der Herausführung des Volkes aus Ägypten sowie die Verheißung eines Landes, mitgeteilt und Mose die Führungsrolle zur Verwirklichung dieser Absicht zugewiesen hat (Ex 3,1–10), bringt Mose eine Reihe von Einwänden gegen diese Aufgabe vor (vgl. Ex 3,11.13; 4,1.10.13). Keiner der Einwände wird aber damit gekontert, dass Mose durch seine Erziehung die beste Kenntnis der ägyptischen Seite habe, stattdessen dienen die Einwände und ihre Zurückweisung in der Erzählung dazu, weitere Details und Hintergrundinformationen zum beabsichtigten Auszug der Israeliten aus Ägypten einzubringen.

Der erste von fünf Einwänden des Mose betrifft seine Person insgesamt. Er fragt Gott:

»Wer bin ich, dass ich zum Pharao gehen könnte und dass ich die Israeliten aus Ägypten herausführen könnte?« (Ex 3,11)

Gottes Antwort auf diese Frage rekurriert nun nicht auf die Umstände der Geburt des Mose und auf dessen Erziehung, sondern sie besteht in einer Beistandsverheißung, die mit einem Bestätigungszeichen verbunden wird. Dieses Zeichen deutet für Mose an, dass er nicht vorweg eine begründende Antwort erhalten kann, sondern dass er erst im Nachhinein, wenn er mit den Israeliten Gott an diesem Berg verehren werde, die Sinnhaftigkeit und Wahrheit seiner Berufung erkennen werde.

Der zweite Einwand zielt noch mehr als das angekündigte Bestätigungszeichen auf Gott ab, der nicht an den Ort des Berges gebunden zu sein scheint, sondern sich dort »treffen/begegnen lässt«. Mose nimmt in seinem zweiten Einwand die implizite Frage nach dem beauftragenden Gott selbst auf. Er sagt nämlich zu Gott:

»Siehe ich werde zu den Israeliten kommen und ihnen sagen: Der Gott eurer Väter schickt mich zu euch. Sie aber werden mich fragen: Was ist sein Name? Was soll ich ihnen darauf sagen?« (Ex 3,13)

Die Frage nach dem Namen Gottes ist im Hebräischen nicht so gestellt, wie von vielen Übersetzungen suggeriert, als Frage, wie Gott heißen würde, sondern als Frage nach der *Bedeutung* seines Namens. Wie bei der berühmten Umbenennung Jakobs auf den Namen ›Israel‹ in Gen 32, wo ebenfalls gefragt wird »Was ist sein Name?«, wird auch hier das *Programmatische* eines Namens angefragt. Die mögliche Frage nach dem Namen, die Mose als Einwand gegen Gottes Vorhaben mit ihm vorlegt, richtet sich auf die Beziehung Gottes zu Israel, insofern sie in den Blick nimmt, was die Israeliten von diesem Gott zu erwarten haben. Martin Buber sieht in dieser Frage »Was ist sein Name?« das von Mose angefragte Gottesverhältnis Israels ausgedrückt: »Der Name einer Person bezeichnet ja für den frühen Menschen ihr Wesen. Aber noch etwas ist mit in der Frage, nämlich der Ausdruck einer negativen

Erfahrung, die das versklavte Volk mit diesem seinem Gott gemacht hat: Er hat sich ja all die Zeit hindurch um uns nicht gekümmert! Wenn die Ägypter ihre Götter brauchen, beschwören sie sie, indem sie ihre ›wahren‹ Namen in der rechten Weise aussprechen und die Götter kommen und tun das Benötigte. Wir haben ihn nicht beschwören können, wir können ihn nicht beschwören. Wie können wir seiner gewiß werden, wie können wir ihn in unsere Macht bekommen? Wie können wir uns seines Namens bedienen? Was ist's um seinen Namen?«[55]

Als Antwort auf die Frage nach dem Namen bekommt Mose deshalb auch nicht *den* oder *einen* Namen Gottes genannt, sondern eine rätselhafte Umschreibung durch den berühmten Satz »Ich bin der ich bin« (*'aehjaeh `aschaer `aehjaeh*). Diese Antwort ist oft als Zurückweisung der Frage nach dem Namen verstanden worden – oder aber als philosophische Einlassung, die Gott als den ewig Seienden, d. h. als den gegenüber dem Menschen ganz Anderen, bezeichnet; als zeitlos und unwandelbar existierend. Dies entspricht aber nicht der Bedeutung des hebräischen Wortes für »sein« (*hajah*), das im Hebräischen lediglich ein Hilfsverb ist.

Die Aussage des Satzes ist schwer zu fassen, da es sich um eine Erklärung handelt, bei der das zu Erklärende durch dasselbe, sich selbst, ausgedrückt wird – *idem per idem,* nennt man solch eine Aussage. Man kann den Satz in der kürzesten Form deshalb auch verstehen als »Ich bin Ich« oder, wenn man den futurischen Aspekt, der in der Verbform enthalten ist, berücksichtigt, als »Ich werde sein, der ich sein werde«. Aber auch das klingt noch sehr nach geheimnisvoller

---

55   M. BUBER (1966), 62.

Unverfügbarkeit und Verborgenheit, wenngleich es doch eine Antwort sein soll, die im Sinne der Frage des Mose etwas enthüllen und mitteilen will. Später, am Berg Sinai wird von Gott noch einmal in dieser Satzform gesprochen. Dort heißt es als Erklärung für den mitgeteilten Gottesnamen:

»Ich erweise Gnade, wem ich Gnade erweisen werde, und erweise mich barmherzig, wem ich mich barmherzig erweisen werde« (Ex 33,19).

Und hier wird deutlich, dass Gnade und Barmherzigkeit zwar das Wesen Gottes bestimmen, aber es Gottes Initiative obliegt, *wem* gegenüber und *wie* er sich künftig als gnädig und barmherzig erweisen wird.[56] Ebensolches gilt für die Aussage von Ex 3,14 in Bezug auf den Namen. Das »Ich werde sein« konzentriert sich auf das »Ich *werde* sein«, also darauf, dass Gott auch in Zukunft für die Israeliten da sein wird, wie die Fortsetzung der Rede deutlich zeigt, wenn Mose aufgefordert wird, zu den Israeliten zu sagen:

»Der ›Ich werde da sein‹ hat mich zu euch gesandt« (Ex 3,14).

Das Geheimnisvolle der Kundgabe, die durch den Namen nicht das Wesen offenbart und dem Verehrer die Gottheit quasi in eine gewisse Verfügung gibt – vergleichbar dem Umgang mit Götterbildern[57] –, wird durch die Absicht der Kundgabe als sich erweisend gedeutet und damit allem Magischen entzogen. »Er,

---

56   Auch die doppelte Nennung des Gottesnamens bei der Namensoffenbarung in Ex 34,6 muss als Satzaussage in der gleichen Weise, nämlich als »JHWH (ist) JHWH« verstanden werden.

57   Vgl. B. Gladigow, Konkurrenz von Bild und Namen im Aufbau theistischer Systeme, in: H. Brunner u. a. (Hrsg.), Wort und Bild, München 1979, 103–122.

der seine stete Gegenwart, seinen steten Beistand verspricht, weigert sich, sich auf bestimmte Erscheinungsformen festzulegen; wie könnten gar die Menschen ihn zu bannen und zu beschränken sich unterfangen! Sagt der erste Teil des Spruchs: ›Ich brauche nicht beschworen zu werden, denn ich bin allezeit bei euch‹, so der zweite: ›Ich kann aber auch nicht beschworen werden‹. Man muss sich als den Hintergrund solcher Kundgebung Ägypten gegenwärtig halten, wo der Magier den Göttern droht, er werde, wenn sie nicht seinen Willen tun, nicht bloß ihren Namen den Dämonen verraten, sondern auch noch ihnen die Locken vom Kopfe reißen, wie man Lotusblüten aus dem Teich zieht. Religion war hier praktisch nicht sehr viel anders als geordnete Magie.«[58]

Die Mitteilung des Namens ist folglich in besonderer Weise auf Zukunft ausgerichtet, was der Beauftragung des Mose, das Volk Israel aus Ägypten zu führen, entspricht. Untrennbar damit verbunden ist aber die Vergangenheit, die in der *expressis verbis* genannten Gotteserfahrung der Vorfahren festgehalten wird. Die Verbindung von Vergangenheit und Zukunft steht im Mittelpunkt der Berufung des Mose und in dieser Weise wird es von Gott dem Mose auch übermittelt:

»Und weiter sprach Gott zu Mose: So sprich zu den Israeliten: JHWH, der Gott eurer Väter, der Gott Abrahams, der Gott Isaaks, der Gott Jakobs hat mich zu euch gesandt. Dies ist mein Name für immer und so soll mein Andenken sein von Geschlecht zu Geschlecht« (Ex 3,14).

Indem hier nun der Name »JHWH« erstmals genannt wird, wird dieser Name mit der Aussage »Ich werde

---

58   M. BUBER (1966), 64.

sein, der ich sein werde« in direkte Verbindung gebracht, weil diese wie eine sprachliche Erklärung der
überlieferten vier Buchstaben des sog. Tetragramms
»JHWH« erscheint, was durch die Formulierung von
Ex 3,14 »Der ›Ich werde sein‹ hat mich zu euch gesandt« unterstrichen wird.

Weder die genaue Aussprache noch die exakte
sprachliche Ableitung des Gottesnamens JHWH sind
aber gesichert. In der Hebräischen Bibel ist der Gottesname JHWH ohne Vokale überliefert, da der jüdischen
Tradition zufolge der Gottesname nicht ausgesprochen werden darf, um das Gebot »Du sollst den Namen JHWH, deines Gottes nicht für Falsches aussprechen, denn JHWH spricht den nicht frei, der seinen
Namen für Falsches ausspricht« (Ex 20,7 vgl. Dtn 5,11)
aus den Zehn Geboten nicht zu verletzen. Frühe griechische Transkriptionen führen dazu, dass man im
wissenschaftlichen Kontext die Aussprache »Jahwe«
rekonstruiert hat. Philologisch exakt wird der Name
»JHWH« heute aber nicht mehr als Ableitung des hebräischen Hilfsverbs *hjh* »sein« erklärt, sondern von
der semitischen Wortbasis **hwj* her, die »wehen« bedeutet. JHWH ist daher als Göttername zu verstehen,
dessen Bedeutung mit »er fährt durch die Lüfte« oder
»er fällt sturmgleich herab« zu umschreiben ist und
der somit auf das schützende und/oder vernichtende
Herabsteigen und Eingreifen des Gottes für seine Verehrer hindeutet.[59] Unabhängig von der möglichen Ableitung und der damit gesetzten Bedeutung und auch
ohne die Aussprache des Namens zu kennen, legt die
Bibel großen Wert darauf, dass dieser Gott seinen Namen den Israeliten offenbart, um mit ihnen in eine

---

59 Vgl. zu den Deutungen des Gottesnamens JHWH vgl.
    M. Görg, Jahwe: Neues Bibel-Lexikon II, 260–266.

besondere Beziehung zu treten. In diesem Namen und durch ihn wird das Verhältnis Gottes zu seinem Volk konstituiert, was sich vor allen Dingen bei der geradezu feierlichen Namensoffenbarung im Zusammenhang mit der Bundeserneuerung am Sinai in Ex 34 zeigt.

Gleichwohl rückt die Namensmitteilung in der Erzählung des Exodusbuches erst Stück um Stück in den Mittelpunkt, so dass bei den Lesern der Eindruck entsteht, dass die zunehmende Bedeutung, die die Namensmitteilung bekommt, die wachsende Vertrautheit und Nähe zwischen Israel und seinem Gott abbildet.

Im Anschluss an die Namensoffenbarung wechselt die Gottesrede unvermittelt zur Beauftragung des Mose:

»Geh, versammle die Ältesten Israels und sag ihnen: JHWH, der Gott eurer Väter, der Gott Abrahams, Isaaks und Jakobs, ist mir erschienen und hat mir gesagt« (Ex 3,16).

Da die Sendung des Mose sich derart harmonisch aus der Namensmitteilung heraus entwickelt, die als ein »Sich-Öffnen« Gottes auf Israel hin zu verstehen ist, deutet sich hier schon die Rolle des Mose als einzigartiger Mittler des Gotteswillens an. Dies unterstreicht die Erzählung im Folgenden, wenn sie Mose den gesamten Plan Gottes in Bezug auf Israel darlegt, damit er mit dieser Botschaft zu den Ältesten Israels gehen kann, um schließlich mit diesen zusammen vor den Pharao treten zu können. Durch den Mose gegenüber als Inhalt seines Auftrags eröffneten Plan Gottes wird Moses Position als Mittler anvisiert. Doch gerade diese Position wird im Fortgang der Erzählung zugleich infrage gestellt, wenn Mose seinen nächsten Einwand in der Frage vorlegt, was denn geschehe,

wenn man ihm nicht glaube (vgl. Ex 4,1). Die Frage
nach dem Glauben richtet sich aber bezeichnenderweise nicht auf den Plan Gottes oder die Beziehung
zwischen diesem Gott und den Israeliten, sondern auf
die Mittlerschaft des Mose, denn Mose fragt Gott, was
denn sei, wenn die Israeliten sagen: »JHWH ist dir
nicht erschienen«. Um diesen Einwand zu entkräften,
führt Gott ihm magisch-wundersame Kräfte vor, die
ihm zuteil werden und die ihm selbst und den Israeliten zeigen sollen, dass Gott hinter Mose steht. Beim
Fortgang der Lektüre des Exodusbuches erkennt man,
dass sich die Bestätigung nicht in erster Linie durch
die besondere Ausstattung des Mose gegenüber möglichen Anfragen der Israeliten ergibt, sondern sich wie
ein Vorspiel zu der entscheidenden Auseinandersetzung zwischen Mose und Pharao erweist. Trotz dieser
Ausstattung mit wunderwirksamen Kräften bringt
Mose einen neuen Einwand vor, der so gar nicht zu
der Situation zu passen scheint, in der er sich befindet.
Geschickt und tiefgründig mit Gott verhandelnd wirft
er ein, dass er kein »Mann von Worten« sei, und zwar
grundsätzlich nicht, was sich hinter der Formulierung
»weder gestern noch vorgestern, noch seitdem du mit
deinem Knecht sprichst« (Ex 4,10) verbirgt. Die Bei-
standszusage, dass Gott mit ihm sein wird und ihm
sozusagen die Worte in den Mund legen will, verbindet Gott mit der Erneuerung seines Auftrages an
Mose, hinzugehen und das Aufgetragene auszuführ-
ren. Ohne ein neues Argument vorzubringen, lehnt
Mose diesen Auftrag nun grundsätzlich mit der Bitte
ab, dass Gott doch einen anderen schicken möge (Ex
4,13). Dass diese grundsätzliche Ablehnung Gottes
Zorn hervorruft, scheint sehr verständlich, die Erzählung allerdings nutzt dieses Motiv, um das, was den
Auftrag an Mose ausmacht, zu präzisieren. Gott ver-

weist nämlich auf Aaron, den Bruder des Mose, und trägt Mose auf, dass Mose die Worte Gottes, die er empfängt, an Aaron weitergeben soll, damit dieser dem Volk den Willen Gottes vermittelt. Wichtig für dieses weitere Medium, das Aaron darstellen soll, um zwischen Mose und dem Volk zu vermitteln, ist der Aspekt einer besonderen Nähe. Dieser wird dadurch ausgedrückt, dass Aaron als Levit und Bruder charakterisiert und darüber hinaus eigens betont wird, dass er sich von Herzen freuen wird, mit Mose zusammenzutreffen. Die eigenartig wirkende Verhältnisbestimmung zwischen Mose und Aaron, die Mose als Gott und Aaron als seinen Mund bezeichnet: »Er wird für dich der Mund sein, und du wirst für ihn Gott sein« (Ex 4,16), charakterisiert das Verhältnis, das zwischen Gott und Mose künftig bestehen soll, dass der eine (Gott) bzw. der als Gott Bezeichnete (Mose) Beauftragender ist, während der andere als Sprechender diesen Auftrag zu vermitteln hat, zuerst Mose, der es Aaron mitzuteilen hat, dann Aaron dem Volk gegenüber. Festzuhalten bleibt zum Schluss, dass diese Verhältnisbestimmung hier nicht als eine absolute formuliert wird, also in dem Sinn, dass Mose jedes Wort zuerst Aaron übermitteln müsse, sondern als eine *Möglichkeit*, die verdeutlicht, in welcher Weise Gott sich an Israel wendet, nämlich zuerst durch Mose als »Mund Gottes«.

2.4. Gott und Mose:
Schwierigkeiten im Mit- und Füreinander

Den Abschluss dieser Berufungserzählung bildet die doppelte Rückkehr des Mose. Er kehrt vom Gottesberg zu Jitro, seinem Schwiegervater zurück, um ihm zu sagen, dass er nach Ägypten zu seinem Volk zurückkehren will. Dabei lässt er Jitro weder etwas von dem wissen, was er am Gottesberg erlebt hat, noch etwas von dem, wozu er nun – dem göttlichen Auftrag folgend – nach Ägypten zurück will. Es bleibt bei dem ganz allgemein gehaltenen Hinweis, dass er, Mose, sehen will, ob seine Brüder noch am Leben sind. Tot sind aber, was Gott gegenüber dem Mose betont hat, diejenigen, die Mose nach dem Leben getrachtet haben (Ex 4,19), so dass er ohne Furcht nach Ägypten zurückkehren kann.

Fast schon beim Aufbruch lässt der Erzähler in einer kurzen Gottesrede an Mose den tieferen Sinn des nun näher heranrückenden Ereignisses des Auszugs der Israeliten aus Ägypten aufleuchten. Es geht um die einzigartige Beziehung des Gottes JHWH zu Israel, die im Bild von Vater und Sohn (Ex 4,22f.) ausgedrückt wird. Das, was Mose dem Pharao sagen soll, klingt wie ein Bekenntnis: »Mein Sohn, mein Erstgeborener, ist Israel« (Ex 4,22). Dieses »Bekenntnis« Gottes soll dem Pharao verdeutlichen, dass er keine Macht über Israel hat, sondern dass er sich mit JHWH auseinandersetzen müssen wird – was sich im weiteren Verlauf des Geschehens auch zeigen wird –, weil das in Ägypten unterdrückte Israel in einzigartiger Beziehung zu Gott steht. Erstmals wird für den Pharao in der vorliegenden Stelle eine Strafe angekündigt, die später als solche auch vollzogen werden wird, wenn – was nur für die letzte »Plage« gilt – das Sterben der Erstgeborenen als »Strafe« bezeichnet wird, nachdem alle anderen Versuche, Israel ziehen zu lassen, gescheitert sind (vgl. Ex 13). In der Ankündigung der »Strafe« deutet sich vor allem aber das an, was Israel als Volk Gottes ausmacht. Immerhin bezeichnet die Gottesrede Israel als »Erstgeborenen« Gottes und stellt es so dem Erstgeborenen Pharaos gegenüber.

Gott kündigt dem Pharao an, dessen Erstgeborenen zu töten und damit dessen Geschichte, die im Denken der Dynastie durch den Erstgeborenen gesichert ist, zu beenden. Wenn demgegenüber Israel als Erstgeborener Gottes bezeichnet wird, kann in diesem Kontext nur gemeint sein, dass Gott seine Beziehung zur Menschheit über und durch seine Geschichte mit Israel fortsetzen will, denn die Bezeichnung Israels als Erstgeborener schließt ja gerade nicht aus, dass Gott auch andere »Söhne« hat.

Nach dieser bekenntnisartigen Beschreibung der Beziehung Gottes zu Israel wird der Leser mit der nächsten Szene geradezu schockiert, wenn ganz unvermittelt davon berichtet wird, dass unterwegs an einem Rastplatz »JHWH ihm (Mose) entgegentrat, und er ihn zu töten suchte« (Ex 4,24). Das eigentümliche Ritual, das Moses Frau, Zippora, vollzieht, indem sie ihren Sohn beschneidet und Mose mit der Vorhaut berührt, so dass JHWH von ihm – und damit seiner Absicht, ihn zu töten – ablässt, hat fraglos eine Bedeutung als Begründung der Beschneidung. Das passt auch zum vorausgegangenen »Bekenntnis« Gottes, dass Israel sein Sohn sei, denn die Beschneidung soll später noch zum einzigartigen Zeichen des Bundes zwischen JHWH und Israel werden. Unverständlich bleibt aber die Aussage, dass Gott Mose zu töten suchte, weil sie diametral allem entgegensteht, was zuvor im Zusammenhang mit der Beauftragung des Mose zur Herausführung des Volkes Israel aus der Knechtschaft Ägyptens festgestellt wurde. Nachdem Gott selbst Mose mit dem Hinweis nach Ägypten geschickt hat, dass alle, die ihm nach dem Leben getrachtet haben, tot sind (Ex 4,19), erscheint es geradezu widersinnig, dass nun Gott selbst diese Absicht hegen und damit seine eigenen Pläne von der Befreiung Israels zunichte machen soll. Es will auch beachtet sein, dass die Erzählung extrem kurz gehalten ist, so dass man sehr viel hineinlesen muss, wenn man den Abschnitt als Darstellung dämonischer Züge des Gottes JHWH verstehen will oder als Ausdruck einer tiefenpsychologisch zu deutenden Gotteserfahrungen des Mose.[60] Auch wenn sie in dieser Kürze verschiedenste Andeutungen enthält, so scheinen doch zwei Aspekte für die Erzählung im vorliegenden Kontext wichtig zu sein. Zum einen ist es das Motiv, dass die Nähe zwischen Gott und Mensch auf der Seite des Menschen auch immer als gefährlich erfahren wird und nicht ohne Weiteres möglich ist. Diese Grunderfahrung wird auch für Mose nach der ihn in einzigartiger Weise darstellenden Berufungserzählung als bleibend gültig festgehalten. In ihrer Unfassbarkeit und schieren Unverständlichkeit erinnert die Erzählung aber auch an Abraham. Hatten er und Sara vergeblich auf einen Nachkommen gehofft und schließlich als Erfüllung göttlicher Verheißung (Gen 18) auch bekommen, so ließ es geradezu erschrecken, dass Gott sodann Abraham auffordert, diesen, seinen Sohn zu opfern (Gen 22). Anders als bei Abraham, wo der Leser zumindest durch die Einleitung in Gen 22,1 erfährt, dass es sich um eine »Erprobung« Abrahams handelt, geht es bei Mose aber nicht darum, dass Mose sich in dieser Situation des »Angriffs Gottes« bewähren müsste und könnte. Vielmehr scheint es darum zu gehen, dass Mose nicht selbst agiert, sondern dadurch, dass er geschehen lässt, was Zippora tut, zu verstehen gibt, dass er trotz aller Undurchsichtigkeit des Geschehens an der göttlichen Berufung und an seinem dabei erhaltenen Auftrag festhält.

---

60 Vgl. M. BUBER (1966), 68–72.

Zum anderen nimmt die kurze Episode das Motiv der Rettung des Mose aus der Geburtsgeschichte in Ex 2 auf. Wieder wird Mose durch die Hilfe einer Frau gerettet und wieder zeichnet sich in seiner Rettung die Rettung des Volkes Israel ab. Seine Rettung geschieht hier nämlich durch die Einbindung in den familiären Zusammenhang, der später beim Volk Israel durch die Beschneidung, die die konstitutive Verbindung zwischen Israel und seinem Gott JHWH symbolisiert, bezeichnet wird.

Die nun folgende Begegnung zwischen Mose und Aaron (Ex 4,26–28) lässt die Erzählung bezeichnenderweise am Gottesberg stattfinden, also dort, wo Mose berufen wurde. Zur Berufungsgeschichte des Mose schließt sich der Bogen nun auch erst einmal dadurch, dass das Volk, das etwas später von Mose und Aaron über die göttlichen Pläne informiert wird, den Worten von Mose und Aaron glaubt, ganz so, wie Gott es Mose gegenüber schon angekündigt hatte (Ex 4,5.8).

Nach der ersten, überaus positiven Reaktion der Israeliten auf die Nachricht von Mose und Aaron, dass Gott sich ihrer angenommen habe, scheint sich für Mose das Blatt schnell zu wenden. Die Ereignisse nach dem ersten Gespräch mit dem Pharao nämlich stellen die Sendung des Mose infrage, der die Israeliten zuvor geglaubt haben. Mose und Aaron erfahren bei ihrer Begegnung mit dem Pharao aber nicht nur dessen Ablehnung, sondern auch dessen Sicht der Dinge. Er betrachtet das ihm vorgetragene Ansinnen der Israeliten, dem Gott JHWH in der Wüste opfern zu können, nur als Minderung der Arbeitsleistung seiner Frondienstleistenden. Seine Reaktion geht deshalb auch sofort dahin, dass er Mose und Aaron abweist und gleichzeitig die Anweisung gibt, die Fronarbeit der Israeliten noch zu erschweren. Die Israeliten wiederum bringen diese Verschlechterung ihrer Situation umgehend mit dem Plan von Mose und Aaron in Verbindung und halten diesen vorwurfsvoll entgegen, dass Gott sie »sehen« und richten möge, weil sie an der Verschlechterung der Arbeits- und Lebensbedingungen schuld seien. Mose wendet sich daraufhin an Gott, um ihn zur Rede zu stellen. Gegenüber Gott fragt Mose nach dessen Absichten und nach dem Sinn seiner Berufung. Gott aber bekräftigt noch einmal seinen Auftrag an Mose und betont im Zusammenhang damit erneut auch seine Absicht, Israel aus Ägypten heraus und in ein eigenes Land hinein zu führen. Wie bei der Berufung am Dornbusch äußert Mose Einwände, bei denen er sich nun aber – anders als zuvor – auf Erfahrungen stützen kann. Dass der Pharao ihn nicht anhören werde, hat Mose selbst schon erlebt, aber er hält Gott entgegen, dass – angesichts der verschlechterten Situation – ja selbst die Israeliten ihm nicht glauben, umso weniger also der Pharao. Das Phänomen der Übermittlung des göttlichen Auftrags und der daraus resultierenden Verwirklichung scheint der Erzählung sehr wichtig zu sein, wobei es ihr in erster Linie offensichtlich um die Autorität des Mose geht, die es im Zusammenhang mit und in Relation zu Aaron darzustellen gilt. Die genealogische Einordnung von Mose *und Aaron* in Ex 6,13–26, zusätzlich zu der vorausgegangenen für Mose in Ex 2 (s. o.), wird mit dem Hinweis eingeführt, dass Gott mit Mose und Aaron gesprochen hat (Ex 6,13), und durch die Erklärung »Dies sind Aaron und Mose, zu denen JHWH gesprochen hat: Führt die Israeliten aus Ägypten heraus« (Ex 6,26) abgeschlossen. Abschließend mündet dieser Übermittlungsgedanke wiederum in der Aussage, dass Mose »Gott« und Aaron »Prophet« sei (Ex 7,1). Ging es beim ersten Auftauchen dieses Motivs (Ex 4,16) darum, Mose die Sorge vor dem öffentlichen Reden zu nehmen und gleichzeitig Aaron Mose unterzuordnen, rückt nun der Gedanke in den Vordergrund, dass von Mose – gegenüber dem Pharao – in einzigartiger Weise der Wille Gottes ausgeht, auch und gerade dann, wenn er von Aaron ausgesprochen wird.

Der Abschnitt Ex 6,2–8 erweckt den Eindruck, dass es sich um eine zweite bzw. um eine zu Ex 3–4 parallele Berufungserzählung des Mose handelt. Liest man aber Ex 6,2–8 im Zusammenhang mit der Dornbuscherzählung, so wird deutlich, dass durch die beiden Erzählungen von der Berufung und Beauftragung des Mose ein großer Bogen gespannt wird. Dabei liegt im eröffnenden Teil (Ex 3) der Fokus auf der Beauftragung des Mose und der diesem mitgeteilten Absicht Gottes, Israel zu retten, während im abschließenden Teil (Ex 6) der Modus der Weitergabe der Botschaft – durch Mose an die Israeliten – sowie die Umsetzung des göttlichen Vorhabens im Mittelpunkt stehen. Bevor die Auseinandersetzung mit dem Pharao im Einzelnen dargestellt wird, bringt die Erzählung eine kleine Erfüllungsnotiz, die unterstreicht, dass Mose und Aaron nicht nur dem göttlichen Befehl folgen, sondern dass Mose trotz all der von ihm vorgebrachten Einwände das tut, was Gott ihm als seine Absicht mitgeteilt hatte. Die daran in Ex 7,7 angehängte, biographisch wirkende Notiz, dass Mose 80 Jahre und Aaron 83 Jahre alt waren, als sie mit dem Pharao verhandelten, soll wohl einerseits Weisheit und Lebenserfahrung der beiden, andererseits aber auch die Initiative Gottes herausstellen, da Mose eben der jüngere der beiden Brüder ist, dem nun aber aufgrund der Berufung durch Gott der Ältere untergeordnet wird. Die Altersangabe von 80 Jahren (vor dem Exodus) muss zudem auch in Verbindung mit dem Alter des Mose bei seinem Tod, das Dtn 34,7 in tiefsinniger Ausdeutung des Menschenalters mit 120 Jahren angibt,[61] gesehen werden. Ebenso ist aber auch miteinzubeziehen, dass die Wüstenwanderung 40 Jahre dauert, bzw. dauern muss, weil die »Sinaigeneration« nicht ins Verheißene Land kommen darf (s. u.).

2.5. Gottes undurchsichtige Pläne

Durch die Art und Weise, wie die Erzählung in die Darstellung der Auseinandersetzung mit dem Pharao einsteigt, lässt sie Mose deutlich zurücktreten. Zwei Mal hatte Gott im Zusammenhang mit der Beauftragung an Mose darauf hingewiesen, dass er selbst »das Herz des Pharao verhärten« werde (Ex 4,21; 7,3), so dass dieser die Israeliten nicht ziehen lassen werde. Die Ankündigung klingt nicht nur paradox, weil Gott gegenüber Mose dort seine Absicht kundgetan hatte, die Israeliten zu retten und sie aus Ägypten herauszuführen. Man ist auch schnell geneigt, moralische Bedenken gegen Gott zu erheben, weil die Weigerung des Pharao, die Israeliten ziehen zu lassen, als Grund fungiert, gegen die Ägypter massiv vorzugehen – bis hin zum Sterbenlassen ihrer Erstgeborenen. Das alles wirkt doch höchst problematisch, wenn Gott selbst hinter der ablehnenden Haltung des Pharao steht, indem er sie bewirkt. Aus dem Dilemma der Deutungen und möglichen Missverständnisse in Bezug auf

---

61 Vgl. Gen 6,3: »Der HERR sprach: Nicht ewig soll mein Geist im Menschen bleiben; Fleisch ist er auch, so sollen seine Lebenstage 120 Jahre betragen.«

das Gottesbild der Texte kommt man nur heraus, wenn man die Aussagen von der »Verstockung« Pharaos präzise im Horizont der Erzählstruktur des Ganzen wahrnimmt und dabei die sog. »Verstockungsaussagen« mit den Absichtserklärungen JHWHs korreliert[62] und sich so nicht auf Fragen und Probleme versteift, die der Intention der Erzählung fernliegen, wie vor allem diejenigen, die moralische Urteile in Bezug auf den Pharao oder auch Gott betreffen.

»Wenn obige Exegese recht hat, nämlich dass JHWHs Handeln für Israel im Mittelpunkt des Interesses steht, so stellt sich für uns trotzdem die Frage nach dem Stellenwert von Pharaos Unterlassungen. Wie wichtig oder unwichtig ist der Erzählung die Thematik von Pharaos Verantwortlichkeit? Die Zusammenstellung der Belege, welche Pharaos Sündigen oder Moses Vorwürfe an Pharao berichten, zeigt eine deutliche Zuspitzung auf den Kampf zweier Autoritäten hin. Pharao ist nicht bereit, JHWHs Autorität höher zu werten als seine eigene. Dieser Antagonismus steht so sehr im Vordergrund, dass die ethische Frage betreffs Pharaos Unterdrückungsmaßnahmen gegen Israel auffälliger Weise ab Ex 7ff keine Rolle mehr spielt. Ob Pharao Israel entlässt oder nicht, ist keine moralische Frage, sondern eine Frage des Gehorsams gegenüber JHWH.«[63] Die biblische Erzählung geht offensichtlich JHWHs Absichten nach und versucht zu ergründen, wie er für Israel handelt und worauf sein Eintreten für Israel abzielt. Was den Pharao zu dieser oder jener Reaktion bewegt und welche Ziele er ver-

---

62 Ausführlich und grundlegend bearbeitet von E. KELLENBERGER, Die Verstockung Pharaos. Exegetische und auslegungsgeschichtliche Untersuchung zu Ex 1–15, Stuttgart 2006.

63 Ebd., 136.

folgen mag, ordnet die Erzählung dem zuvor Genannten unter. »Die häufig gestellten Fragen nach der Verantwortlichkeit des Pharao (treffen) nicht ins Herz des biblischen Textes.«[64]

Die gesamte Erzählung dieser Auseinandersetzung zwischen JHWH und dem Pharao, die zum Kern des Exodusgeschehens führt, lässt bis zu ihrem Höhepunkt Mose immer mehr in den Hintergrund treten. In diesem Teil der Exoduserzählung erscheint Mose vorwiegend in direkter Verbindung mit Aaron – als ausführendes Organ der Pläne Gottes. JHWH tritt nicht in unmittelbaren Kontakt mit dem Pharao, sondern gibt stets Anweisungen an Mose, die dieser dann vor bzw. gegenüber Pharao auszuführen hat. Dies gilt für den gesamten Bericht über die sog. Plagen (Ex 7,1–11,10),[65] die JHWH über Ägypten kommen lässt, damit der Pharao die Macht Gottes erkenne und Israel ziehen lasse. Zu Beginn dieses Abschnitts wird Moses Aufgabe als Gegenüber des Pharaos an der Stelle JHWHs in besonderer Weise beschrieben, wenn Mose (Ex 7,1) als »Gott« für den Pharao mit seinem Bruder Aaron als seinem Propheten bezeichnet wird, dabei aber wiederum ausschließlich nach dem Befehl JHWHs zu handeln hat. Dass also nicht Mose, sondern JHWH der wirkliche Protagonist des Geschehens ist, hält die Erzählung dabei durch die Plagenerzählung bis hin zur Darstellung des Pessach (Pascha) durch, denn für alle späteren Zeiten bis heute gilt die Feier des Pessach für die Juden als Feier ihrer eigenen Rettung, der Retter aber ist Gott selbst und nicht Mose.

---

64 Ebd., 179.
65 1. »Blutwasser«; 2. Frösche; 3. Stechmücken; 4. Ungeziefer; 5. Viehseuche; 6. Geschwüre; 7. Hagel; 8. Heuschrecken; 9. Finsternis (10. Tod der Erstgeburt).

Die Pessachfeier der späteren Generationen geht – der Anordnung von Ex 12 zufolge – zwar auf Mose zurück, da der aber »nur« Mittler der Tora ist, bedeutet es, dass die jährliche Vergegenwärtigung des Rettungsereignisses ihren eigentlichen Grund in Gott hat. Auf diesem Hintergrund wundert es auch nicht, dass Mose in der Pessach-Haggada[66] nicht vorkommt.

Die Erzählung der Rettung im Wunder am Schilfmeer, bzw. Roten Meer geht noch einmal auf die unterschiedlichen Perspektiven ein, die sich aus der möglichen Sicht der Rolle des Mose ergeben. Für Ex 13,17 ff. handelt Gott in dieser Situation geradezu direkt in Bezug auf das Volk:

»Als der Pharao das Volk ziehen ließ, führte Gott es nicht den Weg des Philister-Landes, obgleich er der nächste war. Vielmehr meinte Gott, dass das Volk es bereuen könnte, wenn sie Krieg erfahren würden und nach Ägypten umkehren wollten. So ließ Gott das Volk einen Umweg durch die Wüste beim Schilfmeer nehmen.«

Mose, so hat man den Eindruck, wird für die Führung des Volkes aus Ägypten heraus gar nicht benötig. Er stellt aber – was im Kontext des Auszugs unmittelbar hervorgehoben wird – die Verbindung zu den Erzeltern und damit zu der Verheißung des Landes her, die

---

66   Die »Pessach-Haggada« enthält die Erzählungen der Ereignisse – um Legenden und Segnungen etc. erweitert –, auf die das Pessach-Fest zurückgeht. Sie ist die Grundlage der Feier des Pessach in der jüdischen Familie (Seder-Abend), bei der das Familienoberhaupt zur Weitergabe der Tradition nach Ex 13,7 f. verpflichtet ist, vom Exodus zu erzählen. Vgl. I. MÜLLNER/[P. DSCHULNIGG], Jüdische und christliche Feste. Perspektiven des Alten und Neuen Testaments, Würzburg 2002, 27–33.

an diese ergangen ist. Hatte Josef einst bei seinem Tod die Söhne Israels schwören lassen, dass sie dann, wenn Gott sich ihrer annehmen würde, seine Gebeine mit aus Ägypten nehmen sollten (Gen 50,25), so führt Mose nun diesen Auftrag aus (Ex 13,19). Mose wird damit zum besonderen Repräsentanten des gesamten Volkes Israel. Indem er nämlich den Schwur Josefs erfüllt, tut er das, was den Nachkommen der Brüder Josefs, dem ganzen Volk Israel, obliegt – und er lässt stellvertretend für ganz Israel das Vertrauen erkennen, das in Bezug auf Gottes Ankündigung einer künftigen Rettung (vgl. Ex 3,7 ff.) vonnöten ist. Das Volk hingegen zweifelt schon bei der ersten Bedrohung des Auszugs (vgl. Ex 14,10–12) und macht Mose verantwortlich, da er es doch war, der sie aus Ägypten herausgeführt hat. Indem es auf »Gräber in Ägypten« anspielt, stellt es den Führungsauftrag und Mose selbst, der stellvertretend für ganz Israel die Gebeine ihres Erzvaters Josef mitnimmt, grundsätzlich infrage:

»Gab es keine Gräber in Ägypten, dass du uns zum Sterben in die Wüste holst? Was hast du uns da angetan durch unsere Herausführung aus Ägypten? Ist es nicht genau das, was wir dir in Ägypten gesagt haben: Lass uns doch in Ruhe! Wir wollen Sklaven der Ägypter sein, denn für uns ist es immer noch besser, Sklaven der Ägypter zu sein, als in der Wüste zu sterben« (Ex 14,10–12).

Dadurch, dass Mose sich auf diesen Vorwurf hin nicht selbst verteidigt oder gar die Vorzüge der Freiheit als Motivation und Begründung für »seine« Herausführung der Israeliten anführt, wird nun in der Erzählung die Sicht der Israeliten in Bezug auf Mose, die sich in Ex 14,10–12 artikuliert, zurechtgerückt.

»Mose aber sagte: Fürchtet euch nicht! Bleibt und seht die Rettung, die der HERR euch heute bringt« (Ex 14,13).

Es scheint so, als würde Mose die falsche Sicht der Israeliten, dass nämlich *er* im Mittelpunkt des Geschehens steht, korrigieren wollen. Schließlich bleibt Mose auch beim hymnischen Abschluss des Geschehens außen vor. Das »Siegeslied« (Ex 15,22) nämlich, in dem viele Forscher den direkten Niederschlag eines alten Kerns der Exoduserfahrung erkennen möchten, ist *Mirjam* zugeschrieben. Dies spiegelt freilich auch den Brauch wieder, dass die *Frauen* den Sieg der Krieger besingen[67]:

»Die Prophetin Mirjam, die Schwester Aarons, nahm die Pauke in die Hand und alle Frauen zogen mit Paukenschlag und Tanz hinter ihr her. Mirjam sang ihnen vor: Singt dem HERRN ein Lied, denn er ist hoch und erhaben! Rosse und Wagen warf er ins Meer« (Ex 15,20f.).

Erst die Einbettung in den größeren Erzählrahmen und die weitere Ausgestaltung dieses Gesangs unterstellt schließlich auch das Siegeslied vom Schilfmeer der Autorität des Mose:

»Damals sang Mose mit den Israeliten dem HERRN dieses Lied: »Ich singe dem HERRN ein Lied, denn hoch und erhaben ist er, Rosse und Wagen warf er ins Meer« (Ex 15,1).

2.6. Die Last der Zwischenstellung

Die Geschichten, die zwischen dem Meerwunder und dem Sinaiereignis angesiedelt sind, erzählen nicht einfach von der Wanderung des Volkes und seinem Weg

---

67   Vgl. zu den »singenden Frauen« die Beschreibung der Situation des siegreich heimkehrenden David in 1Sam 18,6–8.

durch die Wüste. Vielmehr geht es um Beziehungen und Konstellationen, bei denen die Position des Mose immer klarere Konturen gewinnt. Auf den ersten Blick scheint es *nur* um Episoden mit Notsituationen und Gefahren, mit Hilfe und Rettung zu gehen. So mangelt es dem Volk an Wasser und Nahrung (Ex 15,22; 16,3; 17,1), doch die Not wird relativ schnell durch Gottes Hilfe beseitigt, indem ungenießbares Wasser genießbar wird, es Brot vom Himmel regnet, Wachteln kommen und Wasser aus dem Felsen sprudelt. Doch das ist nur die Oberfläche der Geschichten. Ihren Grund bildet das Beziehungsgeflecht der Akteure, in dem Mose in besonderer Weise in den Mittelpunkt rückt. Das Volk aber »murrt« immer wieder: Jedes Problem und jedes Hindernis auf dem Weg führt dazu, dass es das gesamte Projekt des Exodus infrage stellt. Nachdem es die Rettung am Meer doch gerade erst erlebt hat, zieht es alles schon wieder in Zweifel und will zurück nach Ägypten. Der tiefere Sinn dieser »Murr-Erzählungen« wird erst deutlich, wenn man die je eigene Gestaltung der Auseinandersetzungen betrachtet. Die erste von drei »Murr-Geschichten« (Ex 15,22–27) beginnt mit einer einfachen und nachvollziehbaren Wüstenerfahrung: Das Volk hat kein Wasser und leidet Durst. Zwar sind die Israeliten an eine Wasserstelle gekommen; das Wasser dort erweist sich aber als »bitter« (ungenießbar), und so murrt das Volk gegen Mose. Anders noch als beim Meerwunder, wo es aus Angst zum HERRN schreit (Ex 14,10) und dann erst Vorwürfe gegen Mose erhebt (Ex 14,11 ff.), wendet es sich jetzt gegen *Mose* (Ex 15,24); und er ist es, der daraufhin zum HERRN schreit (Ex 15,25), so dass es dann – analog zur Meerwundererzählung – zur Abwendung der Not durch Gottes Hilfe kommt. Etwas später murren die Israeliten erneut (Ex 16,1–2) – diesmal, weil sie nichts zu essen haben. Ihr Zorn richtet sich dabei gegen Mose *und* Aaron. Ohne dass jemand – wie bei der vorausgegangenen Erzählung – zu Gott schreit, wendet Gott sich nun seinerseits direkt an Mose und verkündet seinen Rettungsplan: »Ich will euch Brot vom Himmel regnen lassen« (Ex 16,4). Mose und Aaron geben diese Botschaft Gottes an die Israeliten in der Weise weiter, dass sie das Anzukündigende als Beweis dafür deuten, dass Gott – und nicht sie, Mose und Aaron – die Israeliten aus Ägypten herausgeführt hat. Mose selbst bringt sodann in einer kleinen Rede das Problem auf den Punkt: Das Murren gegen ihn und/oder Aaron ist ein Murren und Aufbegehren gegen Gott. Wenn Gott aber eintritt, um den Israeliten zu essen oder zu trinken zu geben, dann lässt sich daran erkennen, dass Mose und Aaron wirklich von Gott Gesandte sind und Gott es ist, der durch Mose (und Aaron) dieses Volk führt. In der berühmten »Manna-Geschichte« scheint Mose diese Bestätigung gegenüber dem Volk – in der absoluten Sicherheit, dass Gott hinter ihm steht – sozusagen aufs Äußerste herauszufordern. Nachdem Gott Mose das Manna angekündigt hatte »Siehe, ich will euch Brot vom Himmel regnen lassen« (Ex 16,4), kündigt Mose den Israeliten zusätzlich *Fleisch* an, fast als wolle er denen den Wind aus den Segeln nehmen, die sich nach den »Fleischtöpfen Ägyptens« zurücksehnten.

»Mose sagte weiterhin: Wenn der HERR euch heute Abend Fleisch zu essen gibt und euch am Morgen mit Brot sättigt, wenn er also euer Murren hört, mit dem ihr ihn bedrängt, was sind wir dann? Nicht uns galt euer Murren, sondern dem HERRN« (Ex 16,8).

Dieser doch recht kühne Vorstoß des Mose wird nun von Gott ganz und gar bestätigt:

119

»Da erschien die Herrlichkeit des HERRN in der Wolke. Der HERR sprach zu Mose: Ich habe das Murren der Israeliten gehört. Sage ihnen: Am Abend werdet ihr Fleisch essen und am Morgen euch an Brot sättigen, so dass ihr erkennen werdet, dass ich der HERR euer Gott bin« (Ex 16,11).

Es geschieht dann auch so, wie Gott es angekündigt hat. Einzig die Erkenntnis der Israeliten, dass Gott es ist, der das Volk – durch Mose – führt und versorgt, bleibt aus. Bald schon führt nämlich ein erneuter Wassermangel zu einem weiteren Konflikt, der in Ex 17,2 als ein »Streit« der Israeliten charakterisiert wird, in dem sie Gott auf die Probe stellen. Auf die erneuten Vorhaltungen gegen Mose, wozu er sie denn überhaupt aus Ägypten geführt habe, kann Mose nur noch fast verzweifelt zu Gott schreien: »Was soll ich mit diesem Volk machen? Es fehlt nicht viel und sie steinigen mich« (Ex 17,4). Nach der erfolgten Hilfe durch Wasser, das Mose aus dem Felsen schlägt, stellt die Erzählung das eigentliche Problem heraus: Es ist der Zweifel des Volkes an der Nähe und »Für-Sorge« Gottes für Israel. Deutlich wird dies bei der Benennung des Ortes dieses Geschehens als »Massa und Meriba«, die durch den Hinweis darauf erklärt wird, dass die Israeliten Streit begonnen und Gott auf die Probe gestellt haben, indem sie fragten »Ist der HERR in unserer Mitte oder nicht?« (Ex 17,7) Bei der Beseitigung der Notsituation durch das Wasser, das Mose aus dem Felsen schlagen soll und kann, findet sich schließlich ein kleiner Hinweis, der zum Sinn dieser und der vorausgegangenen Erzählungen führt. Mose soll nicht an irgendeinen Felsen schlagen. Vielmehr soll er am Volk vorübergehen bis zum Felsen am »Horeb«. Horeb aber ist schon in der Berufungsgeschichte des Mose in Ex 3,1 die Bezeichnung für den Gottesberg gewesen, der ansonsten auch Sinai heißt. An diesem Gottesberg, an dem Mose den Auftrag von Gott erhalten hatte, sollten die Israeliten – so die Zusage Gottes – nach der Herausführung aus Ägypten Gott verehren (Ex 3,12). Indem das Wasser, das Israels Durst löscht, nun aus dem Felsen *am Horeb* kommt, zeigt die Geschichte an, dass diese Bestätigung, die Ankunft am Gottesberg, nicht mehr weit sein kann und dass den Israeliten schon vorab eine positive Erfahrung mit diesem Ort vermittelt wird. Der Gottesberg, Sinai/Horeb, ist der Ort der Gotteserscheinung und der Übermittlung der Gebote, so dass der Hinweis auf diesen Ort die Antwort auf die Frage des Volkes aus Ex 17,7 »Ist der HERR in unserer Mitte oder nicht?« vorbereitet. Die Nähe Gottes und die Sorge für sein Volk wird Israel nicht in immer neuen Wundern mit Wasser, Manna und Wachteln erleben, sondern in der Weisung (Tora), die Gott seinem Volk am Sinai geben wird. Diese Tora mit ihren Geboten ist nun in all den vorausgegangenen Geschichten, bei denen es um das Murren Israels geht, schon präsent: Beim Bitterwasser von Ex 15 ist die Rede von Gesetz und Rechtsentscheiden (Ex 15,25), die dem Volk an der Wasserstelle in Mara gegeben wurden, ohne dass näher erklärt würde, um *welche* Weisungen es sich handelt und in welchem Verhältnis sie zur Tora vom Sinai stehen. Stattdessen wird recht allgemein erklärt, dass das Befolgen der Gebote Gottes Israel zum Heil gereichen wird. Verstanden wird die so formulierte Ankündigung als »Probe«, was wohl als ein »Erproben« der Zuversicht Israels zu deuten ist. Ebenso spricht die Erzählung vom Manna unmittelbar nach Gottes Ankündigung, dass er Brot vom Himmel regnen lassen wird, davon, dass Gott dabei prüfen will, ob die Israeliten nach seiner Tora leben oder nicht (Ex 16,4). Diese auf das Sinaiereignis mit der Gabe der

Tora vorausblickenden Erzählungen in Ex 15-17 kommen schließlich in der Beschreibung der Begegnung zwischen Mose und seinem Schwiegervater Jitro in Ex 18 zu ihrem Höhepunkt, der zugleich den Verstehenshorizont auch für die vorangehenden Erzählungen absteckt. Am zweiten Tag der Begegnung von Jitro und Mose wird Mose als Richter vorgestellt, der Streitfälle auf der Basis der Gesetze und der Weisungen Gottes, die er den Israeliten vorlegt, entscheidet. Jitro aber erkennt, dass Mose mit diesem Vorgehen einerseits sich selbst überlastet und andererseits auch seine eigentliche Aufgabe verfehlt. Diese sieht Jitro darin, dass Mose das Volk vor Gott vertreten und umgekehrt das Volk in den Weisungen Gottes unterweisen soll. Indem Mose schließlich Jitros Rat befolgt und tüchtige Männer auswählt, die er als Richter einsetzt, wird er selbst frei für die Aufgabe, die am Sinai auf ihn zukommen soll: einzigartiger Mittler zwischen Gott und seinem Volk zu sein. Die vorausgegangenen Erzählungen hatten die Unsicherheit in der Zuordnung des Mose – steht er näher auf der Seite Gottes oder näher auf der Seite des Volkes – noch nicht auflösen können. Schrie bei der Verfolgung durch die Ägypter das Volk selbst zu Gott (Ex 14,10), so ist es beim ersten Murren in Ex 15,25 *Mose*, der zu Gott schreit. Auf die in Ex 16,1–2 folgenden Vorwürfe der Israeliten gegen Mose und Aaron antwortet Gott dann dem Mose unmittelbar und »ungefragt« (Ex 16,3f.) und bestätigt und verwirklicht anschließend sogar das, was Mose angekündigt hatte, dass nämlich die Israeliten auch Fleisch zu essen bekämen (vgl. Ex 16,8.11). Dass es die besondere Verbindung zwischen Mose und Gott ist, die Israel führt und gegebenenfalls rettet, zeigt die kurze Erzählung vom Kampf der Israeliten gegen Amalek (Ex 17,8–16), in der der spätere Nachfolger des Mose, Josua, als Heerführer die Amalekiter nur deshalb schwächen kann, weil über Mose die Verbindung zu Gott besteht, was die Erzählung sinnfällig in den erhobenen Händen des Mose zum Ausdruck bringt. Da Israel in diesem Kampf nur so lange stärker war, wie Mose seine Hände erhoben hatte, musste Mose schließlich von Aaron und Hur gestützt werden, damit seine Hände nicht sanken und Israel den Amalekitern unterlag. Ganz subtil werden in dieser Erzählung die verschiedenen Aufgaben im Volk Israel durch die verschiedenen Personen in ihrer Verwiesenheit aufeinander vorgestellt. Obgleich von Gott berufen, findet Mose seine Position als Mittler nur mit der Unterstützung des Volkes.

Bevor Mose aus der Mittlerstellung heraus geradezu zum Himmel »abhebt«, erdet die Erzählung ihn, indem sie ihn betont als »normalen Menschen« beschreibt. Die so tiefgründige Begegnung mit Jitro wird nämlich durch eine fast private Szene eingeleitet. Jitro, der Priester von Midian, der von dem gehört hatte, was Gott an Mose und seinem Volk durch die Herausführung aus Ägypten getan hat, wird als »Schwiegervater« des Mose eingeführt, der mit dessen Frau Zippora und dessen zwei Söhnen – Gerschom und Eliëser – zu Mose kommt, und dort in der Wüste am Gottesberg mit ihm zusammentrifft. Er hat sich also auf genau den Weg gemacht, den Mose gegangen war, als er seine, des Schwiegervaters, Schafe hütete und sie über die Wüste hinaus bis zum Gottesberg führte (Ex 3,1 f.).

»Er ließ Mose mitteilen: Ich, dein Schwiegervater Jitro, komme zusammen mit deiner Frau und ihren beiden Söhnen zu dir. Da ging Mose seinem Schwiegervater entgegen, fiel vor ihm nieder und küsste ihn. Sie fragten, einer den anderen, nach seinem Wohlergehen und gingen dann in das Zelt« (Ex 18,6 f.).

Im wahrsten Sinn des Wortes wird Mose hier – unmittelbar vor dem entscheidenden Ereignis der Gottesbegegnung – von seinem Privatleben eingeholt. Die Erzählung erinnert damit aber nicht nur an Moses eigene Wurzeln und an seine persönliche Lebensgeschichte, sondern lässt diese geradezu in die Geschichte Israels einfließen, womit der Mensch Mose im Volk Israel, zu dem eben auch seine Familie gehört, verankert wird.

2.7. Bei Gott braucht Israel einen Mittler

Mit der Ankunft am Berg Sinai wird die in den vorausgegangenen Erzählungen von Ex 15–18 vorbereitete zentrale Rolle des Mose herausgestrichen. Die erste Gottesrede am Sinai zielt darauf ab, dass Israel Gottes auserwähltes Volk sein soll (Ex 19,3–6). Mose aber, so wird eigens betont, erhält von Gott die Anweisung, dies den Israeliten mitzuteilen. Nachdem er die »Absichtserklärung« Gottes an das Volk weitergegeben hat und anschließend als Mittler die Antwort des Volkes an Gott überbringt, wird ihm angekündigt, was Gott mit ihm selbst bzw. für ihn vorhat:

»Siehe, ich komme zu dir im Wolkendickicht, damit das Volk hört, wenn ich mit dir rede und auch dir für immer glaubt« (Ex 19,9).

Die dann folgende Ankündigung der Gotteserscheinung setzt das Motiv der Vermittlung zwischen Gott und Israel greifbar in eine räumliche Ordnung um: Mose soll den Berg abgrenzen, das Volk nämlich darf und kann nicht in die direkte Nähe Gottes. Der engere

Bereich des Berges ist allein Mose vorbehalten, der eben *zwischen* Gott und Volk »eingeordnet« ist. In den in Ex 19 einsetzenden Theophaniebericht ist dann als weitere Gottesrede die Mitteilung der Zehn Gebote (Dekalog) gestellt (Ex 20,1–17). Im Duktus der Erzählung stellt diese ein sehr komplexes und kompliziertes Element dar. Sie setzt ein, unmittelbar nachdem Mose vom Berg hinunter zum Volk gegangen ist und den Israeliten mitgeteilt hat, was Gott ihm aufgetragen hatte (Ex 19,25):

»Da sprach Gott all diese Worte: Ich bin der HERR, dein Gott, der ich dich herausgeführt habe aus dem Land Ägypten, dem Sklavenhaus ...« (Ex 20,1 f.).

Die Reaktion des Volkes auf diese Rede (Ex 20,18–21) verwundert zuerst, denn abgesehen von Furcht und Schrecken, die angesichts der Nähe Gottes verständlich sind, bitten die Israeliten, dass *Mose* und nicht Gott selbst, mit ihnen reden möge, damit sie nicht sterben müssen. Hatte aber Gott nicht gerade schon genau das getan, eben zu ihnen gesprochen? Die Fortsetzung löst das Problem auf. Mose erklärt dem Volk das Reden Gottes als »Probe« bzw. »Erprobung« und Gott entspricht der Bitte des Volkes, dass Mose mit ihnen sprechen soll, nicht er selbst, voll und ganz: Von nun an wird sich Gott immer durch seinen Mittler Mose an das Volk wenden. Die den ganzen Pentateuch durchziehende Konzeption von Mose als Offenbarungsmittler wird an dieser Stelle grundgelegt. Die theologische Brisanz besteht aber darin, dass diese besondere Form der Mittlerschaft nicht von »oben« her, sondern von »unten« »ausgelöst« wird. Die absolute Mittlerschaft des Mose für alle Weisungen Gottes geht also letztendlich auf den Willen des Volkes zurück. Gott entspricht der Bitte des Volkes und lässt dazu Mose zum einzigen und einzigartigen Mittler werden. Wie aber die Mitteilung der Zehn Gebote als erste Rede Gottes zu verstehen ist, zeigt die Reaktion Gottes. Er teilt Mose im Folgenden (Ex 20,22–23,33) eine ganze Menge von Einzelgeboten mit, die sich wie eine Entfaltung der Zehn Gebote darstellen. Einleitend dazu jedoch beauftragt er Mose, den Israeliten zu sagen: »Ihr selbst habt gesehen (wahrgenommen), dass ich vom Himmel mit euch gesprochen habe« (Ex 20,22). Die im Bibeltext vorausgegangene Mitteilung der Zehn Gebote wird also erklärt als ein Wahrnehmen des Faktums, dass Gott gesprochen hat, ohne dass damit ein verstehendes Hören impliziert ist. Die Israeliten haben demnach »gehört« *dass* Gott spricht, aber nicht *was* Gott spricht. Man kann sich das Gemeinte z. B. am Hören einer Rede hinter verschlossenen Türen verständlich machen, wenn man hört, dass und gegebenenfalls wer spricht, aber nicht versteht, wovon er spricht, oder auch am Beispiel einer Rede in einer völlig fremden Sprache, bei der man hört und sieht, dass jemand spricht, ohne den Akt des Sprechens als Mitteilung auffassen zu können. Dass der Text der Bibel die Zehn Gebote mitteilt, muss man als Leserinformation verstehen. Das, was die Israeliten und auch Mose im Sinne der Erzählung nicht verstehen, teilt der Erzähler seinem Leser mit, damit dieser es für den Fortgang der Erzählung als Hintergrundwissen mitnimmt, um von hierher das weitere Geschehen beurteilen zu können. Nachdem Gott dem Mose die ausführliche und erklärende Fassung der Gebote und Weisungen für das Volk in einer großen Rede übermittelt hat (Ex 20,22–23,33), teilt Mose dies alles dem Volk mit und schreibt es auf (Ex 24,3–7), damit es als »Bundesurkunde« (Bundesbuch) dem Bund, der dann in Ex 24,8 zwischen Gott und Israel geschlossen wird, zugrunde liegen kann. Nach dem Bundesschluss aber ruft Gott Mose erneut zu sich auf den Berg und teilt ihm im Zuge dessen mit, dass er ihm – wie ein bestätigendes Zeugnis – steinerne Tafeln mit Weisungen und Geboten geben will (Ex 24,12). Als Mose auf den Berg kommt, gibt Gott ihm allerdings zuerst den Auftrag für den Bau eines Heiligtums (Ex 25,1–31,17). Die eingangs angekündigten steinernen Tafeln aber erhält Mose erst am Ende eines längeren Aufenthaltes von 40 Tagen (Ex 31,18). Zu diesem Zeitpunkt weiß man als Leser der Geschichte noch nicht, was genau Gott auf diese Tafeln geschrieben hat. Als Mose vom Berg herabkommt, trifft er auf das Volk, das sich während seiner Abwesenheit das Goldene Kalb gemacht hat und dieses nun verehrt, woraufhin Mose die Tafeln, die er von Gott erhalten hat, am Fuß des Berges zerbricht. Im Zusammenhang der Fürbitte, die Mose nach den Ereignissen am Fuß des Berges für das Volk bei Gott einlegt, kommt es schließlich zu einer »Bundeserneuerung«, für die Gott bereit ist, noch einmal das aufzuschreiben, was er zuvor auf die ersten Tafeln, die Mose zerbrochen hat, geschrieben hatte. Jedoch hat nun – anders als beim ersten Mal – *Mose* die Tafeln, die Gott beschreiben will, vorzubereiten. Durch eine Bemerkung, die man fast als Randnotiz überlesen könnte, wird erst jetzt (vgl. Ex 34,1.27) dem Leser des Exodusbuches angedeutet, dass es sich bei dem Text, den Gott auf die Tafeln schreibt, um die Zehn Gebote handelt. Später hat Mose diese Tafeln dann in die noch anzufertigende Bundeslade zu legen. Im Fortgang der Erzählung des Pentateuch scheinen die Tafeln – und mit ihnen die Zehn Gebote, von denen die Leser des Pentateuchs in Ex 20 erfahren haben – ein wenig in Vergessenheit zu geraten. Erst als Mose am Berg Nebo, d. h. an der Grenze zum Gelobten Land, seine große

Abschiedsrede hält, die letztendlich das ganze Buch Deuteronomium umfasst und in der er die Ereignisse vom Sinai und der Wüstenwanderung Revue passieren lässt, treten die Tafeln mit den Zehn Geboten wieder ins Bewusstsein. Mose legt an der Grenze des Landes der nun schon nachgewachsenen Generation, der zweiten vom Sinaiereignis aus gedacht, die Gebote aus und verpflichtet sie auf den Bund mit Gott. In diesem Zusammenhang kommen die Zehn Gebote jedoch nicht in der Weise in den Blick, wie man es vielleicht erwarten möchte: Mose nämlich legt dieses von Gott auf die Tafel geschriebene »Gesetz« dem Volk nicht dadurch vor, dass er die Tafeln aus der Bundeslade holt und sichtbar *vorliest*, was Gott aufgeschrieben hat. Vielmehr erinnert Mose an das Geschehen vom Sinai, und zwar in der Weise, dass er darauf hinweist, dass Gott nicht unmittelbar, sondern mittelbar gesprochen hat. Näherhin »mitten aus dem Feuer« und *durch* Mose, der zwischen ihnen und Gott stand.

Für die Leser der Tora ergibt sich nun ein weiteres Problem: Der Text der Zehn Gebote, der ihm als Inhalt der Gottesrede in Ex 20 mitgeteilt wurde, ist nicht identisch mit dem Text der Zehn Gebote, den Mose im Land Moab den Israeliten verkündet, die jetzt das Verheißene Land erreicht haben. Da Mose in Dtn 5 aber ausdrücklich darauf hinweist, dass der von ihm verkündigte Text exakt dem entspricht, was Gott seinerzeit auf dem Berg gesprochen und später auf die zwei Steintafeln geschrieben hat, wird in der Erzählung bereits eine Lösung angedeutet. Dem Text von Dtn 5 – und der allein wird den Israeliten der Exoduszeit verkündigt – kommt für alle Zukunft die größere Bedeutung zu, weil er von Gott aufgeschrieben wurde, damit er weitergegeben, ausgelegt und letztendlich gelebt werden kann. Schon bei der ersten Ankündigung der Tafeln in Ex 24,12, wo noch nicht mitgeteilt wurde, *was* Gott denn auf die Tafeln geschrieben hat, wird als deren Funktion angegeben, dass sie der Unterweisung dienen sollen. Demgegenüber scheint der Dekalogtext von Ex 20 zuerst einmal punktuell auf die Situation am Sinai bezogen zu sein, insofern durch die Mitteilung, *dass* Gott diese Gebote spricht, die die Israeliten aber noch nicht verstehen, die Mittlerschaft des Mose, um die das Volk dann bittet, ausgelöst und begründet wird. Diese Mittlerschaft legt das Fundament für die Tora, die schriftlich fixiert von Mose an Josua weitergegeben werden kann. Die Lösung für die beiden Dekalogfassungen besteht also ganz einfach darin, dass sie – vom Leser der Tora – komplementär zu lesen und zu verstehen sind. Auch der von Gott aufgeschriebene Dekalog versteht sich nicht als Mitschrift der Rede Gottes, sondern als notwendige Verschriftung, um die bleibende Gültigkeit und Autorität des Wortes Gottes zu begründen. Die spannungsvolle Beziehung vom gesprochenen und geschriebenen Gotteswort leitet entscheidend zu dem über, wie die Bibel selbst Mose und seine Aufgabe als Mittler der Offenbarung Gottes sieht.

2.8. Geschriebenes Gotteswort

An der Dekalogüberlieferung ist das komplexe Verständnis der Heiligen Schrift abzulesen. Der Dekalog ist nämlich der einzige Text der Bibel, von dem es heißt, dass Gott selbst ihn aufgeschrieben habe. Nicht nur, dass nach der biblischen Erzählung Mose die von Gott beschrifteten Tafeln ausgehändigt bekommt, deutet schon eine Kooperation von Gott und Mensch bei der Übermittlung des Willens Gottes an, sondern es geht in der Erzählung noch weiter, insofern Mose andere Texte aufzuschreiben hat bzw. aufschreibt. Dabei handelt es sich zuerst einmal um »Rechtstexte«, die in einer inneren Verbindung zum Dekalog stehen. So schreibt Mose nach Ex 24,4 die große Gottesrede auf, so dass der Bund, den Gott mit Israel am Sinai schließt, aufgrund dieses »Bundesbuches« (Ex 24,7) geschlossen werden kann. Nachdem das Volk sich in der Verehrung des Goldenen Kalbs (Ex 32) von Gott abgewendet hatte, bekommt Mose von Gott ausdrücklich den Auftrag, den Text zur Bundeserneuerung (Ex 34,10–26) aufzuschreiben. Der Fortgang der Erzählung findet im Bezug auf das Aufschreiben durch Mose seinen Höhepunkt im Buch Deuteronomium, wo es heißt, dass Mose die Tora aufschrieb (Dtn 31,9). Der Nachfolger des Mose, Josua, wird nicht nur auf die Tora verpflichtet, sondern ihm wird als Erstem auch das *Lesen* der schriftlichen Tora ans Herz gelegt:

»Sei nur mutig und stark, und achte darauf, nach der ganzen Tora zu handeln, die mein Knecht Mose dir empfohlen hat. Weiche nicht davon ab, weder nach rechts noch nach links, damit es dir gelingt auf all deinen Wegen. Nicht soll das Buch dieser Tora von deinen Lippen verschwinden; sinne darüber nach Tag und Nacht, damit du darauf achtest nach all dem zu tun, was darin geschrieben ist« (Jos 1,7–8).

In seiner großen Abschiedsrede, die das Buch Deuteronomium umfasst, verkündet Mose die Tora. In der Vorstellung des Deuteronomiums aber geht mit dieser Verkündigung eine Verschriftung einher:

»Mose trat vor ganz Israel und sprach diese Worte … und schrieb diese Tora auf« (Dtn 31,9).

Schließlich hält dann Dtn 31,24 unzweideutig fest, dass Mose einen als »diese Tora« beschriebenen Text komplett verschriftet habe: »Als Mose fertig war, die Worte dieser Tora vollständig in ein Buch zu schreiben«. Mit der Feststellung, dass hier ein Verschriftungsvorgang beendet wird, stellt sich die Frage nach seinem Anfang und – was sich daraus ergibt – nach dem Umfang dessen, was Mose verschriftet hat. Gilt die Aussage nur für das Buch Deuteronomium – ganz oder auch nur in Teilen – oder für den gesamten vorausgehenden Pentateuch? In der vorausgehenden Erzählung des Pentateuchs finden sich die schon erwähnten Hinweise auf einzelne Texte, die Mose aufgeschrieben hat, ebenso wie die Hinweise auf den von Gott selbst aufgeschriebenen Dekalogtext. Ausgehend von einer synchronen Beschreibung des gesamten Pentateuch hat jüngst Eckhart Otto eine »antike Literaturtheorie« aufgewiesen, die viele Fragen in Bezug auf die Idee der Verschriftung zu klären hilft.

»Die synchrone Lektüre der Mosebücher ... lässt eine komplexe Literaturtheorie deutlich werden, die die Mosebücher selbst von ihrer Entstehung haben und die sich der Verschriftungsnotizen, aber auch die geographischen Lozierung der jeweiligen Verschriftungen und damit der Fabel der Mosebücher insgesamt bedient. Diese antike Literaturtheorie steht im Dienste der Hermeneutik der Mosebücher. Gewährt Gott in Gen 2–3 dem Menschen die Freiheit des Gebotsgehorsams, so sind die Mosebücher insgesamt Tora, die Israel anweist, dem Gotteswillen folgend, segensvoll mit dieser Freiheit umzugehen. Die Tora aber bedarf der Auslegung auf konkrete Lebenssituationen hin, wofür die Moabtora bereits innerhalb der Mosebücher das grundlegende und die postmosaische Auslegung legitimierende Vorbild in Gestalt des Deuteronomiums liefert. Die Erzählung der Mosebücher als Tora differenziert um ihres hermeneutischen Programms willen also bereits diachron zwischen der Literaturwerdung von Tora verschriftet von Gott und Mose am Gottesberg Sinai und verschriftet von Mose als Auslegung der Sinaitora in der Moabtora im Lande Moab für die zweite Generation, die in der erzählten Zeit die Adressaten der Mosebücher in der Erzählzeit vertritt. Die Verschriftungsnotizen in den Mosebüchern beziehen sich auf Dekalog und Bundesbuch in der Sinaitora und das Deuteronomium als Moabtora. Die Epoche der Erzväter ist dagegen prinzipiell schriftlos. Weder Bundesverpflichtungen noch Vertragsansprüche wie die eines Grundstückkaufs (Gen 23) seien schriftlich fixiert worden. Die Verschriftungstheorie der Mosebücher als Form antiker Literaturtheorie im Dienste der Rechtshermeneutik der Mosebücher räumt den Gesetzen von Dekalog, Bundesbuch und Deuteronomium eine Fachwerkfunktion in der Strukturierung der Erzählung der Mosebücher ein. ... Konvergiert also die literaturhistorische Theorie der antiken Mosebücher mit Grunddaten moderner Forschung zur Genese der Gesetze als Fachwerk der Erzählung der Mosebücher, so ändert sich das mit der postkanonischen Weiterentwicklung der antiken Literaturtheorie der Mosebücher seit dem 1. Jh. v. Chr. Jenseits der Kanongrenzen der Hebräischen Bibel wird die in der Erzählung der Mosebücher erarbeitete Theorie mosaischer Verschriftung von Gesetzen auf die Mosebücher insgesamt ausgedehnt. Innerbiblische Bezüge auf das ›Buch des Mosegesetzes‹, die ›Tora des Mose‹ u. Ä. beziehen sich stets nur auf die Gesetze in den Mosebüchern. Das Neue Testament dagegen setzt die mosaische Verfasserschaft der Mosebücher insgesamt voraus, wenn im Markusevangelium (12,26) Ex 3,2–6 als im ›Buch des Mose‹ stehend zitiert wird. Auch in den Schriften aus Qumran sowie in

Schriften der jüdischen Autoren Philo von Alexandrien und Josephus wird Mose als Autor der Mosebücher insgesamt vorausgesetzt. Der babylonische Talmud (Baba Batra 14b) konstatiert, dass Mose die fünf nach ihm benannten Mosebücher bis auf die letzten acht Verse in Dtn 34 zu seinem Tod verfasst habe. Die Ausdehnung der Theorie mosaischer Verfasserschaft auf die Erzählungen unter Einschluss der Genesis konnte an Verschriftungsnotizen in Ex 17,14 zu Amalekiterschlacht und Num 33,2 zu einem Stationsverzeichnis anknüpfen. Beschränken sich die innerpentateuchischen Verschriftungsnotizen abgesehen von diesen beiden Belegen auf die Gesetze, so differenzieren sie zwischen Mose als Vermittler und Ausleger der Gesetze und dem impliziten Erzähler in den Erzählungen der Mosebücher und damit zwischen Erzählzeit und erzählter Zeit.«[68] Verfolgt man in dieser Weise die Idee der Schriftlichkeit durch die gesamte Tora, dann wird deutlich, wie diese darauf angelegt ist, weitergegeben und immer wieder neu ausgelegt zu werden, so wie es Mose selbst mit der Tora am letzten Tag seines Lebens tut, wenn er im Deuteronomium die von ihm übermittelte Tora für das Leben der kommenden Generationen im Gelobten Land aktualisiert. Das Aufschreiben der Tora ist – wie die gesamte Pentateucherzählung betont – aufs Engste mit der Gestalt des Mose verbunden. Wenn die Vollendung der geschriebenen Tora unmittelbar mit seinem Lebensende zusammenfällt, dann zeichnet sich darin schon ab, dass die Tora etwas von dem festhält, was Mose ausmacht. Die Vollendung der geschriebenen Tora korrespondiert mit der Besonderheit des von Gott selbst

---

68   E. Otto (2007), 98 f.

aufgeschriebenen und Mose übergebenen Dekalogs als Anfang und Ursprung. Wie Gott dem Mose das von ihm Aufgeschriebene gibt, so hält Mose das Ganze der Verkündigung Gottes fest, indem er es aufschreibt. Schon Jos 1,7 spricht von der Tora, die Mose befohlen hat, und andere Stellen bezeichnen die Tora dann sogar als »Mose-Tora«[69]. Der Mittler Mose wird damit aber nicht nur nahe an Gott herangerückt, sondern er wird immer mehr mit der Tora identifiziert, so dass er in gewisser Weise über seinen Tod hinaus *in* dieser »weiterlebt«. »Die Tora des Mose ist Basis, auf der hinfort Israel JHWH begegnet. Die von JHWH inszenierte Verpflichtung Josuas auf die Tora zeigt, dass es künftig keinen Mose als Führer Israels mehr geben wird. Mose ist durch die Bekanntgabe der Tora überflüssig geworden. In der Beziehung JHWH – Mose – Israel wird der Mittler durch sein eigenes Wort abgelöst. Die Überlieferung dieses Wortes verwehrt, dass jemals wieder ein Mensch in der Geschichte Gottes mit Israel die Position Moses einnehmen wird.«[70] Findet Mose einen Nachfolger in der Tora, so bleibt aber zu fragen, welche Aufgabe Josua zukommt, den Mose selbst noch mit göttlichem Auftrag als Nachfolger einsetzt.

»Mose trat vor ganz Israel und sprach diese Worte: Er sagte zu ihnen: Ich bin jetzt 120 Jahre alt, in den Kampf kann ich nicht mehr ziehen, und der HERR hat zu mir auch gesagt:

---

69 So in Jos 8,31; 23,6; 2Kön 14,6. Dieser Sprachgebrauch begründet wohl auch die spätere Rede von »Mose«, wenn Texte der Tora gemeint sind, wie z. B. Mk 1,44; 7,10; Lk 16,29; Apg 3,22.

70 C. SCHÄFER-LICHTENBERGER, Josua und Salomo. Eine Studie zu Autorität und Legitimität der Nachfolge im Alten Testament, Leiden 1995, 214.

Du wirst den Jordan hier nicht überschreiten. ... Mose rief
Josua herbei und sagte vor den Augen ganz Israels zu ihm:
Empfange Macht und Stärke: Du sollst mit diesem Volk in
das Land hineinziehen, von dem du weißt, der HERR hat
ihren Vätern geschworen, es ihnen zu geben. ... Der HERR
sagte zu Mose: Siehe, deine Zeit ist gekommen: Du musst
sterben. Rufe Josua und betritt mit ihm das Zelt der Begegnung, und ich werde ihn einsetzen« (Dtn 31,1–2.7.14).

Die Nachfolge, zu der Josua bestimmt und eingesetzt
wird, betrifft nicht die gesamte Stellung und Funktion
des Mose, sondern sie ist lediglich darauf abgestimmt,
das »Exodusprojekt« zu vollenden; denn Mose hatte ja
von Gott den Auftrag bekommen, das Volk Israel aus
Ägypten heraus- und ins Verheißene Land hineinzu-
führen. Da Mose das Verheißene Land aber nicht mehr
betreten darf (s. u.), ist es allein diese Aufgabe, die Josua zukommt. »Josua aber vollendet in der Eroberung
und Verteilung des Landes die ›Vorgaben‹ des ›Exo-
dusprogramms‹ und schließt damit die Aufgabenliste
des mosaischen Leitungsamts mit dem Ende der zweiten Generation ab.«[71] Auf diesem Hintergrund wird
doch verständlich, warum Josua nach seinem Tod keinen entsprechenden Nachfolger findet bzw. benötigt,
da seine Aufgabe abgeschlossen ist. Weiter besteht allein die Nachfolge des Mose in und durch die Tora.
Die am Ende der Tora vollzogene Identifizierung von
Mose und Tora ist in der Erzählung selbst besonders
nachdrücklich vorbereitet und ausgestaltet worden,
und zwar in der Erzählung von der Rückkehr des
Mose vom Berg Sinai nach der Bundeserneuerung (Ex
34,29–35). Zum Verständnis dieser Geschichte, die ei-

---

71   M. Ederer, Ende und Anfang. Der Prolog des Richterbuchs (Ri
     1,1–3,6), in: »Biblische Auslegung«, Freiburg 2011 (im Druck).

nige Eigentümlichkeiten enthält, ist es nötig, den narrativen Kontext, in dem sie steht, zu rekapitulieren und das Motiv der Offenbarung in diesem Kontext zu bedenken.

Nachdem Mose auf dem Berg von Gott die Anweisungen zum Heiligtum bekommen hatte, gab Gott ihm die von Gott selbst beschriebenen Tafeln (Ex 31,18). Als Mose nun mit diesen Tafeln vom Berg herabkommt, trifft er auf das Volk, das sich ein Stierbild, das sog. Goldene Kalb, als Führungssymbol gemacht und verehrt hat, weil sie wohl zweifelten, dass Mose nach so langer Zeit noch einmal zurückkehren würde. Angesichts der in der Verehrung des Goldenen Kalbes zum Ausdruck kommenden Abwendung von dem Gott, der sich Israel zuvor am Sinai zugewandt hatte, zerbricht Mose die Tafeln als Zeichen dafür, dass der Bund, den JHWH zuvor mit Israel geschlossen hat, gebrochen ist. Später lässt Mose sich dazu bewegen, zu Gott zurückzukehren und für das Volk zu bitten, dass Gott ihm diese Sünde vergeben möge. Nach langen und schwierigen Verhandlungen zwischen Gott und Mose (Ex 32,30–33,23), die an das berühmte Gespräch zwischen Gott und Abraham über das Geschick von Sodom und Gomorra in Ex 18 erinnern, zeigt Gott sich vergebungsbereit. Anders als beim ersten Mal muss Mose aber nun Tafeln zurechthauen, so wie die ersten waren, um mit diesen wieder zu Gott auf den Berg zu kommen. Gott aber will dann auf diese Tafeln das schreiben, was auf den ersten Tafeln gestanden hat, die Mose zerbrochen hat. Die dabei erkennbare »Zusammenarbeit« zwischen Gott und Mose – Mose bereitet die Tafeln vor und Gott beschreibt sie – zeichnet ein sehr intensives und anschauliches Bild von der Besonderheit der Offenbarungsmittlerschaft des Mose.

2.9. Mose sieht

Die Mittlerschaft des Mose wird im großen Dialog
(Ex 32,31–34,3), den Mose mit Gott führt, um ihn zu bewegen, dem Volk die Sünde des Goldenen Kalbes zu
vergeben und Gottes eigenen Plan, Israel ins Verheißene
Land kommen zu lassen, nicht aufgegeben, sondern
eigens thematisiert und entfaltet. Vor allem in Ex 33,
7–11 wird die »Rolle« des Mose als Offenbarungsmittler zum beherrschenden Thema. Dieser Gedanke gip-
felt zuerst einmal in der Aussage von V. 11 a: »Und der
HERR sprach zu Mose von Angesicht zu Angesicht, so
wie jemand mit seinem Freund spricht«. Hier wird die
besondere Weise der Offenbarung an Mose in der Form
einer einzigartigen Unmittelbarkeit zum Ausdruck gebracht, wobei das »von Angesicht zu Angesicht« gerade
nicht mit einem Verb des Sehens, sondern des Sprechens verbunden ist, so dass hier die Besonderheit der
*Wort*offenbarung herausgehoben wird. Die so angesprochene besondere Unmittelbarkeit des Offenbarungsempfangs wird am Ende des Pentateuchs wieder
aufgegriffen, wenn Dtn 34,10 Mose aus allen anderen
Propheten herausgehoben sein lässt, weil Gott nur ihn
von Angesicht zu Angesicht »kannte«. Dabei geht es
immer wieder um die besondere Weise des Offenbarungsempfangs bei Mose, was in der Gegenüberstellung von Num 12,6 deutlich zum Ausdruck kommt,
wenn es dort heißt, dass Gott sich seinen Propheten in
»Erscheinungen« offenbart und im Traum zu ihnen
spricht, während er mit Mose unmittelbar, »von Mund
zu Mund«, spricht, »und er sieht eine Erscheinung –
nicht rätselhaft –, sondern die Gestalt JHWHs«. Die
Verbindung zu und die Absetzung von den Propheten
lässt erkennen, dass die entsprechenden Aussagen über
Mose auf Offenbarungsphänomene abzielen, wie sie

aus der Prophetie bekannt sind und dort pointiert mit Vorstellungen vom Sehen und Schauen ausgedrückt werden. Ist man aus diesem Zusammenhang heraus, dass Mose als Prophet charakterisiert wird (vgl. auch Hos 12,14; Jer 15,1), auch geneigt, in der Aussage, dass er die »Gestalt« JHWHs sehe (Num 12,8), eine entsprechende Auszeichnung des Mose als »Überprophet« zu erblicken, dem weit mehr als Visionen, wie sie bei den übrigen Propheten begegnen, zukommt, so darf man aber auch die vorausgehende Bemerkung »mit meinem ganzen Haus ist er betraut« (Num 12,7) nicht völlig außer Acht lassen, weil sie eventuell darauf abzielt, die Bedeutung des Prophetischen einzugrenzen.[72] In diesem Kontext ist es auch angezeigt, die Frage nach dem spezifischen Inhalt der Aussage, dass Mose sogar die »Gestalt JHWHs« erblickt habe (Num 12,8), nicht ausschließlich aus dem Zusammenhang prophetischen Sehens zu erklären; darin muss vielmehr auch ein Ausdruck des spezifischen Charakters der Offenbarung Gottes gegenüber Mose gesehen werden. Diese drückt sich in einer Unmittelbarkeit aus, die man von den verwendeten hebräischen Gedanken und Vorstellungen her – »von Angesicht zu Angesicht« bzw. das »Sehen der Gestalt« – im Deutschen gerne durch Begriffe wie »auf Sichtkontakt« u. ä. wiedergeben möchte. Num 12,8 benutzt für dieses »Sehen« ein im biblischen Hebräischen überaus seltenes Verb (*nbt*), um durch dieses auch

---

72 Man kann bei dieser Formulierung an das Priestertum denken, so dass hier ein Gegenpol zum Prophetischen aufgestellt wird. »Die Gegenwehr erfolgte nicht so töricht, daß Mose nun für das Priestertum reklamiert worden wäre, sondern daß Mose als Mittler eine über den Institutionen stehende Position erhielt, die ihn aus spezifischer Legitimation für nur eine Institution löste«. H. Seebass, Numeri, Neukirchen-Vluyn 2002, 71.

eine Verbindung zur Berufung des Mose in Ex 3,6 herzustellen, wo derselbe Wortstamm begegnet, und zwar genau an der Stelle, an der Mose – nachdem Gott sich vorgestellt hat – sein Angesicht als Ausdruck der Ehrfurcht verhüllt. Hier geht es nicht um eine Ablehnung des Sehens, weil das Sehen Gottes den Tod bedeuten würde, also um das Ende des Sehens, das doch die Begegnung dadurch ausgelöst hatte, dass Mose hinging, um die »großartige Erscheinung« *anzusehen* (vgl. Ex 3,3). Hier handelt es sich vielmehr um eine, wie Benno Jacob formuliert, »den Blick dämpfende und den Gesichtsausdruck deckende Verschleierung«, die mit unserem »Niederschlagen der Augen«[73] verwandt ist. Und wenn mit dem gleichen Verb schließlich auch in Ex 33,8 ein besonderes »Sehen« ausgedrückt wird, nämlich in der singulären Wendung, dass die Israeliten »hinter Mose her *sehen*«, dann ist damit nicht nur die Blickrichtung auf Mose bei seinem Eintritt in das Offenbarungszelt gemeint, sondern es wird auf das Indirekte, das Mittelbare der Offenbarung für das Volk angespielt. Der Gedanke von der Mittlerstellung des Mose, die üblicherweise in der Richtung von Gott zu Mose beschrieben wird, kommt hier aus einer anderen Perspektive in den Blick, und zwar aus der Perspektive der Beziehung des Volkes zu Mose. Analog zum Offenbarungsempfang des Mose bei seiner Gottesbegegnung wird hier die Perspektive des Volkes beschrieben: Das Volk *blickt* in gleicher Weise auf Mose, dem Gott sich offenbart, wie Mose auf die Erscheinung Gottes im Dornbusch *blickte*.

In seiner Eigenschaft als Mittler tritt Mose in Ex 33 für das Volk »in Verhandlungen« mit Gott ein. Der

---

73 B. Jacob (1997), 49.

Dialog zwischen Gott und Mose aber gestaltet sich wie eine Entfaltung der Aussage vom freundschaftlichen Umgang zwischen Gott und Mose – und weil das Ganze auch ein wenig an das Gespräch Abrahams mit Gott (Gen 18) erinnert, assoziiert man hier schnell das von Abraham bekannte Motiv vom »Freund Gottes« (vgl. Jes 41,8; 2Chr 20,7). Gottes Befehl, das Volk (vom Sinai weg) zu führen (Ex 32,34; 33,1), fokussiert Mose mit der Frage nach einer Unterstützung bei diesem Unternehmen auf seine Person. Diese Frage untermauert er mit dem Hinweis auf seine »Sonderstellung« bei Gott. Wenn er hier das »In-Gottes-Augen-Gnade-Finden« zusätzlich durch ein »Kennen« des Namens verstärkt, dann muss dies als Hinweis auf die Form der Offenbarung Gottes verstanden werden. Später nämlich, in Ex 34, kommt zum Sehen-Lassen der vorüberziehenden Herrlichkeit Gottes auch noch eine »Namens-Offenbarung« hinzu. Bevor Gott überhaupt auf die Frage des Mose antworten kann, konkretisiert Mose die Frage, wen Gott mit ihm schicken will, noch weiter, um das ihn bewegende Problem zuzuspitzen. Diese Zuspitzung betrifft das Sichtbarwerden der Gnade, die Mose gefunden hat, als Bestätigung seines Auftrages. Im Fortgang des Gesprächs zeigt sich, dass Mose sich immer mehr auf das »Sichtbarwerden« der Gnade Gottes bzw. die sichtbare Gestalt der Gegenwart Gottes konzentriert (vgl. Ex 33,16). Auf dieses Problem geht Ex 33,12–16 ein, indem dort das Sehen des »Angesichtes Gottes« – also der Gegenwart Gottes im Volk – durch eine besondere Form der Offenbarung, nämlich über den Mittler Mose, sichtbar gemacht werden soll, um so das Besondere Israels, die Erwählung unter allen Völkern, greifbar werden zu lassen. Diese besondere Offenbarung thematisiert Ex 33 wohl im bewussten Kontrast zur

Geschichte von Ex 32 nicht in einem besonderen Sehen Gottes, sondern in der Weise des »Ausersehens«, das Mose – und mit Mose dann schließlich das Volk – betrifft. Nicht Mose und das Volk *sehen*, sondern *Mose* hat Gnade in den Augen JHWHs gefunden – und *über Mose* auch das Volk. So sind sie geradezu von Gottes Blick getroffen worden, was die konkrete Semantik beim Stichwort »Augen« nahelegt. Dieser Blick aber bedeutet für Israel eine heilvolle Zuwendung.

Nachdem Gott sich bereit erklärt, auf die Bitten des Mose einzugehen (Ex 33,17), geht Mose geradezu an die Grenze des Möglichen, wenn er um eine einzigartige Unmittelbarkeit zu Gott bittet, die wieder im Motiv des Sehens ausgedrückt wird. Das damit verbundene Gespräch mit Gott nimmt das Motiv der Gottesschau schließlich auf, um Moses Nähe zu Gott zu beschreiben:

»Lass mich doch deine Herrlichkeit sehen. Darauf sagte er: Ich werde meine ganze Güte an deinem Angesicht vorüberziehen lassen und werde mich dir im Namen JHWH offenbaren, und zwar: Gnade erweise ich, wem ich Gnade erweisen will, und barmherzig erweise ich mich, wem ich mich barmherzig erweisen will. Und er sagte weiter: Du kannst mein Angesicht nicht sehen, denn nicht sieht mich der Mensch und lebt. Und dann sagte JHWH: Siehe, ein Ort ist bei mir, da sollst du dich hinstellen an den Felsen. Und es wird geschehen beim Vorüberzug meiner Herrlichkeit: Ich werde dich in die Felskluft stellen, und ich werde meine Hand über dich decken bis zu meinem Vorüberzug. Dann werde ich meine Hand forttun, und du wirst »mein Nachher« sehen, aber mein Angesicht kann man nicht sehen.« (Ex 33,18–23)

Die Ausgestaltung der Perspektive des »Gott-Schau-ens« lässt sich in diesem Abschnitt an den beiden Leit-worten »vorüberziehen« und »Angesicht« beobach-ten. Ersteres, das »Vorbeiziehen (lassen)« setzt sich deutlich von allem Statischen des Sehens, wie es z. B. der Anblick von Götterbildern impliziert, ab, indem durch das Bewegungsverb (*vorüberziehen*) eine Dyna-mik eingebracht wird, die wie von selbst nach dem Besonderen dieses Sehens fragen lässt. Die Problema-tisierung, die durch das »Angesicht« aufgenommen wird, weist auf das Ziel des Sehens, das nicht im Äu-ßerlichen eines »Angesichts«, wie beim Kultbild, be-steht, sondern vom profanen Sprachgebrauch her auf das Wesen hin abzielt. Das mögliche Missverständnis, das in der Bitte des Mose von V. 18 enthalten ist, näm-lich ein unmittelbares Gott-Sehen-Wollen, wird von V. 19 sogleich ausgeschaltet, wenn dort Gott mit all seiner Güte, die er am Angesicht des Mose vorüberzie-hen lassen will, auf das Beste hinweist, das er sozusa-gen als Quintessenz seiner Offenbarung Mose anbie-tet: das »Ausrufen mit dem Namen ›JHWH‹«. Dieser Besonderheit der Offenbarung, die sich in diesem ei-gentümlichen Ausdruck zu Wort meldet, wird im vor-liegenden Abschnitt sehr differenziert konturiert. Da ist zuerst die Entsprechung der besonderen Gnade, die Mose bei Gott gefunden hat und die durch das »Mit-Namen-Kennen« (vgl. Ex 33,12.17) ausgedrückt wird. Diese besondere Beziehung, die zwischen Gott und Mose besteht, wird sodann im Sinne der Offen-barung von ihrer anderen Seite her beleuchtet, indem nun Mose sozusagen zu solch einem »Kennen/Erken-nen-Lassen« des Namens geführt wird. Diese »Offen-barung« wird in V. 19 weiter entfaltet, so dass man paraphrasierend wiedergeben müsste: »Ich werde mich durch den Namen JHWH vor dir in dem Sinne kundtun, dass ich mich gnädig erweise, dem ich mich gnädig erweisen will, und barmherzig, dem ich mich barmherzig erweisen will.« Was hier angekündigt wird, dass Gottes Wesen nicht in einer sichtbaren Form oder theologischen Formel, sondern in seinen Gnadenerweisen begriffen werden muss, konkretisiert als Kundtun des Gottesnamens schließlich auch Ex 34,6ff. Ist damit die konkrete Vorstellung einer Gottesschau, die V. 18 beinhalten könnte, eigentlich schon zurückgewiesen, so hebt V. 20 in einem allgemeinen Grundsatz, der über die besondere Situation und Person des Mose hinausgeht, noch einmal hervor, dass die Differenz zwischen Gott und Mensch zu groß ist, als dass ein Sehen – im Sinne unmittelbarster Begegnung – für den Menschen überhaupt möglich wäre. Diese Vorstellung bestimmt zahlreiche alttestamentliche Stellen (vgl. Ri 6,22f.; 13,22; Gen 32,31; Ex 19,21). Im vorliegenden Kontext aber hat die nochmalige betonte Zurückweisung einer konkreten Gottesschau ihren Sinn allein darin, dass Mose am Ende, beim »Vorüberzug Gottes«, das ihm Gewährte in seiner Besonderheit erkennen kann. Bei diesem besonderen Sehen, das Mose von Gott ermöglicht wird, sind drei Elemente von entscheidender Bedeutung. Zuerst handelt es sich nicht um ein wirklichkeitsfernes, utopisches Geschehen, sondern es wird großer Wert auf die Präzisierung des Ortes gelegt, woraus zu ersehen ist, dass es nicht um eine Allgemeingültigkeit von Offenbarung – entsprechend der Allgemeingültigkeit der Ablehnung von V. 20 – geht, sondern um die besondere Form der Offenbarung dieses Ortes. Sodann ist der sprachlich höchst sensible Umgang mit der Vorstellung vom »Angesicht Gottes« zu beachten. Durch das Nicht-Sehen-Können/-Dürfen des »Angesichtes« wird einem möglichen Missverständnis, das in anthropomorphen Vorstellungen ebenso begründet sein kann wie in Gedanken an Götterbilder oder Kultmasken, entgegengetreten, um so auf das tieferliegende, das im Angesicht sichtbar werdende Wesen, hingeführt zu werden. Dass »*das Angesicht nicht schauen können*« darauf abhebt, dass der Mensch das Wesen Gottes in seiner Ganzheit nicht erkennen kann, entwickelt der Text feinsinnig durch ein drittes Element, das in der schon erwähnten Dynamik des Vorüberziehens besteht, denn durch dieses Bewegungsverb (vorüberziehen) kommt der Aspekt der Zeit in diesen Offenbarungsvorgang hinein, der vor einer bloßen Gegenüberstellung im Sinne von »vorne« und »hinten« warnt. Der Text entwickelt mit dem seltenen Begriff für »hinten«[74] und die semantische Opposition von »Angesicht« im Sinne von vorne/Vorderseite eine besondere Aussage, weil er durch den Zeitaspekt des Vorüberziehens die Vorstellung eines Nachhers im Sinne des Späteren provoziert. Ex 34,6 bestätigt dies in der Darstellung des Vollzugs des hier Angekündigten, da dort nur noch vom Vorüberzug JHWHs in Verbindung mit der erwähnten Besonderheit der (Namens-)Offenbarung gesprochen wird. Das »Nachher«, die Offenbarung Gottes aus den Wirkungen seiner besonderen Nähe heraus, beschreibt Ex 34,7 ff. in Aufnahme von Ex 33,19 in der Entfaltung der sog. Gnadenformel als Erweis der übergroßen Barmherzigkeit Gottes. Daraus ergibt sich schließlich auch, dass die genannte Vorstellung, dass Gott zu sehen für den Menschen

---

74 Da das hebräische Wort eigentlich »das Hinten« bedeutet, haben viele Übersetzungen an der vorliegenden Stelle an den »Rücken« Gottes gedacht, was aber zu einer anthropomorphen Gottesvorstellung führt, die hier ganz unangemessen ist, vgl. C. DOHMEN (2004), 351.

Sterben bedeutet, nicht allein auf der Unvereinbarkeit von Heiligkeit und Sünde beruht, sondern auf die von Gott gewährte Offenbarungsweise verweist, die einer von Menschen gesuchten unmittelbaren Gottesschau widerspricht.

Versucht man die in Ex 33 angesprochenen Aspekte des »Gott Schauens« zusammenzufassen, dann tritt der Gedanke der Offenbarung ganz deutlich in den Vordergrund. Die dabei von Gott gewährte Offenbarung, die im Bedeutungsfeld des »Sehens« thematisiert wird, ist gerade im Horizont der Fürbitte von Ex 33 in ihrer einzigartigen Beziehung zu Mose wahrzunehmen.

Nach dieser besonderen »Offenbarung«, der Gotteserscheinung, bei der Gott Mose seinen Namen offenbart und zu verstehen gibt, dass er, Gott, ein barmherziger und gnädiger Gott ist, wird der Bund in Ex 34 erneuert, den Israel gebrochen hatte, an dem Gott aber, wie sich hier zeigt, weiter festgehalten hatte. Dann folgt schließlich die kurze Szene vom Abstieg des Mose mit den neuen Tafeln.

2.10. Das leuchtende Angesicht der Tora

»29 Es war, als Mose vom Berg Sinai herabstieg – und die zwei Tafeln des Zeugnisses in der Hand des Mose –, bei seinem Abstieg vom Berg, da wusste Mose nicht, dass die Haut seines Angesichtes wegen seines Sprechens mit ihm strahlte. 30 Da sahen Aaron und alle Israeliten Mose, und siehe, die Haut seines Angesichtes strahlte. Da fürchteten sie sich, sich ihm zu nähern. 31 Da rief Mose zu ihnen und darauf kehrten Aaron und alle Fürsten in der Gemeinde zu ihm zurück. Da sprach Mose zu ihnen, 32 danach näherten sich alle Israeliten, und er befahl ihnen alles, was der HERR auf dem Berg Sinai mit ihm gesprochen hatte. 33 Da hörte Mose auf mit ihnen zu sprechen, dann legte er eine Decke auf sein Angesicht. 34Wenn Mose aber vor den HERRN kommen wird, um mit ihm zu sprechen, wird er die Decke, bis er herausgehen wird, ablegen. Er wird herausgehen und den Israeliten sagen, was ihm befohlen worden ist. 35Und die Israeliten werden das Angesicht des Mose sehen, wie die Haut des Angesichtes des Mose strahlt. Mose wird die Decke wieder über sein Angesicht legen, bis er kommen wird, um mit ihm zu sprechen« (Ex 34,29–35).

Dieses im Zusammenhang mit dem Abstieg des Mose vom Sinai berichtete Ereignis weist eine gewisse Ähnlichkeit zu dem auf, was zuvor, nach dem Aufstieg des Mose zu Gott, geschehen ist. So wie Gott dem Mose auf dem Berg erscheint nun Mose seinerseits dem Volk in besonderer Weise. Hatte Mose im Gespräch mit Gott darum gebeten, Gottes Herrlichkeit sehen zu dürfen (Ex 33,18), so strahlt die Herrlichkeit Gottes nun von seinem Angesicht zurück, so dass die Israeliten im Strahlen des Angesichts des Mose Gottes Nähe sozusagen »sehen« können. Das – von Mose selbst zuerst nicht bemerkte – Strahlen seiner Gesichtshaut will eben als Widerschein der Gottesbegegnung verstanden werden. Bei der Bundeserneuerung kündigte Gott Folgendes an:

»Siehe ich bin dabei einen Bund zu schließen. Vor deinem ganzen Volk werde ich Wunderwerke tun, wie sie nicht erschaffen worden sind auf der ganzen Erde und unter allen Völkern. Sehen wird das ganze Volk, in dessen Mitte du bist, das Werk des HERRN. Ja, Furcht gebietend ist das, was ich mit dir mache« (Ex 34,10).

Der jüdische Gelehrte Benno Jacob, der die hier erwähnten Wunder mit dem Strahlen von Moses Angesicht in Verbindung bringt, interpretiert: »*Sie* sollen die Herrlichkeit Gottes, und zwar auf *Moses* Angesicht sehen.«[75] Von diesem »Sehen« des Volkes her besteht eine doppelte Einbindung in den Kontext. Zum einen ergibt sich ein deutlicher Bezug zur Geschichte vom Goldenen Kalb, weil der hebräische Ausdruck *qrn* »strahlen« als Substantiv (*qaeraen*) ebenso den »Strahl« wie auch das »Horn« bezeichnet, so dass dem selbstgemachten Götterbild mit Hörnern[76] der lebendige Offenbarungsmittler Mose mit dem Strahlen seiner Gesichtshaut gegenübersteht.[77]

Zum anderen gibt das strahlende Gesicht des Mose das wieder, was zwischen Gott und Mose geschehen ist, d. h. die zu vermittelnde Botschaft. Unter dem Eindruck der sichtbaren Gottesnähe im Offenbarungsmittler verkündet Mose dem Volk dann, was er selbst von Gott aufgetragen bekommen hat. Über den Inhalt der Tafeln aber, die Mose vom Berg mitbringt, erfährt man an der vorliegenden Stelle nichts. Im Zusammenhang mit den Anweisungen zum Heiligtumsbau (Ex 25–31), die Mose bereits vor der Übergabe der ersten Tafeln auf dem Berg erhalten hat, begegnet aber als zentrales Objekt im Heiligtum die »Lade«. Diese wird schon in Ex 25 mit den Tafeln in Verbindung gebracht, die dort – wie auch in Ex 34,19 – als »Zeugnis« bezeichnet werden: »Zur Lade sollst du das Zeugnis

---

75 B. Jacob (1997), 990.
76 Hörner – auch als Hörnerkrone – sind aus dem Alten Orient als Göttersymbole bekannt.
77 Die lateinische Bibelübersetzung des Hieronymus (Vulgata) übersetzt an dieser Stelle »cornuta esset facies sua« statt »facies coronata« und hat damit die Grundlage für das in der Ikonographie weit verbreitete Motiv der »Hörner« des Mose gelegt. Was oft als Übersetzungsfehler gewertet wurde, geht aber auf eine bewusste Entscheidung des Hieronymus zurück (ausführlicher dazu s. u. D. 2.1.2.).

geben, das ich dir geben werde.« (Ex 25,16) Von da an wird die Lade dann auch »Lade des Zeugnisses« genannt und die Tafeln »Tafeln des Zeugnisses«. Nach der vorliegenden Stelle (Ex 34,29) begegnen die Tafeln erst wieder beim Bericht über den Bau des Heiligtums und seiner Geräte (Ex 35–40): »Dann nahm und gab er das Zeugnis zur Lade ...« (Ex 40,20). Wenn bei Moses Rückkehr vom Berg aber davon gesprochen wird, dass er den Israeliten *alles* befiehlt, was Gott ihm auf dem Berg gesagt hatte, dann umfasst das wohl auch jenen Aufbewahrungsort für die Tafeln, die Lade.

Die besondere Bedeutung der Mitteilung, dass Mose den Israeliten befiehlt, was Gott auf dem Berg mit ihm besprochen hat, wird im Text dadurch unterstrichen, dass der nachfolgende Satz hervorhebt, dass Mose zu reden aufhört. Durch ein neues Motiv wird das Ganze dann schließlich verstärkt: Er legt eine Decke über sein Gesicht. Um was es sich bei dieser »Decke« handelt, ist schon deshalb schwer zu sagen, weil das entsprechende hebräische Wort nur in Ex 34,28–35 vorkommt. Gleichwohl ergibt sich aus der Beschreibung dieser Verse, dass es um ein Verhüllen und Enthüllen seines Angesichtes geht. Man hat hier oft an eine Kultmaske gedacht, wie sie aus dem Alten Orient bekannt sind. Doch ist zu beachten, dass diese Kultmasken getragen wurden, um bei der Weitergabe göttlicher Botschaften den menschlichen Verkündiger zu »verstecken«. Demgegenüber bedeckt Mose sein Gesicht nicht während des Sprechens, sondern nur, wenn er *nicht* spricht. Aus der Verbindung zum Abschluss der Rede des Mose lässt sich schon erkennen, dass die Decke des Mose nicht schützen soll – weder die Israeliten vor dem Strahlen noch Mose vor Gott –, sondern das Besondere der Vermittlung zwischen Gott und Israel soll dem Profanen entzogen und so bewahrt werden. Der Aspekt des Bewahrens öffnet eine Perspektive in die Zukunft, wie die nun folgenden beiden Verse des Abschnitts herausstellen. In diesen beiden letzten Versen (Ex 34,34–35) wird nämlich nicht die Erzählung fortgesetzt, wie manche Übersetzung es nahelegt. Die hebräische Syntax signalisiert vielmehr, dass hier eine generelle Aussage für die Zukunft formuliert wird. Das hier zuerst angesprochene Hineingehen und Herausgehen deutet auf das künftige – in Ex 25–31 aber schon angekündigte und in seiner Funktion und Bedeutung beschriebene – Heiligtum hin, wozu auch der für die Zukunft in Verbindung mit diesem Heiligtum stehende Hinweis auf das Sprechen zu und mit Mose zentral gehört. Dort, wo bei den Anweisungen zum Bau des Heiligtums der Sinn des Zeltes angesprochen und es als »Begegnungszelt« gedeutet wird, wird eine unmittelbare Verbindung zwischen der Gottesbegegnung und dem Sprechen durch Mose verdeutlicht:

»Am Eingang des Begegnungszeltes vor JHWH, dort, wo ich euch begegnen werde, um dort mit dir zu sprechen.« (Ex 29,42)

So lässt sich erkennen, dass der Zentralgedanke der Offenbarungsvermittlung, wie ihn Ex 29,42 ausspricht, hier in Ex 34 anhand des Motivs der Decke über dem strahlenden Angesicht des Mose veranschaulicht wird. Mose bedeckt sein Angesicht also nur, wenn er nicht »spricht«. Wenn er mit Gott oder mit dem Volk, dem er Gottes Willen kündet, spricht, nimmt er die Decke weg. Daraus lässt sich schließen, dass dieses strahlende Angesicht des Mose für die Nähe Gottes bei seinem Volk in der von Mose vermittelten Offenbarung steht. Deckt also Mose sein Angesicht nur dann auf, wenn er ent-

weder mit Gott spricht oder mit Israel, dann »erscheint«
Mose schließlich nur noch in der ihm eigenen Funktion
als Mittler der göttlichen Offenbarung. Ja, Mose wird
hier geradezu mit dieser Offenbarung identifiziert. Und
deshalb bleibt die Nähe Gottes auch über den Tod des
Mose für Israel bestehen, insofern nämlich gerade von
der vorliegenden Stelle an, wo »Mose« zum Inbegriff
der von ihm vermittelten Offenbarung, also der »Tora«,
wird.

Es mag nur eine kleine stilistische Besonderheit
sein, die aber das Wesen der Offenbarung noch einmal
prägnant zusammenfasst: Beim letzten Satz ist nämlich nicht klar, wer Subjekt des Kommens und des
Sprechens ist. Bedeckt Mose sein Angesicht, bis *er*
wieder eintritt, um mit Gott zu sprechen, oder bis
zum Kommen *Gottes*, um mit ihm zu sprechen? Diese
Uneindeutigkeit und Offenheit aber kommen an dieser Stelle nicht unvermittelt. Wenige Verse zuvor, nach
der Mitteilung der besonderen Gebote zur Bundeserneuerung, heißt es in Ex 34,28: »... dann schrieb er die
Worte auf die Tafeln, die Worte des Bundes, zehn
Worte.« Vom unmittelbaren Kontext her lässt sich das
Subjekt zu dieser Verbform unterschiedlich ergänzen:
Der Satz kann zum einen als Erfüllung der Ankündigung Gottes gelesen werden, auf die von Mose herge-
stellten Tafeln das zu schreiben, was auf den ersten,
den von Mose zerbrochenen Tafeln, gestanden hat
(vgl. Ex 34,1). Zum anderen aber kann der Satz auch
als Ausführung von Ex 34,27 verstanden werden,
denn dort erhält *Mose* den Befehl, die zuvor von Gott
gesprochenen Worte aufzuschreiben. Vor allem die
Objektnennung (Tafeln) spricht für die erste Möglichkeit, denn das Motiv, dass nur Gott auf die Tafeln
schreibt, wird ohne Ausnahme im Alten Testament
durchgehalten. Vielleicht ist die Offenheit in Ex 34,35

aber als solche gewollt, um die dialogische Struktur des Offenbarungsverständnisses noch einmal herauszustreichen. Durch die Anspielung auf die oben angesprochene offene Formulierung von Ex 34,28 wird aber zugleich die bleibende Funktion des Wortes Gottes herausgestellt: Selbst als von Gott Aufgeschriebenes wird es nur durch Mose weitervermittelt. Was sich im strahlenden Angesicht des Mose abzeichnet und durch das Verhüllen mit der Decke betont wird, ist die bleibende Gegenwart Gottes in seinem Wort, insofern wird Mose hier schon – für die Zukunft – mit der Tora identifiziert, wird er quasi selbst zum »Buch«.

2.11. Ende vor dem Ende?

Es mag verwundern, dass die Erzählung über den Abstieg des Mose vom Berg Sinai, nicht zuletzt auch durch die beschriebene Entfaltung des Motivs der Decke, fast schon wie ein Abschied von Mose gestaltet ist. Und natürlich liegen vor dem Leser der Bibel noch viele große Texte, bis – als Endpunkt des Pentateuchs – tatsächlich vom Tod des Mose berichtet wird. Liest man aber von Ex 34 aus weiter, dann drängt sich geradezu der Gedanke auf, dass mit dem Aufbruch des Volkes vom Sinai (Num 10) – im Anschluss an die Mitteilung zahlreicher Gesetze – das Ende der Geschichte des Exodus und mit ihr das Ende des Mose nahe sein müsste. Die Darstellung vom Tod des Mose selbst, am Ende des Pentateuchs in Dtn 34, weist vor allem in der Form der idealisierten Beschreibung mit irrealen Momenten enge Parallelen zu Ex 34 auf. Beiden Erzählungen ist gemeinsam, dass sie von einem *Abschluss* reden, der aber qualitativ als *Anfang* zu verstehen ist. Aber auch darüber hinaus sind sie eng aufeinander bezogen; denn das völlige Aufgehen der Person in ihrer Aufgabe, das Ex 34 durch das strahlende Angesicht und die Decke zum Ausdruck bringt, stellt die Voraussetzung dafür dar, dass Mose das Verheißene Land sozusagen »nur« in der Form der (geschriebenen) Tora erreichen kann. Da aber Dtn 34 eigentlich nicht das biologische Ende des Menschen Mose zum Inhalt hat, sondern die Erzählung den Bericht von seinem Tod nutzt, um die grundlegende Bedeutung der Tora zu bestimmen[78] – was durch Ex 34 vorbereitet wird –, stellt sich die Frage nach der Darstellung des Mose in der Geschichte vom Sinai bis zur Grenze des Verheißenen Landes. Die beiden Erzählungen von Ex 34 und Dtn 34 stehen wie Brückenpfeiler an den beiden Enden der Erzählung der Wüstenwanderung des Volkes Israel vom Sinai zum Verheißenen Land, und von ihnen wird das Ganze überspannt und zusammengehalten. Und so wundert es nicht, dass der Gedanke an den Tod des Mose sich wie ein roter Faden durch die Erzählungen von Ex 34 bis Dtn 34 zieht. »Im Deuteronomium, schon oft als Testament des Mose bezeichnet, wirkte dann das Thema des Todes so dominant, daß man den Eindruck gewinnt, das Leben des Mose sei lediglich noch ein ›Sein zum Tode‹. Mose nimmt Abschied, und der fällt ihm so schwer, dass er eine mehrstündige Abschiedsrede hält. Der Tod des Mose ist damit geradezu zentrales Thema im Aufriss des Pentateuch, letztlich der Ursprung für die Rede von der Mose Tora und den fünf Büchern Mose. Entsprechend finden sich vielfach Ankündigungen und implizite Verweise auf seinen Tod; nach einer verstehbaren

---

78 Die Erzählung von Dtn 34 wird deshalb im vorliegenden Buch nicht als Abschluss der Darstellung behandelt, sondern als Einstieg in die Betrachtung der Wirkung des Mose, s. u. C. 1.1.

Begründung für sein Verscheiden an der Landesgrenze wird gesucht.«[79]

Es beginnt gleich nach dem Aufbruch vom Sinai mit einer Episode, die nicht nur an die »Murrgeschichten« vom Weg zwischen Ägypten und dem Sinai erinnert[80] (s. o.), sondern auch diesen entsprechende Konfliktgeschichten auf dem zweiten Teil des Weges ins Gelobte Land einleitet. Hatte Mose bei vergleichbaren Problemen vor dem Sinai sich noch an Gott gewandt mit seiner Sorge, die Israeliten könnten ihn umbringen (Ex 17,4), so scheint Mose selbst jetzt nicht weiterleben zu wollen.

Unmittelbar nach dem Aufbruch vom Gottesberg Sinai beklagt sich das Volk, weil es sich nach den »Fleischtöpfen Ägyptens« zurücksehnt und das ewige Manna satt hat.

»Wenn uns doch jemand Fleisch zu essen gäbe! Wir denken an die Fische, die wir in Ägypten umsonst zu essen bekamen, an die Gurken und Melonen, an den Lauch, an die Zwiebeln und an den Knoblauch. Doch jetzt vertrocknet uns die Kehle, nichts bekommen wir zu sehen als immer nur Manna.« (Num 11,4−6)

Gott wird daraufhin zornig und auch Mose leidet darunter[81] und klagt Gott die »Last des ganzen Volkes«, die er, Gott, ihm auferlegt habe. Seine Klageformulierung

---

79 C. FREVEL, Mit Blick auf das Land die Schöpfung erinnern, Freiburg 2000, 248 f.
80 S. o. 2.4. sowie die Gegenüberstellung in Abb. 4.
81 Übersetzungen mit »Mose war verstimmt« oder »Mose war verdrossen« oder »Mose wurde bange« etc. verfehlen den Sinn der Stelle, denn wörtlich heißt es, dass es »böse in den Augen des Mose war«, was so zu verstehen ist, dass Mose das »Unheil«, das sich aus dieser Situation ergibt, erkennt.

»Wozu behandelst du deinen Knecht so schlecht?«
(Num 11,11) erinnert den Bibelleser an einen entsprechenden Ausspruch des Mose in Ägypten, nachdem er
auf Gottes Auftrag hin zum Pharao gegangen war, der
aber das Volk nicht – wie erbeten – fortziehen ließ, sondern noch schlechter behandelte. In diesem Zusammenhang nämlich sagte Mose zu Gott »Wozu behandelst du dieses Volk so schlecht? Wozu denn hast du
mich gesandt?« (Ex 5,22) Die Anspielung auf Ex 5,22
in Num 11,11 deutet den Horizont an, vor dem diese
Stelle zu verstehen ist. Es geht um den Auftrag und die
Stellung des Mose zwischen Gott und Volk, Mose aber
fragt nach dem Sinn (Wozu-Frage!) des Ganzen. Wenn
er nun Gott nachdrücklich daran erinnert, dass Israel
sein Volk, also das Volk Gottes, ist, dann wird deutlich,
dass es Mose letztendlich darum geht, was ihm von
Gott zugemutet wird.

»Bin ich mit diesem ganzen Volk schwanger gewesen und
habe ich es geboren, dass du zu mir sagst: Trage es an deiner
Brust, so wie der Wärter den Säugling trägt, in das Land, das
du seinen Vätern zugeschworen hast? Woher soll ich Fleisch
nehmen, um es diesem ganzen Volke zu geben? Denn sie
weinen vor mir und sagen: Gib uns Fleisch zu essen. Allein
kann ich dieses ganze Volk nicht tragen, denn das ist zu
schwer für mich.« (Num 11,11–14)

Dieser Gedanke, dass Mose die von Gott zugedachte
Rolle gegenüber dem Volk nicht einnehmen will und
kann, lässt den nun folgenden Todeswunsch des Mose
verstehen, denn er enthält nichts von einer depressi-
ven Grundstimmung, sondern ist geradezu aggressiv-
fordernd an Gott gerichtet.

»Willst du mir solches tun,
erwürge, erwürge mich doch,
habe ich Gunst in deinen Augen gefunden!
daß ich nimmer sehen muß mein Übel!«
(Num 11,15 in der Übersetzung von Buber/Rosenzweig)

Solch eine Forderung erweckt gerade nicht den Eindruck eines Niedergeschlagenseins oder einer »Ver-
stimmung«, sondern Mose mutet Gott im wahrsten
Sinn des Wortes etwas zu. Nicht Mose will sein Leben
beenden, sondern Gott soll aktiv werden. Er soll ihn
umbringen! Fast sarkastisch bringt Mose seinen Mord-
aufruf mit dem Gnadengedanken in Verbindung.
Doch die Kondition »wenn ich Gnade in deinen Augen gefunden habe«, unter die Mose seinen Appell an
Gott, ihn umzubringen, stellt, darf nicht als Sterbehilfe
im Sinne eines »Gnadenstoßes« missverstanden werden, sondern sie erinnert den Leser an eine wichtige
vorausgegangene Geschichte, nämlich die große Fürbitte des Mose nach der Sünde mit dem Goldenen
Kalb in Ex 32 (s. o.). In einzigartiger Weise steht dort
die Mittlerposition des Mose, die sich aus seinem Auftrag ergibt, im Mittelpunkt. Da aber in Num 11 durch
die Anspielungen deutlich wird, dass es um den Auftrag und die Stellung des Mose geht, muss auch der
Todeswunsch von hierher verstanden werden. Da
Mose Gottes Auftrag ausführt, erwartet er auch Gottes
Unterstützung bei der Ausübung dieses Auftrags.
Und insofern er den Eindruck bekommt, dass Gott
sich dieser Unterstützung entzieht, fordert er Gott heraus, den Auftrag, den er ihm gegeben hat, in der radi-
kalsten Weise dadurch zu beenden, dass er ihn, den
Beauftragten (Mose), umbringt. Es geht also nicht da-
rum, dass Mose sich durch einen vorzeitigen Tod einer
Aufgabe entziehen will. Vielmehr artikuliert er eine

grundsätzliche Anfrage an Gott. Im Todeswunsch des Mose ist eine Beziehung thematisiert: Gott ist angefragt, wie er zu Israel und Mose steht.

Die Problematik der Beziehung zwischen Israel, JHWH und Mose steigert sich von diesem ersten Konflikt nach dem Aufbruch vom Sinai schnell weiter. Es scheint die Unzufriedenheit der Israeliten zu wachsen, so dass sie sich mehr und mehr direkt und indirekt gegen Gott auflehnen. Den Gipfel erreicht die Auseinandersetzung dann fast mit innerer Notwendigkeit an dem Punkt, an dem das Ziel des Exodus erreicht ist: Das Land der Verheißung liegt vor dem Volk und Gott gibt dem Mose den Befehl Kundschafter auszusenden, die das Land Kanaan, das Gott den Israeliten geben will, erkunden sollen (Ex 13,2). Nach 40 Tagen kommen die Kundschafter zurück mit Früchten des Landes und berichten:

»Wir kamen in das Land, in das du uns geschickt hattest. Es ist ein Land von Milch und Honig fließend. Dies sind seine Früchte. Doch das Volk, das im Land wohnt, ist stark und die Städte sind befestigt und sehr groß. Wir haben auch die Söhne des Anak dort gesehen. Amalek wohnt im Gebiet des Negev, die Hetiter, die Jebusiter und Amoriter wohnen im Gebirge und die Kanaaniter am Meer und am Jordan. Kaleb beruhigte das Volk gegenüber Mose und sagte: Wir können trotzdem hinaufziehen und das Land in Besitz nehmen, wir werden es gewiss bezwingen. Aber die Männer, die mit Kaleb zusammen nach Kanaan hinaufgezogen waren, sagten: Wir können nicht wagen, gegen dieses Volk hinaufzuziehen, denn es ist stärker als wir. Sofort breiteten sie bei den Israeliten falsche Gerüchte über das Land aus, das sie erkundet hatten, und sagten: Das Land, das wir durchwandert haben, um es zu erkunden, verzehrt seine Bewohner, alle Leute, die wir dort gesehen haben, sind groß gewachsen. Wir haben dort sogar Riesen gesehen, Söhne Anaks vom Geschlecht der Riesen. Wir kamen uns dagegen klein wir Heuschrecken vor und sind ihnen wohl auch so vorgekommen.« (Num 13,27–33)

Unweigerlich muss dieser Kundschafterbericht dazu führen, dass die Leute alles infrage stellen und glauben, dass es für sie besser sei, nach Ägypten zurückzukehren (Ex 14,3 f.). Wie zerrissen scheint nun Mose zwischen dem Volk und Gott zu stehen, denn er versucht auf der einen Seite, dem Volk Mut zu machen und es dazu zu bringen, an die Verheißung zu glauben, und auf der anderen Seite, den Zorn Gottes zu beschwichtigen, der nicht mehr bereit ist, das ständige Murren des Volkes hinzunehmen, und daher Sanktionen ankündigt. Auf die Fürbitte des Mose hin ist Gott dann zwar gewillt, dem Volk zu verzeihen und an seiner Verheißung festzuhalten, aber mit einer entscheidenden Einschränkung. Die Generation des Auszugs aus Ägypten, die erleben konnte, was Gott für Israel getan hat, und trotzdem gegen ihn aufbegehrte, wird das Land nicht zu sehen bekommen (Num 14,23). Um das umzusetzen, auferlegt Gott dem Volk, 40 Jahre in der Wüste zu bleiben, bevor es das Verheißene Land erreicht, damit die gesamte Generation des Exodus in der Wüste ausgestorben sein wird. Lediglich Kaleb und Josua, die sich an den falschen Gerüchten über das Verheißene Land nicht beteiligt hatten, werden von dieser Strafe ausgenommen. Da über das Schicksal des Mose an dieser Stelle nichts gesagt wird, lässt sich spekulieren, ob er auf die Seite der zu bestrafenden Israeliten gehört oder auf die Seite von Josua und Kaleb, denen das Schicksal in der Wüste zu sterben erspart bleibt. Genau diese Spekulationen setzen in vielfältigen Andeutungen und Reflexionen ein, so dass sie ein dichtes Netz von Notizen über den Tod des Mose auslösen. Einige Stellen gehen davon aus, dass Mose eben auch zum Volk gehört und – wenn auch selbst unschuldig – das Schicksal aller mitzutragen hat, dass er also nicht ins Verheißene Land kommen kann. Das einzige Zugeständnis, das Gott ihm in diesem Zusammenhang macht, ist, dass er das Verheißene Land »sehen« darf.[82]

Andere Stellen, die vom Gedanken der individuellen Schuld bestimmt sind, postulieren eine eigene Schuld von Mose (und Aaron) im Kontext der Geschichte vom Wasser von Meriba (Num 20). In diesem Horizont dürfen Mose wie auch Aaron, obwohl sie sich im Zusammenhang mit der Auskundschaftung des Landes nichts zuschulden haben kommen lassen, das Verheißene Land nicht erreichen, weil sie es an Glauben mangeln ließen (vgl. Num 20,12.24; 27,14; Dtn 32,51).

Eine letzte Linie von Erklärungen führt ein Stück näher an den Sinn dieser verschiedenen Ansätze heran. Mose betont nämlich in Dtn 31,2, dass er im Alter von 120 Jahren nun nicht mehr mit in dieses Land ziehen kann. Diese Sicht, dass nicht Schuld und Strafe dazu führen, dass Mose außerhalb des Landes stirbt, findet sich auch in der Gottesrede, die die Installation von Josua als Nachfolger des Mose anordnet (Dtn 31,14–16). Wenn unterschiedliche Erklärungen für den Tod des Mose an der Grenze zum Verheißenen Land formuliert werden, die zudem miteinander offensichtlich konkurrieren, dann scheint sich hierin ein Bedürfnis zu artikulieren, das eine Mosebiographie zu einem Ende führen will, obwohl und gerade weil die

---

82 Dieses Konzept findet sich vor allen Dingen im Buch Deuteronomium, vgl. Dtn 1,37; 3,26; 4,21.

»Todeserzählung« in Dtn 34 keine Beschreibung des natürlichen Endes der Gestalt des Mose darstellt. Die in vielen Anläufen von Ankündigungen versuchte Erklärung, warum Mose eben nicht ins Verheißene Land darf, stimmen alle darin überein, dass sie eine »natürliche« Begründung für den Tod des Mose an dieser Stelle und zu dieser Zeit geben wollen. Die Erzählung in Dtn 34 stellt aber etwas völlig anderes dar (s. u. D. 1.1.), nämlich ein quasi abgeschlossenes Tora-Konzept: »An Moses Stelle zieht die von ihm schriftlich niedergelegte Tora mit dem Volk nach den Tagen der Trauer über den Jordan (Jos 3–5). Die Zeit der Gottesoffenbarung ist mit Moses Tod vorbei. Einen Zugang zum Willen Gottes gibt es von nun an nur durch die Auslegung der Tora, für die Mose selbst mit der Auslegung der Sinai-Tora im Buch Deuteronomium an seinem Todestag zum Vorbild wurde. Das mosaische Amt des Offenbarungsmittlers ist auf die schriftliche Tora übergegangen, in diesem Sinne Mose ›auferstanden‹ in die Tora. Das Tor zur Auslegung der Tora aber hat Mose noch selbst geöffnet, als er dem Volk im Moab in der Gestalt des Deuteronomiums die Sinai-Tora auslegte. Die jüdische Schriftgelehrsamkeit, die in rabbinischer Tradition ungebrochen bis heute durch gelehrte Schriftauslegung dem Gotteswillen nachspürt, hat sich im Pentateuch selbst das Fundament geschaffen.«[83]

Dadurch aber, dass die erklärenden Ankündigungen, dass Mose außerhalb des Verheißenen Landes sterben muss, eine Spannung zu der Erzählung aufbauen, die als Abschluss – bzw. Anfang (!) – der Tora in Dtn 34 im Tod des Mose das Ende einer einzigartigen Epoche der Offenbarung Gottes beschreibt, erin-

---

83   E. Otto (2006), 21.

nern sie an den Anfang der Mosegeschichte in Ex 2. Dort diente die »Geburtsgeschichte« auch nicht dazu, die (natürlichen) Umstände der Geburt zu erzählen, sondern vielmehr eine doppelte Zuordnung des Mose, zu Ägypten und Israel als wichtige Grundlage der weitergehenden Erzählung, zu entfalten. Dabei spielte eine große Rolle, dass Mose bei seiner »israelitischen Herkunft« über Vater und Mutter dem Stamm Levi zugeordnet wird. Ausgehend von dieser »Geburt« des Mose nimmt die Erzählung die genealogische Leviten-Linie auf, die schließlich in den Segen der Priester aus dem Stamm Levi führt (s. o. zu Num 6,22–27). Mose ist über diese genealogische Einordnung, obgleich er in der Geschichte des Pentateuchs zahlreiche »Aufgaben und Ämter« wahrnimmt, niemals mit der Levi-Zugehörigkeit entsprechenden Priesterfunktionen dargestellt worden. Die Verbindung der beiden besonderen und herausgehobenen Geschichten von Geburt und Tod des Mose schließen sich am Ende zusammen. Hatten die Priester (Leviten) eine Segensaufgabe, so verwirklicht sich diese nach dem Mose-Segen (Dtn 33) mit dem Tod des Mose durch die Tora, sofern man sich an ihr orientiert und lebt, oder wie bei Josua formuliert, sie Tag und Nacht meditiert (Jos 1,7). Als »genealogischer Nachfolger« des Mose vermittelt die Tora den Schöpfungssegen Gottes weiter in das Leben im Verheißenen Land.

C. WIRKUNG

1. Vom Tod zum Nachleben

1.1. Moses Tod als Ausgangspunkt

Wenn nach der »Darstellung« (B.) einer biblischen Gestalt ihre Wirkung behandelt werden soll, geht es nicht
nur darum zu suchen, wo die betreffenden Texte aufgenommen wurden, noch darum zu fragen, welche
Auswirkungen von der betreffenden Gestalt ausgegangen sind. Beide Aspekte spielen allerdings
eine wichtige Rolle, denn die Beschäftigung mit einer
»biblischen Gestalt«, wie sie im vorliegenden Buch er-
folgt, ist nicht dem Nachzeichnen eines Lebens gewidmet, sondern der Erzählung eines Lebens. Die Be-
handlung der Wirkung nimmt in diesem Fall also die
»Fortführung« des Erzählten, und zwar in den auf
den Pentateuch folgenden Texten in den Blick, ohne
aus den Augen zu verlieren, was die erzählte Person
bewirkt hat. Dies geschieht, weil eine derart betrachtete Wirkung die Tiefenstruktur des Erzählten zutage
fördern kann, so dass Aspekte der Darstellung der
biblischen Gestalt bestätigt und verstärkt werden können oder wenig Beachtetes in seiner Bedeutung kla-
rer hervortritt, weil es aus einem Abstand heraus und
in einem größeren Zusammenhang betrachtet werden
kann. Das, was im Leben von Menschen gilt, dass sich
die Bedeutung einzelner Ereignisse für die Menschen
zumeist erst im Nachhinein, im Rückblick, zu verstehen gibt, gilt noch mehr für die Erzählung über Personen.

Im Bezug auf die biblische Gestalt des Mose ergibt
sich daraus aber die Frage, wo mit der Wirkung anzu-

setzen ist. Beginnt sie dort, wo von Mose außerhalb der Bücher, die mit ihm und seinem Leben unmittelbar in Verbindung stehen, dem Pentateuch, gesprochen wird, oder erst dort, wo Mose außerhalb der biblischen Literatur auftaucht, oder nur dort, wo das Erzählte in Kunst, Literatur, Musik, Film etc. »übersetzt« wird? Denkbar wäre aber auch, die Wirkung dort beginnen zu lassen, wo etwas von dem, was mit der Erzählung der Gestalt verbunden ist, spezielle Wirkungen zeitigt, so z. B. das von Mose übermittelte Gesetz. Die Frage nach dem Übergang von der »Darstellung« (B.) der biblischen Gestalt des Mose zu ihrer »Wirkung« (C.) beantwortet die biblische Erzählung in gewisser Weise dadurch, dass sie den Tod des Mose gerade nicht als Mitteilung über das Ableben des Mose gestaltet, sondern als feinsinnigen Rück- und Vorausblick, der literarisch Abschluss und Fortführung in einem bildet. Die betreffende Erzählung in Dtn 34 stellt die drei dazu wichtigen Aspekte zusammen:

3. In V. 1–4 das Gelobte Land als Abschluss und Ziel des Exodus und damit der Berufung des Mose aus Ex 3.

4. In V. 5–9 die Mitteilung über den Tod des Mose und seine Folgen für das Volk Israel.

5. In V. 10–12 die Bedeutung des Mose durch seine Charakterisierung im »Mose-Epitaph«.

Dtn 34,1–12

»1Und dann stieg Mose aus den Steppen von Moab hinauf zum Berg Nebo, dem Gipfel des Pisga, der Jericho gegenüber liegt. Und dann ließ des HERR ihn das ganze Land sehen: Gileat bis Dan, 2und das ganze Naftali, und das Land Efraim und Manasse und das ganze Land Juda bis zum Mittelmeer 3 und den Negev und den Graben, das Tal Jerichos, der Palmenstadt, bis Zohar. 4 Und der HERR sagte zu ihm: Dies ist das Land, das ich Abraham, Isaak und Jakob folgendermaßen zugeschworen habe: Deinem Samen werde ich es geben. Ich habe es deine Augen sehen lassen, aber dorthin wirst du nicht hinüberziehen.

5 Dann starb Mose, der Knecht des HERRN, im Land Moab auf Geheiß des HERRN. 6 Und dann begrub er ihn im Tal im Land Moab gegenüber Bet Peor; und niemand kennt sein Grab bis zum heutigen Tag. 7 Mose aber war 120 Jahre alt, als er starb. Sein Auge war noch nicht getrübt. Seine Frische war noch nicht geschwunden. 8 Und dann beweinten die Söhne Israels Mose in den Steppen Moabs 30 Tage lang, dann waren die Tage der Trauerklage um Mose beendet. 9 Aber Josua, der Sohn Nuns, war erfüllt vom Geist der Weisheit, denn Mose hatte ihm seine Hände aufgelegt; und so hörten die Söhne Israels auf ihn, und sie taten so, wie der HERR dem Mose befohlen hatte.

10 Aber nicht wieder ist in Israel ein Prophet aufgetreten wie Mose, den der HERR von Angesicht zu Angesicht kannte, 11 in Bezug auf all die Zeichen und Wunder, die der HERR ihn zu tun sandte am Land Ägypten, dem Pharao und all seinen Dienern und seinem ganzen Land; 12 und in Bezug auf alle Machterweise und alle Furcht erregenden und großen Taten, die Mose vor den Augen von ganz Israel getan hatte.«

Schon die ersten Verse dieses Abschnitts weisen darauf hin, dass hier etwas Außergewöhnliches vorliegt, denn das, was Mose gezeigt wird, überschreitet alle menschlichen Möglichkeiten: Mose bekommt das ganze Land westlich des Jordans zu sehen. Dieses Sehen ist übernatürlich, denn es geht teilweise in eine Entfernung, die 200 Kilometer überschreitet und über alle Gebirge hinweggeht. Ist jedoch dieses außergewöhnliche Sehen des Landes vollständig aus antiken Rechtsvorstellungen bei Grundbesitzübertragungen zu erklären, bei denen man den zu verkaufenden Grundbesitz von einem besonderen Punkt aus – unter Zeugen – gemeinsam vom Verkäufer und Käufer anschauen ließ? Solch eine frühe Rechtsvorstellung mag bei der Beschreibung der Schau des Landes durchaus mitgewirkt haben, aber sie erklärt das Besondere des Textes nicht. Denn durch den von Gott selbst erwähnten Schwur an die Väter, Abraham, Isaak und Jakob, deutet sich die Erfüllung der an sie ergangenen Landverheißung zwar an, aber indem Mose das Land sehen darf, bekommt weder er es als Besitz übertragen noch das an diesem Sehen nicht beteiligte Volk Israel. Der Text schlägt einen Erzählbogen vom Anfang der Erzelternerzählung (Gen 12) bis zum Ende der Mose-Geschichte (Dtn 34) und bringt im Motiv des Sehens Mose mit der Größe »Verheißenes Land« in Verbindung. Ausdrücklich wird das Sehen dem Hinüberziehen, das der Inbesitznahme gleichzusetzen ist, entgegengestellt: »Ich habe es deine Augen sehen lassen, aber dorthin wirst du nicht hinüberziehen.« (Dtn 34,4) Doch findet sich kein Hinweis darauf, dass Mose in besonderer Weise dadurch bestraft oder geärgert werden sollte, dass er das Land *nur* sehen konnte, dann aber unmittelbar vor dem Ziel sterben musste. Wenn Mose durch dieses ihm gewährte »übernatürliche Sehen« des gesamten Verheißenen Landes auf dieses Land ausgreift, aber die Erfüllung der Verheißung nicht in eigener Person miterleben kann, dann lässt sich diese Spannung nicht anders erklären als in einer Unterscheidung zwischen der Person des Mose und dem, was von ihr ausgeht. Diese Unterscheidung wird deutlich, wenn man beachtet, dass Mose in den Erzählungen des Pentateuchs vor allem als Mittler der Offenbarung gesehen wird, er dann aber im Buch Deuteronomium, das als seine große Abschiedsrede stilisiert ist, die göttlichen Weisungen für das Leben im Verheißenen Land auszulegen beginnt. Dieser Logik des Pentateuchs folgend enden Auftrag und Werk des Mose an der Grenze zum Verheißenen Land, wobei diese Grenze nicht besser beschrieben werden kann als durch die von Gott gewährte Schau des ganzen Landes.

Die Erzählung vom Tod des Mose im zweiten Abschnitt von Dtn 34 stützt diese Sicht der Abschlusserzählung. Der besondere Charakter des Textes und sein ans Übernatürliche rührender Inhalt zeigen sich vor allem in dem Hinweis, dass er mit 120 Jahren nicht an Altersschwäche starb, sondern ganz im Gegenteil sterben musste, weil Gott es so wollte und so festgesetzt hatte und er mit 120 Jahren das höchstmögliche Alter (vgl. Gen 6,3) erreicht hatte. Findet sich das Sterben auf Geheiß Gottes an einem bestimmten Ort schon zuvor bei Aaron (vgl. Num 20,28), so wird doch das Besondere des Mose zum einen durch die ihm zugesprochene Vitalität herausgestrichen und zum anderen durch die Beschreibung der Geschehnisse nach seinem Tod. Der auf die Todesnachricht folgende V. 6 steht im hebräischen Text im Singular (»er begrub«), so dass man vom Kontext her denken muss, dass Gott selbst es war, der Mose begraben hat. Genau dieses Verständnis des Textes geben einige Darstellungen der bildenden Kunst wieder, wenn sie Gott Mose begrabend abbilden, wie beispielsweise die Miniaturen einiger Handschriften der Weltchronik des Rudolf von Ems (z. B. Zürich, Zentralbibliothek, Ms. Rh. 15, fol. 112 v).[84]

---

84 Nähere Angaben zur Handschrift s. u. bei Abb. 28.

Abb. 5: Weltchronik des Rudolf von Ems (Zürich),
Gott begräbt Mose

Diese Vorstellung muss aber schon sehr früh als anstößig empfunden worden sein, wie die entsprechende
Textänderung in den Plural in einigen Handschriften
und Versionen zeigt, so dass man den Text verstehen
konnte als »sie begruben« bzw. »man begrub«. Damit
mag zwar die Anstößigkeit der Aussage, dass Gott
Mose begraben haben soll, beseitigt sein, doch passt
sie nicht zur nachfolgenden Mitteilung, dass »niemand bis heute sein Grab kenne«. Es bleibt also etwas
Eigenwilliges und Geheimnisvolles in dieser Beschreibung vom Tod des Mose.

Die Notiz, dass niemand sein Grab kenne, verbietet
und verunmöglicht selbstverständlich jede nur denk-
bare Grabestradition. Damit aber liegt die Aussage auf
derselben Ebene wie der im ersten Abschnitt betrachtete Aspekt, dass Mose das Land sehen, aber nicht betreten darf. Auch hier wird die reale Person des Mose
zugunsten des mit ihr in Verbindung Gebrachten aus-
geblendet. Was mit ihr in Verbindung gebracht wird,
zeigt sich in der Fortsetzung der Erzählung.

1.2. Mose – Tora – Josua

Moses Tod ist eben nicht als Ende, sondern vor allen
Dingen als Übergang und Anfang zu verstehen; er
markiert den Beginn einer neuen Epoche, denn mit
dem Nachfolger Josua kommt vor allem die mit seinem Namen verbundene literarische Fortsetzung der
Geschichte im Buch Josua in den Blick. In Jos 1,7 heißt
es dazu

»... achte darauf, nach der ganzen Tora zu handeln, die mein
Knecht Mose dir befohlen hat. Weiche nicht davon ab, weder nach rechts noch nach links, damit es dir gelingt auf all
deinen Wegen. Nicht soll das Buch dieser Tora von deinen
Lippen verschwinden; sinne darüber Tag und Nacht nach,
damit du darauf achtest nach all dem zu handeln, was darin
geschrieben ist.«

Hier – zwischen Mose und Josua – hat eine entscheidende Veränderung stattgefunden, denn Josua hält als
Erster den gesamten Gotteswillen, Gottes Weisung
(Tora), im wahrsten Sinn des Wortes in Händen. Tora-
studium und Gebotsgehorsam werden zum Rezept
seines militärischen und politischen Erfolgs. Der Übergang von der Mündlichkeit zur Schriftlichkeit scheint
stillschweigend zwischen Dtn 34 und Jos 1 vollzogen
zu sein. Von Jos 1 nach Dtn 34 zurückblickend impliziert dies, dass dort in Dtn 34 das abgeschlossen worden sein muss, was Jos 1 voraussetzt: die Verschriftung
des von Mose vormals verkündigten und schon ausge-
legten Gotteswillens. Für den Leser des Deuteronomiums geschieht dieser Übergang allerdings nicht
ganz so stillschweigend, wie es auf den ersten Blick
von Dtn 34 her scheint. Von Anfang an bereitet das
Buch Deuternomium den Gedanken vor, dass Mose
nicht nur Gottes Willen verkündet, sondern ihn auch

schriftlich niederlegt. So stellt Dtn 31 das Faktum, dass Mose spricht und schreibt, unmittelbar nebeneinander:

»Mose trat vor ganz Israel und sprach diese Worte ... und Mose schrieb diese Tora auf«.

Und schließlich hält Dtn 31,24 auch unzweideutig fest, dass Mose diese Tora komplett verschriftet habe.[85]

In diesem Kontext stellt sich nun auch die Frage nach der Funktion von Dtn 34 ganz neu, denn nicht das biologische Ende des Menschen Mose scheint hier im Vordergrund des Interesses zu stehen und auch nicht eine biographische Abschlussnotiz zum Führer der Exodusgruppe, sondern das alles Entscheidende ist hier der Tod des Offenbarungsmittlers, weil sein Tod allein äußeres Ende und inneren Abschluss der durch ihn vermittelten Offenbarung bildet. Dtn 34 gibt vor diesem Horizont zu verstehen, dass eine schon anerkannte Tora, wie sie das Deuteronomium im Kern darstellt, als Gründungsurkunde hervorgehoben und vor allen Dingen vom Nachfolgenden abgesetzt werden soll, weil die Geschichtsschreibung der Bücher Josua bis 2 Könige in ganz entscheidendem Maße auf sie in ihrer Wertung und in ihrem Urteil zurückgreift. Der durch den Tod des Mose in Dtn 34 gesetzte Schnitt in einen vormals zusammengehörigen literarischen Kontext stellt einen qualitativen theologischen Schnitt und nicht einen thematischen dar.

Auf der literarischen Ebene erweist sich folglich, dass durch Dtn 34 der Pentateuch entsteht: Der Tod des Mose ist die Geburt des Pentateuchs. Jedoch ist die Todesmitteilung in Dtn 34 nicht verfasst worden,

---

85   Zu den Einzelheiten dieser Stellen und der Bedeutung der Verschriftung der Tora s. o. B. 2. 8.

um den Pentateuch zu bilden, vielmehr ergibt sich dies als Konsequenz aus dem Gedanken, dass die Fortschreibung der Tora als durch Mose verkündeten und schriftlich fixierten Gotteswillens zu einem Ende kommen muss, weil diese Tora bereits zum theologischen Fixpunkt geworden ist. Die im Deuteronomium zum Ausdruck gebrachte Leitidee, dass die Gesetze Gottes Geltung für das Leben im Verheißenen Land besitzen, also von der narrativen Ebene des Textes her in die Zukunft projiziert sind, bedingt nicht nur deren Verschriftung, sondern auch deren Ausgrenzung aus dem Prozess einer kontinuierlichen Fortschreibung, damit diese Tora für die betreffenden Generationen der im Land Lebenden Grundlage ihres Lebens sein kann. Diesen Blick bestätigt schließlich der literarisch deutlich abgesetzte Text des sog. Mose-Epitaphs in Dtn 34,10–12. Was sich in den ersten beiden Abschnitten von Dtn 34 gezeigt hat, wird im abschließenden dritten Teil, der wie eine Grabesinschrift oder ein Nachruf einen zusammenfassenden Überblick über Vergangenes und Künftiges liefert, noch einmal in besonderer Weise herausgestrichen. Dieser letzte Teil hat mit der Erzählung vom Tod des Mose auch nur noch so viel zu tun, dass das beendete und abgeschlossene Leben des Mose vorausgesetzt wird. Auch im literarischen Sinn wird mit den Versen 10–12 die Erzählung verlassen, um für das Nachfolgende festzuhalten, was dieser Mose für Israel bedeutet hat. Das im Rahmen des kleinen Abschnitts markant gesetzte Stichwort »Israel« in

V. 10 »Aber nicht wieder ist *in Israel* ein Prophet aufgetreten wie Mose«
und

V. 12 »Die Mose vor den Augen von *ganz Israel* getan hat«

lenkt den Blick der Leser – so wie diese zuvor mit Mose das Land »schauen« konnten – in eine neue Richtung, nämlich von Mose auf Israel, das Volk, das ansteht, das Land der Verheißung zu betreten. Im Zentrum des Mose-Epitaphs steht Mose als Prophet. Damit wird an Dtn 18 angeschlossen, insofern dort für die Zukunft ein Prophet wie Mose angekündigt wird (vgl. Dtn 18,15.18). Gleichwohl ist mit der Anknüpfung verbunden, dass Dtn 34,10 die auf Mose folgenden Propheten als mit ihm unvergleichbar charakterisiert und deshalb einen Propheten »wie Mose« unter ihnen ausschließt. Der Widerspruch besteht aber nur scheinbar, denn Dtn 34 hält fest, dass Mose Prophet ist und dass auf Mose weitere Propheten folgen, die wie er Israel den Willen JHWHs künden. Unvergleichlich ist jedoch die Unmittelbarkeit im Verhältnis zwischen Mose und Gott, die die Vorrangstellung der von ihm vermittelten Tora begründet. Dieser Vorrang der Tora hat sich schließlich auch in der Komposition der Bibel niedergeschlagen, insofern auf die Bücher der Tora die Bücher der Prophetie folgen. Im Verständnis der Hebräischen Bibel gelten die christlich als Geschichtsüberlieferung eingeordneten Bücher Josua, Richter, 1/2Samuel und 1/2Könige als erster Teil der Schriftensammlung »Propheten (Nebi'im)«. Das Mose-Epitaph steht also an der Schnittstelle zwischen Tora und Prophetie und betont einerseits den Vorrang der Tora vor den nachfolgenden »Propheten«, bindet andererseits aber Tora und Propheten insofern zusammen, als Mose, und mit ihm die Tora, ein Mehr gegenüber der Prophetie darstellt.

An herausgehobenen Stellen der Moseüberlieferung im Pentateuch wird das, was Dtn 34,10 als Unvergleichbarkeitsaussage formuliert, vorbereitet und entfaltet. (s. o. B. 2. 9.)

Die variationsreich formulierte Unmittelbarkeit zwischen Gott und Mose, die Dtn 34,10–12 als allem Prophetischen enthoben charakterisiert, erweist sich im Kontext von Dtn 34 jedoch als Aussage allein über die von Mose übermittelte Offenbarung und nicht über die Person des Mose.

2. Weitergabe und Aufnahme

Damit stehen wir, die Leser der Bibel, exakt am Übergang von der Darstellung der biblischen Gestalt des Mose zu seiner Wirkung. Der innerbiblisch gestaltete Übergang stellt nun aber auch schon die Weichen für die gesamte Wirkungsgeschichte des Mose. Im Vordergrund bleiben der Offenbarungsmittler und die mit ihm geradezu identifizierte Offenbarung, die Tora. Sodann ist diese Offenbarung aber nicht ort- und zeitlos, vielmehr wird sie *expressis verbis* auf das Volk Israel und sein Leben in dem ihm von Gott verheißenen Land bezogen. Dieser Bezug hält für die Wirkung der Gestalt des Mose fest, dass die mit ihm verbundene Offenbarung in das Exodusereignis – Befreiung aus Ägypten und Führung zum Gelobten Land – eingebettet ist, so wie es das Mose-Epitaph unterstreicht, wenn es die Unvergleichlichkeit des Propheten Mose am Exodusereignis festmacht – den Zeichen und Wundern, »die JHWH ihn sandte zu tun am Land Ägypten, dem Pharao und all seinen Dienern und seinem ganzen Land« (Dtn 34,11). Die auf diesem Fundament aufruhende »Wirkung der biblischen Gestalt des Mose« ist schier unüberschaubar und würde, versuchte man sie auch nur in knappen Beschreibungen zu sammeln, schnell mehrere eigene Bücher füllen. Das würde jedoch den Rahmen des vorliegenden Buches weit überschreiten. Ein genauer Blick auf die Vielfalt und Fülle des von Mose Ausgehenden und ihn Aufnehmenden zeigt, dass nicht nur die Inhalte variieren – Mose, der Held seines Volkes, der biblische Autor, der Prophet, der Gesetzeslehrer etc. –, sondern die divergierende Inanspruchnahme des Mose ganz unterschiedliche »Mose-Bilder« entstehen lässt. Die bis heute nicht selten gestellten und anscheinend nicht beantworteten Fragen nach der Person und der Biographie des Mose sind letztendlich nicht die biblischen Fragen, denn die biblische Gestalt des Mose »erscheint« in dem Text, der Gottes Offenbarung, die Mose in Empfang zu nehmen und weiterzugeben berufen war, bezeugt.[86]

Exemplarisch und schlaglichtartig soll deshalb im Folgenden versucht werden, die »Wirkung« zu beleuchten, damit deutlich wird, dass in ganz verschiedenen Aufnahmen und Umsetzungen das in der biblischen Erzählung Angelegte und in die biblische Gestalt Hineingelegte auf je eigene Weise zutage treten kann. Dabei wird aber nicht selten zu erkennen sein, dass mancher Aspekt erst durch die Rezeption in seiner tieferen Bedeutung wahrgenommen und verstanden wird. Die Darstellung nimmt aus verschiedenen Bereichen – bildende Kunst, Literatur, Musik, Film etc. – einzelne Beispiele auf, um so ein Bild zusammenzusetzen. Wenn der bildenden Kunst dabei der breiteste Raum eingeräumt wird, dann nicht allein wegen der Anschaulichkeit, sondern vor allen Dingen, weil in der Kunst die größte Vielfalt und die meisten Beispiele vorliegen, die zudem durch alle Jahrhunderte gehen. Die kunstgeschichtliche Betrachtung strebt selbst aber auch im vorliegenden Kontext weder

---

86   Vgl. B. Britt (2004), 165 ff.

Vollständigkeit noch eine spezielle kunstgeschichtliche Systematik an, aufgrund ihres Reichtums an Aussageformen und Inhalten vermag sie in gewisser Weise aber als Referenzrahmen für die anderen Beispiele zu dienen.

2.1. Die Offenbarung im Mose-Bild[87]

2.1.1. Die Tafeln

In der biblischen Erzählung begegnen die Tafeln, die Gott mit seiner Weisung beschreibt und Mose übergibt, vor allem als »Gesetzestafeln« mit den Zehn Geboten, aber auch als »Tafeln des Bundes«. Nach dem Bundesschluss am Sinai (Ex 24) lässt Gott Mose auf den Berg kommen, um ihm als Bestätigungszeichen Tafeln mit seiner Weisung zu übergeben. Als Mose später mit diesen Tafeln, die Gott selbst beschrieben hatte, vom Berg herabkommt, zerbricht er die Tafeln, als er das Volk beim Tanz um das Goldene Kalb sieht (Ex 32), und gibt damit zu verstehen, dass das Volk den Bund Gottes gebrochen habe. Nachdem Mose um Vergebung für das Volk gebeten hat, fordert Gott ihn auf, Tafeln wie die ersten zurechtzuhauen und mit diesen auf den Berg zu kommen, weil Gott noch einmal dieselben Worte auf diese Tafeln schreiben will, die auf den ersten Tafeln gestanden haben. Nach der Bundeserneuerung erhält Mose schließlich von Gott die zweiten Tafeln (Ex 34). Die zwei Tafeln, die Gott selbst mit den Worten der Zehn Gebote beschrieben hat, werden zum »Zeugnis« des Bundes Gottes mit Israel und als solches legt Mose sie später in die Bundeslade (Ex 40). Als Mose an der Grenze zum Gelobten

---

87 Dieser Abschnitt wurde von Christoph Dohmen und Ines Baumgarth-Dohmen gemeinsam verfasst.

Land, im Land Moab, der nach der 40 Jahre dauernden Wüstenwanderung neuen Generation den Bund verkündet und ihnen die Gebote Gottes vorlegt, erinnert er daran, dass es ebendiese Zehn Gebote waren, die Gott am Sinai, als er dem Volk erschienen war, als Inbegriff seines Willens auf zwei steinerne Tafeln geschrieben und diese Mose übergeben hatte (Dtn 5). Diese Tafeln bekunden somit, dass im Herzen des Bundes zwischen Gott und Israel die Offenbarung Gottes im Wort steht.

Ein Jahr nach Ende des Ersten Weltkriegs schuf Ernst Barlach eine lebensgroße Mosestatue, die sich heute im Ernst Barlach Haus in Hamburg befindet.[88] Im März 1919 hatte Ernst Barlach in einem Brief an Julius Cohen geschrieben: »... auch fühle ich mich gezwungen, eine Mosesstatue zu arbeiten, weil ich glaube, wir brauchten so etwas wie einen wirklichen, der sein ›Du sollst‹ dem ganzen Volk wie zehn Faustschläge auf den Kopf schmettert. Das heißt – die Figur hatte ich schon lange, nur daß ich zur Zeit Lust drauf bekam, sie zu arbeiten.«[89] Barlach schlug sie samt Basis aus einem einzigen Eichenholzblock.

Mose steht, gekleidet in ein langes Gewand, hoch aufgerichtet, den Blick geradeaus gewandt, und hält, die Arme eng am Leib, mit beiden Händen die Gesetzestafeln vor der Brust. Die nach vorn abgeschrägte, abschüssige Basis, auf der seine nackten Füße stehen, ist als Kürzel für den Berg Sinai zu verstehen, auf dem er

---

88   Vgl. S. GIESEN (Hrsg.), Der Bildhauer Ernst Barlach. Skulpturen und Plastiken im Ernst Barlach Haus – Stiftung Hermann F. Reemtsma, Hamburg 2007, 127 ff., Kat. Nr. 74.

89   ERNST BARLACH. Die Briefe Bd. 1, 1888–1924 (hrsg. von F. Dross), München 1968, 537.

Abb. 6: Ernst Barlach, Mose

von Gott die Tafeln des Bundes erhielt und den er
dann mit ihnen in den Händen hinabstieg, um sie dem
Volk zu bringen. Die Tafeln sind, einer auf das Mittelalter zurückgehenden Tradition folgend, als aufgeklapptes Diptychon aus zwei rechteckigen, oben
abgerundeten Tafeln gestaltet und so groß, dass sie
Mose von der Hüfte bis zu den Schultern reichen. Wie
schwer sie ihm sind, verdeutlichen die hochgezoge-
nen Schultern und die Neigung der Figur nach hinten. Sie liegen so eng auf dem Leib auf, dass er eins mit

ihnen geworden zu sein scheint, ein Eindruck, der dadurch verstärkt wird, dass die Rundung der Schultern genau die Bogenform der Tafeln wiederholt. Betrachtet man das Standbild von vorne, wirkt es fast so, als seien die Tafeln, über die Mose hinwegblickt, ein Teil von ihm, als seien sie seine Brust und seine Schultern. Zugleich erinnert die Gestalt an ein Pult, auf dem die Tafeln wie ein Buch ruhen, so dass Mose buchstäblich Träger der Offenbarung Gottes wird.

In einer Kohlezeichnung von 1918 beschäftigte sich Barlach mit demselben Bildthema.[90] Sie zeigt einen Mose, der unter dem Gewicht der Gesetzestafeln beinahe zu schwanken scheint. Er hält sich die riesigen Tafeln mit beiden Händen schräg vor den Leib und neigt den Oberkörper stark zur anderen Seite, um ihr Gewicht auszugleichen, im Gesicht zeichnet sich Anstrengung ab. Anders als bei der Holzskulptur scheint

Abb. 7: Ernst Barlach, Mose, Kohlezeichnung

---

90 Ernst Barlach. Werkkatalog der Zeichnungen (bearb. von F. SCHULT), Hamburg 1971, 158, Kat. Nr. 1255.

sich Mose von den Tafeln fast abzuwenden, deren Größe die Last des mit ihnen verbundenen Auftrags verkörpert.

Indem Barlach Mose mit den Gesetzestafeln in den Händen darstellt, folgt er einer jahrhundertelangen ikonographischen Tradition, denn die steinernen Tafeln, auf die Gott selbst die »Zehn Worte« geschrieben hatte (Ex 24,12; Dtn 4,13; Dtn 10,4), waren seit frühchristlicher Zeit das wichtigste Attribut des Mose. Sie kennzeichnen seine Gestalt vor allem dann, wenn es sich um Einzelfiguren handelt, die aus szenischen Zusammenhängen herausgelöst sind.

In den Bildprogrammen der gotischen Kathedralportale, in denen Ereignisse und Gestalten des Alten und des Neuen Testaments typologisch zueinander in Beziehung gesetzt werden, finden sich häufig Darstellungen des Mose. Er ist in der Regel mit anderen bedeutenden Gestalten des Alten Testaments zusammengestellt und durch die Gesetzestafeln gekennzeichnet. Das gilt bereits für den noch der Spätromanik angehörenden Skulpturenschmuck des Narthex der Kathedrale von Santiago de Compostela (Galicien, Spanien), des sog. Pórtico de la Gloria (beendet 1188), wo im linken Gewände des Hauptportals Mose eine Gruppe mit den Propheten Jeremias, Daniel und Jesaja bildet, der im rechten Gewände Apostelfiguren gegenübergestellt sind. Mose hält sich mit der verhüllten rechten Hand zwei rechteckige Tafeln vor die Brust, während er sich mit der linken auf seinen Stab stützt; sein Pendant ist Petrus. Den Eingang zur Kathedrale flankierend, stehen sie für den Alten Bund, den Gott durch Mose mit seinem Volk schloss, und den Neuen Bund, verkörpert durch Petrus, den Felsen, auf den Christus seine Kirche baut.

An der Westfassade der Kathedrale von Amiens (Picardie, Frankreich) ist Mose in die Bildwelt des Marienportals (um 1230) einbezogen.[91] Das Tympanon ist in drei Register unterteilt, von denen die beiden oberen Darstellungen der Entschlafung Marias und der Marienkrönung enthalten. Die Mitte des unteren Bildstreifens nimmt eine Architektur ein, die den Jerusalemer Tempels abbildet und in deren Innerem sichtbar die Bundeslade steht.

Wie ein Baldachin überfängt diese Architektur das Haupt der Marienfigur am Trumeaupfeiler und lässt die damals geläufige Symbolik augenfällig werden, die Maria sowohl als Bundeslade (*arca domini*), weil sie Christus, das Wort Gottes, in sich getragen hat, als auch als Tempel des Herrn (*templum domini*), weil ihr Leib Christi Wohnstatt war, verstand. Je drei bärtige Gestalten des Alten Testaments sitzen zu beiden

Abb. 8: Kathedrale von Amiens, Marienportal (Ausschnitt)

---

91 Vgl. S. Murray, Notre-Dame, Cathedral of Amiens. The Power of Change in Gothic, Cambridge 1996, 106 ff.; W. Medding, Die Westportale der Kathedrale von Amiens und ihre Meister, Augsburg 1930, 31 f.

Seiten des Tempelbaus. Dieser steht genau zwischen Mose, der die Gesetzestafeln in den Händen hält, und Aaron, der den blühenden Stab trägt, der auf seine Erwählung als Priester hinweist (Num 16). Sie werden von je zwei Propheten flankiert. Während Aaron zudem durch das Pektorale und die Kopfbedeckung mit goldenem Stirnblatt als Hoherpriester gekennzeichnet ist, fallen bei Mose neben den Tafeln die beiden Hörner auf, die ihm aus der Stirn wachsen (s. u.). Da die Gesetzestafeln ebenso wie die Hörner ausschließlich Attribute des Mose waren – keine andere biblische Gestalt wurde mit den Gesetzestafeln oder gehörnt dargestellt –, hätte jedes von ihnen allein genügt, Mose zu kennzeichnen. Doch wird auch bei Darstellungen des gehörnten Mose, die sich seit dem 12. Jh. in der abendländischen Kunst finden, nur selten auf die Darstellung der Gesetzestafeln verzichtet, wie die eindrucksvolle Figur im Gewände des Südportals, des sog. »Portail peint«, in der Kathedrale von Lausanne (Kanton Waadt, Schweiz) zeigt, das in das 14. Jh. datiert wird. Mose hält vor der Brust die Gesetzestafeln, ein großes geöffnetes Diptychon, und aus dem dichten Haupthaar ragen auffällig zwei dicke geriffelte Hörner.

In der zweibändigen großformatigen Admonter Bibel (Wien, Österreichische Nationalbibliothek, N. S. Cod. 2701–2702), die noch vor Mitte des 12. Jh.s wohl in Salzburg geschaffen wurde und später in das Kloster Admont in der Steiermark gelangte, sind dem Buch Deuteronomium zwei farbenprächtige Bilder vorangestellt.[92] Das erste Bild zeigt Mose auf dem Berg Sinai

---

92 Vgl. W. Cahn (1982), 154 ff., Abb. 120, 121; 258, Kat. Nr. 26; R. Mellinkoff (1970), 62.

Abb. 9: Kathedrale von Lausanne, Südportal, Mose

(N. S. Cod. 2701, fol. 68 v). Ein schmales, das Bildfeld schräg teilendes Wolkenband trennt die sichtbare Welt des Irdischen unten von dem Raum der Gottesbegegnung oben. Mose ragt fast mit seinem ganzen Körper in den oberen Bildraum hinein, nur seine Füße, die er auf den felsigen Boden gesetzt hat, bleiben unterhalb der Wolken. Anders als bei den meisten Darstellungen der Übergabe der Gesetzestafeln wird hier nicht gezeigt, wie Gott Mose die Tafeln übergibt (Ex 31,18). Vielmehr hält Mose die Tafeln Gott-Christus entgegen, dessen Gestalt in einem das Himmelsgewölbe bezeichnenden Sphärensegment in der linken oberen Bildecke sichtbar ist und der sie mit einem Griffel beschreibt.

Abb. 10: Admonter Bibel, Mose auf dem Sinai

Die Miniatur stellt offensichtlich Mose mit dem zweiten Paar Tafeln dar, das er auf Gottes Geheiß hin anfertigt und auf den Sinai trägt:

»Hau dir zwei Tafeln zurecht wie die ersten! Ich werde darauf die Worte schreiben, die auf den ersten standen, die du zerschmetterst hast. Steig am Morgen auf den Sinai, und dort auf dem Gipfel des Berges stell dich vor mich hin.« (Ex 34,1–2)

Die Darstellung des schreibenden Gottes verweist darauf, dass die besondere Bedeutung der Zehn Gebote innerhalb der Offenbarungen Gottes darin liegt, dass nur sie von ihm selbst geschriebenes Wort sind. Der Buchmaler verdeutlicht durch eine Staffelung der Bildräume die Besonderheit der Gottesbegegnung des Mose und seiner Mittlerposition. So steht Mose zwar in und sogar über der Wolke, die den Raum der Gegenwart Gottes abgrenzt, doch vermag er ihn keineswegs zu sehen, denn anders als der Betrachter kann er nicht in den Sphärenkreis hineinblicken und wendet zum Zeichen seiner Gottesfurcht sogar das Gesicht ab. Die Miniatur auf der folgenden Seite (N. S. Cod. 2701, fol. 69r) zeigt Mose, wie er, nun mit Hörnern versehen, die beschriebenen Tafeln in der Hand, zu den am Fuß des Berges wartenden Israeliten hinabsteigt, um ihnen das Wort Gottes, zu übermitteln (Ex 34,29).

Wie sehr die Gesetzestafeln als Inbegriff des geoffenbarten Wortes Gottes verstanden wurden, veranschaulicht ein im späten 10. Jh. in Trier gearbeitetes Elfenbeindiptychon (Berlin, Staatliche Museen zu Berlin, Preußischer Kulturbesitz). Die schmalen hochrechteckigen Flügel sind mit Reliefs versehen, die die Gesetzes-

Abb. 11: Elfenbeindiptychon, Gesetzesübergabe und Erscheinung des Auferstandenen vor Thomas

übergabe auf dem Sinai und die Erscheinung des auferstandenen Christus vor Thomas darstellen.[93]

Mose, ein alter bärtiger Mann mit langen Haaren, die
ihm über die Schultern fallen, steht auf einem Felsen,
dem Berg Sinai, und reckt sich empor, um mit beiden
Händen aus Gottes Hand zwei Tafeln entgegenzunehmen. Auf der vorderen Tafel, die die hintere fast verdeckt, ist der Name MOISES eingraviert, auf der hinteren sind nur die Buchstaben F und A zu erkennen,
die wohl zu FAMVLVS ergänzt werden müssen, denn
als solcher, als »Knecht« oder »Diener« des Herrn,
wird Mose mehrfach im Buch Josua, beispielsweise in
1,13–15 und 8,31, bezeichnet, oder auch in Neh 1,8
und 2Chr 1,3. Ein Kreuznimbus hinterfängt die Hand
Gottes, die, von oben herabkommend, Mose die mit
seinem Namen versehenen Tafeln, nahezu wie einen
an ihn gerichteten Brief, überreicht. Die Szene wird
von einer Rahmenarchitektur eingefasst, die mit den
beiden gedrehten Säulen und dem antikisierenden
Giebel auf den salomonischen Tempel verweist. Mose,
die Gesetzestafeln und der Tempel stehen für den
Alten Bund, dem auf dem anderen Flügel des Diptychons mit der Darstellung der Erscheinung des auferstandenen Christus vor dem ungläubigen Thomas der
Neue Bund gegenübergestellt wird. Christus steht er-
höht auf einem Podest, das sich bei näherer Betrachtung als kleiner Zentralbau erweist, mit dem vermutlich die Anastasis-Rotunde in Jerusalem, die über dem
leeren Grab errichtet worden war, zitiert wird; schon
für das 7. Jh. sind schematische Zeichnungen der Ro-
tunde der Grabeskirche überliefert, seit dem 9. Jh.
wurden »Nachbauten« errichtet, als deren älteste die

---

93   Vgl. W. Kemp (1994), 217 ff.; F. Schneider (1888), 15–26.

Michaelskirche in Fulda gilt.[94] Thomas muss sich emporrecken, um seine Finger in die Seitenwunde legen zu können. Christus hat den rechten Arm erhoben und die Hand über den Kopf gelegt, so dass sie genau vor dem Kreuznimbus liegt, der sein Haupt umgibt. Es ist dieselbe Hand Gott-Christi, die auf dem anderen Relief Mose die Tafeln übergibt. Die Szene ist in eine bogenförmige, von einem rechteckigen Rahmen umgebene Nische gestellt. In die Zwickel ist eine Inschrift gefügt, bei der es sich um eine komprimierte Fassung von Joh 20,27 handelt:

»Streck deinen Finger aus – hier sind meine Hände! Streck deine Hand aus und leg sie in meine Seite, und sei nicht ungläubig, sondern gläubig!«

Der Zusammenstellung der Gesetzesübergabe auf dem Sinai mit der Erscheinung des auferstandenen Christus könnte der Gedankengang des Paulus aus dem 2. Brief an die Korinther zugrunde liegen, weil Paulus dort schreibt, dass die Christen »Diener des Neuen Bundes« seien, »nicht des Buchstabens, sondern des Geistes.« Sie seien ein Brief Christi, geschrieben »mit dem Geist des lebendigen Gottes, nicht auf Tafeln aus Stein, sondern – wie auf Tafeln – in Herzen von Fleisch« (3,3). Das Diptychon verbindet durch die Szenen auf den beiden Flügeln die Offenbarung des Wortes Gottes an Mose, das in den Gesetzestafeln Gestalt annimmt, mit der Offenbarung des Wortes Gottes in der Gestalt Jesu Christi. Verbindendes Element beider Motive ist das Sichtbarwerden der Offenbarung und Nähe Gottes: Einerseits in den Tafeln, die Mose

---

94 Vgl. M. UNTERMANN, Der Zentralbau im Mittelalter. Form – Funktion – Verbreitung, Darmstadt 1989, 52 ff.

als Bestätigung und bleibendes Unterpfand der Offenbarung am Sinai gegeben werden, und andererseits in der Berührung des Auferstandenen durch Thomas. Beide Darstellungen des Diptychons geben sich somit als Ausdruck der Einheit des einen Offenbarungsgeschehens Gottes zu verstehen.

In der Bildwelt des Mittelalters konnten die Gesetzestafeln schließlich weit mehr bedeuten als die konkreten Tafeln des Bundes, die Mose auf dem Sinai erhalten hat, indem sie zu einem Symbol des Pentateuchs sowie des gesamten Alten Testaments wurden.[95] So hält die Mose-Figur an dem um 1225 vollendeten Dreikönigsschrein in Köln ein aufgeklapptes Diptychon in der verhüllten rechten Hand, in dem nun aber nicht die Zehn Gebote, sondern die Anfangsworte aus dem Buch Genesis zu lesen sind, die Mose als Autor bzw. Überbringer des Pentateuchs ausweisen: »In principio creavit Deus coelum et terram.«[96] Die Inschrift in dem ihn überfangenden Kleeblattbogen bezeichnet ihn als »Moyses Profeta«, denn das gesamte Alte Testament und somit auch der Pentateuch galten der christlichen Exegese als Prophetie.

Der erste Band der fünfbändigen deutschsprachigen Bibel, die in den Jahren 1441 bis 1449 in der Werkstatt des Diebold Lauber in Hagenau angefertigt wurde, enthält gleich mehrere Darstellungen, die Mose als Autor des Pentateuchs auffassen (Heidelberg, Universitätsbibliothek, Cod. Pal. Germ. 19). Jedem der fünf Bücher Mose, die zusammen mit den Büchern Josua und Richter den ersten Band bilden, ist

---

95 Vgl. R. Mellinkoff (1974), 42.
96 Vgl. R. Lauer, Der Schrein der Heiligen Drei Könige, Köln 2006, 29, Abb. 25, und 61, Abb. 68.

ein Autorenbild vorangestellt, das Mose an einem Schreibpult sitzend zeigt, auf dem ein großes aufgeschlagenes Buch liegt. Nur auf den ersten Blick wirken die fünf Bilder einförmig, doch zeigen sich bei genauerer Betrachtung deutliche Unterschiede: Die Miniatur zum Buch Genesis zeigt, wie Mose mit Gott spricht, der als kleine Halbfigur, die aus einer Wolke hervorkommt, dargestellt ist, während die Bilder zu den Büchern Exodus und Numeri ihn wiedergeben, wie er, die Hände wie zum Gebet erhoben, Gottes Weisungen erhält. Die das Buch Levitikus einleitende Miniatur dagegen zeigt ihn schreibend, eine Feder in der Hand und eine Scherenbrille auf der Nase, und das dem Buch Deuteronomium zugeordnete Bild schließlich bildet ihn als Lehrenden ab, der die Weisungen Gottes übermittelt. Der Buchmaler hat offenkundig versucht, verschiedene Aspekte des Mose als Offenbarungsmittler zu visualisieren: den Empfang der Offenbarung, ihre Niederschrift und ihre Verkündigung.[97]

Für das Judentum liegt in Mose der Ursprung aller Prophetie (s. o. A. 2.), die von ihm übermittelte Tora ist Ausgangspunkt der gesamten jüdischen Traditionsbildung. Insofern das von Gott auf die Tafeln *geschriebene* und Mose *gegebene* Wort am Anfang steht, bilden Schrift und Tradition eine untrennbare Einheit für das Judentum, so dass die Übergabe der Tafeln an Mose zuallererst als Begründung der gesamten Überlieferung gesehen wird. In dem um 1300 entstandenen Regensburger Pentateuch (Jerusalem, Israel Museum,

---

97 Abbildungen und weitere Informationen zur Handschrift hat die Heidelberger Universitätsbibliothek veröffentlicht unter: http://www.ub.uni-heidelberg.de/helios/fachinfo/www/kunst/digi/welcome.html.

Abb. 12: Regensburger Pentateuch, Weitergabe des Gesetzes

Ms. 180/52, fol. 154 v), einer der ältesten illustrierten hebräischen Handschriften, befindet sich eine ganzseitige Darstellung der Gesetzesübergabe, die sich aus dem Bibeltext allein nicht erklären lässt, weil dort nirgends von der direkten Weitergabe der Gesetzestafeln die Rede ist.[98]

Die Miniatur zeigt, wie der auf dem Gipfel des Sinai stehende Mose die Tafeln, die Gott ihm aus dem Himmel reicht, an einen unter ihm, am Berghang stehen-

98 Vgl. B. NARKISS (1969), 98, Taf. 29; U. SCHUBERT / K. SCHUBERT, Jüdische Buchkunst, Bd. 1, Graz 1983, 89 ff.; K. SCHUBERT, Jüdische Geschichte, München 2002, 59.

den Mann, in dem vermutlich Josua zu sehen ist, weitergibt, der sie wiederum an weiter unten, am Fuß des Berges, stehende Männer weiterreicht. Auf diese Weise wird die Kontinuität der mit Mose beginnenden Überlieferung anschaulich dargestellt. Interessanterweise werden die Tafeln, auf denen deutlich der hebräische Text(anfang) aller Zehn Gebote zu lesen ist, in der oberen Bildhälfte als zwei getrennte Tafeln aufgefasst, von denen Mose diejenige mit den ersten fünf Geboten gerade aus der Hand Gottes empfängt, während diejenige mit den Geboten 6–10 bereits von dem Mann unter ihm einem dritten Mann heruntergereicht wird, der nun beide Tafeln, zusammengefügt zu einem Diptychon, einem vierten weitergibt. Hinter diesem stehen fünf Männer, von denen der erste die Hände bereits geöffnet hat, um die Tafeln entgegenzunehmen.[99] Der obere Teil des Berges ist durch einen Feuerstreif von dem Raum darunter abgetrennt, in dem sich die Männer befinden. Mit den vertikalen Stützen, die ein Dach aus Tuch tragen, erinnert dieser Raum an das Zelt der Begegnung (s. u.). Diese Bildelemente sind auch als Höhle gedeutet worden, wobei man sich auf einen Midrasch berief, der erzählt, dass Gott die Israeliten so lange am Sinai in einer Höhle eingesperrt hätte, bis sie sich bereit erklärten, die Tora anzunehmen.[100] Wahrscheinlicher ist jedoch, dass in dieser Miniatur eine Illustration der Sammlung der »Sprüche der Väter« (Pirqe Avot) vorliegt.[101] Diese

---

99   G. B. Sarfatti, The Tablets of the Law as Symbols of Judaism, in: B.-Z. Segal / G. Levi (Hrsg.) (1985), 387.
100   Überliefert ist die Geschichte im Traktat Avoda Zara 2b des Babylonischen Talmud.
101   So G. Plaut, Die Tora in jüdischer Auslegung, Bd. 2: Shemot – Exodus, Gütersloh 2000, 273.

beginnen nämlich wie folgt: »Mose empfing die Tora vom Sinai und gab sie weiter an Josua, Josua gab sie weiter an die Ältesten, die Ältesten an die Propheten und die Propheten an die Männer der großen Versammlung ...«. Die »Männer der großen Versammlung (Synagoge)« haben sich in dem zeltartigen Raum, der auf die »Wohnstätte Gottes in der Mitte der Israeliten« (vgl. Ex 25,8) verweist, zusammengefunden, um Gott in seinem Wort, das ihnen von Mose her übermittelt worden ist, zu begegnen. Die dargestellte Weitergabe der Gesetzestafeln ist folglich nicht allein auf das Geschehen am Berg Sinai zu beziehen, sondern erstreckt sich vom »Ursprungsort« Sinai in die Zeit hinein. Dieser Gedanke der Weitergabe von einer Generation zur nächsten wird im Bild dadurch unterstrichen, dass Mose und der wohl als Josua anzusehende Mann unter ihm deutlich als weißbärtige Greise wiedergegeben sind, wohingegen die Männer der unten stehenden Gruppe jung und bartlos sind.

Die Gesetzestafeln blieben über Jahrhunderte das wichtigste Attribut des Mose. Noch Marc Chagall (1887–1985), in dessen Werk keine biblische Gestalt so häufig vorkommt wie Mose, gibt ihn zumeist mit den Gesetzestafeln wieder. Im Musée National Message Biblique in Nizza befindet sich ein stelenförmiges Steinrelief mit einer Mosedarstellung, eine der seltenen Skulpturen Chagalls, die er zu Beginn der 1950er Jahre schuf.[102]

---

102 Vgl. Musée National Message Biblique Marc Chagall Nice. Catalogue des collections, Paris 2001, 269 ff., Kat. Nr. 587.

Abb. 13: Marc Chagall, Mose

Von Mose sind nur die Hände sichtbar, mit denen er
die Gesetzestafeln umfasst, und der Kopf, den er gegen sie lehnt; die Augen sind geschlossen, vom Kopf
gehen gleich Hörnern zwei Strahlenbündel aus, wie
sie für die Mosesdarstellungen Chagalls charakteris-
tisch sind. Indem Chagall Mose die Tafeln regelrecht
umarmen lässt, stellt er die innige, unauflösliche Verbindung zwischen ihm und dem ihm von Gott auf
dem Sinai geoffenbarten Gesetz dar.

2.1.2. Die Hörner

Die Hörner, die Mose auf zahllosen Darstellungen
trägt, sind geradezu – neben den Gesetzestafeln – zu
seinem »Erkennungszeichen« geworden. Die Darstellung des Mose mit Hörnern geht auf die lateinische

Bibelübersetzung (Vulgata) des Hieronymus zurück. In der Erzählung von der Rückkehr des Mose vom Berg Sinai mit den zweiten Tafeln heißt es, dass Mose nicht wusste, »dass die Haut seines Angesichts dadurch strahlte, dass er mit ihm gesprochen hatte.« (Ex 34,29) (s. o. B. 2.10.) Hieronymus übersetzt dies nun aber nicht durch *facies coronata* (strahlendes Angesicht), sondern durch *facies cornuta* (gehörntes Angesicht). Es handelt sich dabei jedoch nicht um einen Übersetzungsfehler, vielmehr hat Hieronymus eine im hebräischen Text verborgene Anspielung aufgenommen, denn das Verb *qaran* »strahlen« ist vom Nomen *qärän* »Horn, Strahl« abgeleitet. Das leuchtende Gesicht des Mose, auf dem das Volk die Gottesbegegnung des Mose ablesen kann, wird dem Erscheinungsbild der gehörnten toten Götter, die das Volk zuvor verehrt hatte, gegenübergestellt. Hörner gehören als Zeichen von Macht und Kraft in der Antike zu den bevorzugten Attributen der Götter, und in seinem Kommentar zum Buch Ezechiel macht Hieronymus deutlich, dass ihm diese innere Verbindung wohl bewusst ist. Er vergleicht nämlich die Beschreibung der Gotteserscheinungen bei Mose und Ezechiel und sagt, dass Mose nach der Begegnung mit Gott »verherrlicht« (*glorificata erat*) sei oder, wie man im Hebräischen sage, »gehörnt« (*cornuta*).[103] Es steht somit außer Zweifel, dass Hieronymus die Hörner des Mose metaphorisch verstanden hat. Im Buch Exodus selbst wird das Bild noch weiter entwickelt, wenn es dort heißt, dass Mose eine Decke über sein strahlendes Angesicht legte, wenn er nicht als Offenbarungsmittler mit Gott oder mit dem Volk sprach (Ex 34,35). Die symbolisch-typologische Auslegung dieser Szene durch den

---

103   Vgl. im Einzelnen R. MELLINKOFF (1970), 76 ff.

Apostel Paulus hat das christliche Verständnis des Alten Testaments insgesamt geprägt, weil Paulus das Verhüllen des Angesichts auf den Alten Bund bezieht und davon ausgeht, dass die Verhüllung des Bundes in Jesus Christus ein Ende findet (2Kor 3,14). Dieses Motiv der Gegenüberstellung von Altem und Neuem Bund hat sich in der christlichen Ikonographie in der Charakterisierung der Synagoge als Frau mit verbundenen Augen niedergeschlagen.

Wenn Mose sogar in Szenen, die chronologisch vor der erwähnten Szene mit dem »strahlenden Angesicht« (Ex 34) liegen, mit Hörnern dargestellt wird, wie beispielsweise bei seiner Berufung am brennenden Dornbusch (Ex 3) oder beim Wasserwunder (Ex 17), dann deutet das darauf hin, dass diese Hörner zum festen Attribut des Mose geworden sind. Das lässt sich seit dem Hochmittelalter eindeutig nachweisen.[104] In seiner »Historia Scholastica« erklärt Petrus Comestor in der zweiten Hälfte des 12. Jh.s, dass die Hörner des Mose als Lichtstrahlen zu verstehen seien, die von seinem Gesicht ausgingen und die Augen der Umstehenden blendeten. Auf diese Interpretation der Hörner als Metapher, die vermutlich auf der Exegese jüdischer Gelehrter des 11. Jh.s fußt, griff auch Nicolaus von Lyra (gest. 1349) zurück, der in seinem Werk »Postillae perpetuae in universam S. Scripturam« ebenfalls von Strahlen spricht, die *wie Hörner* vom Kopf des Mose abgestanden hätten. Andere Kommentatoren folgten ihm in dieser Interpretation des »gehörnten« Gesichtes des Mose. Wenn diese Texte auch verdeutlichen, dass niemals an die Existenz solider Hörner auf dem Kopf des Mose gedacht wurde, so

---

104 Vgl. R. Mellinkoff (1970), 66.

wurde der Bibeltext doch in der Kunst mitunter nahezu »wörtlich« ins Bild übertragen, wenn Mose eben nicht mit Strahlen um das Haupt, sondern mit ganz naturalistisch wiedergegebenen Hörnern dargestellt wurde. Dabei ist nicht auszuschließen, dass das geistliche Schauspiel des Hochmittelalters, das die biblischen Gestalten dem einfachen Volk anschaulich und begreifbar werden ließ, diese Darstellungen beeinflusst hat. Neben anderen genoss das unter dem Namen »Ordo Prophetarum« bekannte Schauspiel große Popularität, in dem Personen des Alten Testaments auftraten, darunter auch Mose. Sein Ziel bestand darin, die Juden davon zu überzeugen, dass Jesus der Messias sei. Eine Abschrift des Dramas aus dem 14. Jh., das in der Kathedrale von Rouen verwahrt wird, enthält einen Hinweis darauf, dass zum Kostüm des Mose Hörner gehörten.[105]

Die Mose-Skulpturen von Sluter und Michelangelo, die beide als Bestandteile größerer Bildprogramme konzipiert wurden, stehen wohl den meisten vor Augen, wenn von den Hörnern des Mose gehandelt wird. Noch in der Tradition der hochgotischen Mose-Skulpturen steht das imposante lebensgroße steinerne Standbild, das Claus Sluter, Hofbildhauer des Herzogs von Burgund, in den Jahren 1395–1405 im Auftrag Philipps des Kühnen für den Brunnen im großen Kreuzgang der Kartause von Champmol bei Dijon (Burgund, Frankreich) schuf.[106] In einem sechseckigen Becken erhebt sich ein ebenfalls sechseckiger pfeilerartiger Sockel, auf dem sich einst eine Kreuzigungsgruppe erhob, die vermutlich im 17. Jh. zerstört wurde.

---

105 Vgl. R. MELLINKOFF (1970), 32 f.
106 Vgl. K. MORAND (1991).

Sechs alttestamentliche Gestalten schmücken den Pfeiler. Sie tragen Schriftbänder, deren Texte darauf verweisen, dass sich in der Passion Christi die Prophetien des Alten Bundes erfüllen; neben Mose sind David, Jeremias, Zacharias, Daniel und Jesaja dargestellt. Die heute übliche Bezeichnung »Mosesbrunnen« ist insofern irreführend, als keineswegs Mose, sondern der gekreuzigte Jesus die Hauptfigur des Ensembles bildete, und es war König David, der an der einstigen Hauptschauseite, unmittelbar unter der Kreuzigungsgruppe, stand. Doch wurde die Figur des Mose offenbar als so eindrucksvoll empfunden, dass sie es war, die dem Brunnen schließlich den Namen gab.

Wie die übrigen Prophetenfiguren ist auch Mose stehend wiedergegeben. Das faltenreiche, gegürtete Untergewand und das lange weite Manteltuch, das über den Kopf gezogen und um den Leib gewickelt ist, lassen nur Gesicht und Hände sehen. Mit der rechten Hand fasst er die Gesetzestafeln, über die das Manteltuch fällt, während er mit der linken ein langes Schriftband hält, das ihm von der Schulter bis fast auf den Boden reicht. Auf ihm stehen die Worte »Immolabit agnum multitudo filiorum Israhel ad vesperam« (»Gegen Abend soll die Gemeinde der Israeliten das Lamm schlachten«), ein Zitat aus Ex 12,6, das in der christlichen Exegese als Vorausdeutung auf den Opfertod Christi am Kreuz gelesen wurde. Den Betrachter fesselt vor allem das Gesicht des Mose, ein breites, faltiges Gesicht eines alten Mannes, das jedoch von Haarmassen, langem gelockten Haupthaar und einem mächtigen, bis zum Gürtel reichenden gegabelten Bart, eingerahmt ist. Solch üppiger Haar- und Bartwuchs, Symbol für Lebenskraft und unbezwingbare Stärke, kennzeichnet viele Darstellungen des Mose seit dem Spät-

Abb. 14: Claus Sluter, Mose

mittelalter. Vielleicht hängt dies mit der besonderen
Charakterisierung des Mose in Dtn 34 zusammen, wo
berichtet wird, dass Mose mit 120 Jahren nicht alters-
schwach, sondern mit fast jugendlicher Kraft stirbt
(s. o.). Aus der gefurchten Stirn wachsen zwei Horn-
stümpfe heraus, die der ohnehin schon Ehrfurcht ge-
bietenden Gestalt etwas erschreckend Monströses verleihen.

Rund 130 Jahre nach dem Werk Sluters fertigte Michelangelo Buonarroti für das Grabmal von Papst
Julius II. in San Pietro in Vincoli in Rom eine überle-
bensgroße Marmorskulptur des Mose. Er gibt Mose
sitzend wieder, in der Haltung des Lehrenden. Er trägt
eine ärmellose Tunika und Beinkleider, über dem
rechten Knie liegt ein großes Tuch, das bis auf den Boden fällt. Die rechte Hand stützt er auf die beiden Ge-

setzestafeln, die er zusammengelegt neben sich gestellt hat, während die Finger in den vollen langen Bart greifen. Der Kopf ist nach links gewandt. Aus dem kurzen Haupthaar ragen über der Stirn zwei eng zusammenstehende Hörner auf. Der Blick des Betrachters wird nicht auf die Gesetzestafeln gelenkt, sie erscheinen nahezu nebensächlich, doch sind sie es, die – zusammen mit den Hörnern – die Figur als Mose identifizieren. Die Figur des Mose nimmt die Mitte des ersten Geschosses des Grabmals ein und wird von Personifikationen der Vita activa und der Vita contemplativa flankiert, über ihr ruht auf seinem Sarkophag zu Füßen einer Statue der Gottesmutter mit Kind der Verstorbene, Papst Julius II., eingerahmt von den Gestalten einer Sybille und eines Propheten.[107] Die Anordnung der Figuren lässt deutlich werden, dass Papst Julius II. als zweiter Mose gesehen werden sollte, als von Gott auserwählter und geleiteter Gesetzesgeber und Lehrer eines Volkes, bei dem Kontemplation und Handeln im rechten Verhältnis stehen. Immer wieder wurde versucht, aus Haltung und Bewegung der Figur des Mose auf einen bestimmten Augenblick im Leben des Mose zu schließen, den Michelangelo habe wiedergeben wollen. So wurde vermutet, dass Mose gerade die Stimme Gottes vernehme und deshalb den Kopf überrascht zu Seite wende. Dabei wurde daran gedacht, dass er gerade von der Verfehlung der Israeliten erfahre, die ein Götzenbild in Gestalt eines Goldenen Kalbes anbeten, oder dass ihm, schon in Sichtweite des Verheißenen Landes, sein eigener naher Tod angekündigt würde. Eine andere Interpretation sieht hier Mose, der dem Volk nach der Sünde mit dem Goldenen Kalb die Weisungen vorträgt, die Gott ihm er-

---

107   Vgl. C. Echinger-Maurach (2009), 114 ff.

teilt hat.[108] Dabei wird das große Tuch, das Michelangelo über dem rechten Knie des Mose drapiert hat, auf jene Decke bezogen, mit der Mose sein Gesicht verhüllte und die er nur abnahm, wenn er mit Gott oder dem Volk sprach.[109] Auch das über den Kopf geschlagene Manteltuch des Mose Sluters könnte in gleicher Weise mit dieser Decke aus Ex 34,29–35 identifiziert werden.

Diese Szene, wie Mose sein Gesicht verhüllt, ist in der Bibel von Ripoll dargestellt, die in der ersten Hälfte des 11. Jh.s im katalanischen Kloster Santa Maria de Ripoll angefertigt und außergewöhnlich reich ausgestattet wurde (Rom, Biblioteca Apostolica Vaticana, Vat. lat. 5729).[110] Sie befindet sich auf einer Bildseite (fol. 6 v), die in vier Registern Szenen aus der Geschichte Abrahams, Josefs und des Mose darstellt. Letztere beginnen in der Mitte des dritten Registers, wo Mose in Verhandlungen mit dem thronenden Pharao zu sehen ist und als sichtbares Zeichen seines göttlichen Auftrags ein Buch in der Hand hält.

Das vierte Register zeigt von links nach rechts, wie Mose, die Gesetzestafeln mit verhüllten Händen haltend, vor der Gestalt des thronenden Gott-Christus kniet, der von einer großen Aureole umfangen ist, und daneben, wie er einer Gruppe von sechs Israeliten die

---

108 Zu anderen Deutungen der Mose-Skulptur s. u. 2.4.
109 Vgl. P. Armour (1993); F.-J. Verspohl (2004), s. o. B. 2.10.
110 Vgl. W. Neuss, Die katalanische Bibelillustration um die Wende des ersten Jahrtausend und die altspanische Buchmalerei, Bonn/Leipzig 1922, 46, Tafel 4, Abb. 6; A. M. Mundó, Les Bíblies de Ripoll. Estudi dels Mss. Vaticà, Lat. 5729 i Paris, BNF, Lat. 6, Città del Vaticano 2002, 227 f.; W. Cahn (1982), 66 ff., 295, Kat. Nr. 150.

Weisungen Gottes übermittelt. Ein Tuch, unter dem sich sein Profil abzeichnet, verbirgt sein Gesicht vor den Israeliten. Es ist jedoch eigentümlicherweise zugleich dem Betrachter zugewandt, der somit hinter das Tuch zu sehen vermag. Mose hält in der rechten Hand ein Buch und greift mit der linken nach dem Gegenstand, den ihm einer der Israeliten reicht und der vielleicht als Schreibstift zu deuten ist. Unter der Gruppe der Israeliten sind vier nach rechts gewendete Tierköpfe zu sehen, die dem hinter ihnen dargestellten Geschehen auf dem Sinai deutlich den Rücken zukehren, denn das Verbot, sich dem Berg zu nähern, gilt gleichermaßen für Menschen und Tiere (Ex 19,13). Drei weitere Beispiele für das äußert selten dargestellte Motiv des sich verhüllenden Mose finden sich in der katalanischen Bibel von Roda (Paris, Bibl. Nat.) und auf einem Einzelblatt (Frankfurt a. M., Städelsches Kunstinstitut), die beide in das 11. Jh. zu datieren sind, sowie im Queen Mary's Psalter aus dem 14. Jh. (London, British Library).[111]

Die großformatige karolingische Bibel von Moutier-Grandval, die um 840 in der Abtei Saint-Martin in Tours (Touraine, Frankreich) geschaffen wurde, enthält vier ganzseitige Miniaturen, darunter eine Frontispiz-Seite zum Buch Exodus und eine Bildseite zum Buch der Offenbarung, die diesem nachgestellt ist und somit den Abschluss der gesamten Bibel bildet (London, British Library, Ms. Add. 10546). Beide Bildseiten stellen auf je eigene Weise die Einheit der christlichen Bibel aus Altem und Neuem Testament dar.[112]

---

111 Vgl. K. Hoffmann (1968), 62 f.
112 Vgl. A. St. Clair (1987), 19–28; H. L. Kessler (1977), 59 ff.;
     P. E. Dutton / H. L. Kessler (1997), 57 ff.

Abb. 15: Bibel von Ripoll, Mose übermittelt Gottes Weisungen

Die das Buch Exodus einleitende Bildseite (fol. 25 v) ist
in zwei Register aufgeteilt. Im oberen Register ist dargestellt, wie Mose auf dem Sinai die Gesetzestafeln erhält, und im unteren, wie er, die Tafeln in der Hand,
die Israeliten unterweist. Mose, in antiker Gewan-
dung, mit Tunika, Pallium und Sandalen, nimmt aus
der Hand Gottes, die aus einem tief hängenden Wol-
kenbogen herabkommt, der sich auf den Gipfel des
Berges gesenkt hat, die Gesetzestafeln entgegen. An
mehreren Stellen brennt Feuer auf dem Berg. Etwas
abseits, am Fuß des Berges, wartet Josua. In der Szene
darunter steht Mose vor einer Gruppe von Israeliten,
bezeichnet als »filii Israel«, die von Aaron angeführt
werden. Mose hält ein aufgeklapptes Diptychon in der
Hand, in dem auf dem linken Flügel die Worte zu lesen sind: »Audi Israhel, dominus deus noster, dominus unus est« und auf dem rechten: »Diliges domi-
num deum tuum ex toto corde.« Dieses Gebot, Gott
aus ganzem Herzen zu lieben, auf das Mose das Volk
verpflichtet, gilt unverändert auch für die Christen.
Dem bibelkundigen Betrachter dieses Bildes musste
sofort jene Auseinandersetzung Jesu mit den Schrift-

Abb. 16: Bibel von Moutier-Grandval,
Titelbild zum Buch Exodus

gelehrten in den Sinn kommen, in deren Verlauf einer
unter ihnen ihm die Frage nach dem wichtigsten der
Gebote Gottes stellt. Als Antwort nimmt Jesus in der
Form eines Doppelgebotes die Worte auf, mit denen,
wie in Dtn 6,4f. und Lev 19,18 überliefert, Mose den
Israeliten den Willen Gottes übermittelt, wenn er sagt:

»Das erste ist: Höre, Israel, der HERR, unser Gott, ist der einzige HERR. Darum sollst du den HERRN, deinen Gott, lieben mit ganzem Herzen und ganzer Seele, mit all deiner
Kraft. Als zweites kommt hinzu: Du sollst deinen Nächsten
lieben wie dich selbst. Kein anderes Gebot ist größer als
diese beiden.« (Mk 12,28 ff. par)

Abb. 17: Bibel von Moutier-Grandval,
Bildseite zur Offenbarung des Johannes

Diese Worte Jesu mit ihrer Aufforderung zur Gottes-
und Nächstenliebe gelten in der christlichen Exegese
als Kurzfassung des Dekalogs, der, in Anlehnung an
das Motiv der zwei Tafeln, traditionell in Gottes- und
Sozialgebote unterteilt wurde. Die zweigeteilte Bildseite lehrt somit, dass die Offenbarung, die Mose am
Sinai erfahren und den »Söhnen Israels« weitergegeben hat, auch für die Christen gültig ist, Mose somit –
durch Jesus – auch die Christen die Weisungen Gottes
lehrt.

Die Bildseite zur Offenbarung des Johannes (fol.
449r) ist ebenfalls in zwei Register aufgeteilt. Das
obere Bild zeigt einen mit Vorhängen geschmückten

Altar, auf dem ein großes geschlossenes Buch liegt, flankiert von einem Lamm und einem Löwen. Es sind die in Offb 5 benutzten Symbole Christi, der zugleich der »Löwe aus dem Stamm Juda« ist und das Lamm, das allein würdig ist, das geheimnisvolle Buch mit den sieben Siegeln zu öffnen, das Johannes auf der rechten Hand Gottes sieht. Das in der Offenbarung des Johannes geschilderte nacheinander vollzogene Öffnen der sieben Siegel des geheimnisvollen Buches durch das Lamm deutet darauf hin, dass alles, was zuvor verborgen – besonders den Christen im Alten Testament, der Bibel Israels – war, am Ende der Zeiten durch Christus, das Lamm, offenbar und verständlich würde. In den Bildecken verkörpern geflügelte Halbfiguren der vier Wesen mit aufgeschlagenen Büchern die Evangelisten, die die Botschaft Christi verkündigten.

Im unteren Register hält ein thronender Mann mit hoch erhobenen Händen ein großes Tuch. Ihn umgeben die vier Wesen, die ihm helfen, das Tuch hochzuheben: Der Adler über ihm zieht daran mit seinen Krallen, Löwe und Stier zu beiden Seiten fassen die Tuchenden mit ihren Mäulern, und der Mensch von unten richtet ein Horn auf das Tuch und bläst so stark hinein, dass es sich bläht und das Gesicht des Mannes sichtbar wird. Mit dem thronenden Mann ist vermutlich Mose gemeint, der nach Ex 34,29 ff. ein Tuch über sein Gesicht legte, nachdem er alle ihm von Gott offenbarten Gebote dem Volk übermittelt hatte. Und fortan bedeckte er sein Gesicht immer dann mit einem Tuch, wenn die Israeliten »merkten, dass die Haut seines Gesichtes Licht ausstrahlte« (Ex 34,35) (s. o. B. 2.10.), während er ihnen vortrug, was Gott ihm im Offenbarungszelt aufgetragen hatte. Paulus greift in 2Kor 3 diese Stelle auf, wobei er allerdings behauptet, dass

Mose sein Gesicht verhüllte, damit die Israeliten nicht sahen, wie der Glanz auf seinem Gesicht verblasste. Er schreibt:

»Bis zum heutigen Tag liegt die gleiche Hülle auf dem Alten Bund, wenn daraus vorgelesen wird, und so bleibt verhüllt, dass er in Christus ein Ende nimmt. Bis zum heutigen Tag liegt die Hülle auf ihren Herzen, wenn Mose vorgelesen wird. Sobald sich aber einer dem Herrn zuwendet, wird die Hülle entfernt.« (2Kor 3,14–16)

Paulus benutzt das Bild von der Verhüllung des Mose, um deutlich zu machen, dass die Offenbarung in und durch Jesus Christus die Verhüllung des »Alten Bundes« beendet.[113] Diese Auffassung wird durch die Miniatur anschaulich ins Bild umgesetzt, indem sie zeigt, wie der »Neue Bund« in Gestalt der Symboltiere der Evangelisten den »Alten Bund«, verkörpert in der Gestalt des Mose, enthüllt, indem er ihm den Schleier vom Gesicht hebt. Der Titulus auf den Rahmenleisten, die die Register trennen, enthält ebendiese Aussage: »Septem sigillis agnus innocens modis / signata miris iura disserit patris / leges e veteris sinu novellae / almis pectoribus liquantur ecce / quae lucem populis dedere multis.« (Das schuldlose Lamm legt wunderbar dar / das siebenfach versiegelte Gesetz des Vaters: das neue Gesetz aus dem Schoß des alten, sieh, wird klar in gotterleuchteten Herzen und bringt vielen Völkern Licht.)[114]

---

113 Vgl. M. Mark, Moses' »vergehende« und Christi »Bleibende« Herrlichkeit: Die kontrastiv-überbietende Profilierung der »Diener des neuen Bundes« (2 Kor 3,6) durch Paulus: Theologie der Gegenwart 52, 2009, 16–31.

114 Vgl. F. van der Meer, Apokalypse. Die Visionen des Johannes in der europäischen Kunst, Freiburg u. a. 1978, 77.

Durch die Kombination zweier analoger Offenbarungsszenen wird ausgedrückt, dass es nur ein einziges Offenbarungsgeschehen in der Zeit gibt, das seinen Abschluss mit der Offenbarung des Johannes findet, die enthüllt, was am Ende der Zeiten geschehen wird. In ihr wird im Anschluss an die große Vision in Ez 40–48 das neue Jerusalem beschrieben, in dem Gott unter den Menschen wohnen wird:

»Er wird in ihrer Mitte wohnen, und sie werden sein Volk sein; und er, Gott, wird bei ihnen sein.« (Offb 21,1ff.)

Doch werden nur diejenigen dort leben dürfen, »die in das Lebensbuch des Lammes« eingetragen sind. Der spanische Theologe Beatus von Liébana (gest. 798) spricht in seiner Schrift »Adversus Elipandum« davon, dass das Gesicht der Bibel erst am Ende, erst durch die Offenbarung des Johannes vollständig enthüllt worden sei. Die gesamte Bibel sei ein einziges Buch, zu Beginn verhüllt, am Ende offenbar.[115]

Auf diese Interpretation von Ex 34,29ff. durch Paulus gehen letztlich die zahlreichen mittelalterlichen Darstellungen der Synagoge zurück, die sie als Frau mit verschleiertem Haupt oder mit verbundenen Augen zeigen, um ihr Unverständnis der prophetischen Ankündigung des Alten Bundes im Bild der Blindheit zum Ausdruck zu bringen. Der Sinngehalt dieser Darstellungen wird vor allem dann deutlich, wenn gezeigt wird, wie Christus der Synagoge das Tuch vom Kopf zieht.

Der Miniatur der Bibel von Moutier-Grandval in der Aussage vergleichbar ist eines der berühmten

---

115   Vgl. P. E. DUTTON / H. L. KESSLER (1997), 67.

Abb. 18: Saint-Denis, »Anagogisches Fenster«

Bildfenster, die für den Chorumgang der Abteikirche von Saint-Denis bei Paris, den Abt Suger in der ersten Hälfte des 12. Jh.s errichten ließ, angefertigt wurden.

Das Fenster, das als »anagogisches Fenster« bekannt ist, enthält fünf übereinander angeordnete große Medaillons mit Darstellungen zum Thema der Concordia Veteris et Novi Testamenti.[116] In dem Medaillon, das sich, folgt man der Beschreibung des Fensters durch Suger in seinem Bericht »De administratione«, in der ursprünglichen Komposition ganz oben befand, ist die Enthüllung des Alten Testaments durch Christus dargestellt: Personifikationen der Synagoge und der Kirche rahmen Christus ein. Zu seiner Linken steht die »SINAGOGA«, die Gesetzestafeln unter dem linken Arm, mit der rechten Hand eine gebrochene Lanze

116 Vgl. K. Hoffmann (1968), 57–88; W. Seiferth (1964), 149f.; L. Grodecki (1995), 51ff.

haltend, der er einen Schleier vom Gesicht zieht, während er der »ECLESIA« auf der anderen Seite, die Kelch und Stab in den Händen trägt, eine Krone auf das Haupt setzt. Die Beischrift, die sich ursprünglich auf der Leiste unter den Füßen der drei Figuren befand, hat sich nicht erhalten. Es ist lediglich gesichert, dass sie mit dem Wort »revelat« (enthüllt) endete. Das Fenster beinhaltet auch eine Szene der »Entschleierung des Mose«. Die originale Glasmalerei, die sich ursprünglich im zweiten Medaillon von unten befand, wurde allerdings 1799 zerstört und bei der Restaurierung im 19. Jh. durch eine Nachbildung ersetzt. Doch sind die Worte Sugers über dieses Medaillon aufschlussreich, mit denen er auch die Beischrift überliefert: »Item in eadem vitrea, ubi aufertur velamen de facie Moysi: ›Quod Moyses velat, Christi doctrina revelat. Denudant legem, qui spoliant Moysen.‹« (»Ebenso heißt es auf demselben Fenster dort, wo der Schleier vom Gesicht des Mose genommen wird: ›Was Mose verhüllt, enthüllt die Lehre Christi. Die Mose entkleiden, legen das Gesetz bloß.‹«)[117] Ein weiteres Medaillon schließlich, das ebenfalls nicht im Original erhalten ist, zeigt die apokalyptische Buchöffnung. Die Themen, die Suger für das Fenster zusammengestellt hat, gleichen also denen der Miniatur der Bibel von Moutier-Grandval und vermitteln den gleichen Sinnzusammenhang. So kann vermutet werden, dass es eine ähnliche Buchmalerei gewesen ist, die Suger als Anregung für die Bildprogramme der Fenster im Chor seiner Abteikirche gedient hat.

---

117 ABT SUGER VON SAINT-DENIS. Ausgewählte Schriften. Ordinatio, De consecratione, De administratione (hrsg. von A. SPEER und G. BINDING), Darmstadt 2000, 359–361.

Abb. 19: Lambeth-Bibel, Wurzel Jesse (Ausschnitt)

Das Thema der Enthüllung des Alten Testaments
durch das Neue Testament findet sich auch auf einer
dem Buch Jesaja vorangestellten Bildseite im ersten
Band der Lambeth-Bibel (London, Lambeth Palace,
Ms. 3, fol. 198 r), die um die Mitte des 12. Jh.s, vermutlich in Canterbury, geschaffen wurde.[118] Die Gestalten
von Ecclesia und Synagoge sind hier in ein Bild der
Wurzel Jesse integriert. Aus dem am Boden liegenden
Jesse wächst ein Stamm, der in eine große Figur der
Gottesmutter übergeht, aus deren Haupt zwei Ranken
hervorkommen, die wiederum ein Medaillon mit einem Brustbild Christi formen. Ranken umschließen
auch die sechs Medaillons zu beiden Seiten des Stammes, in denen unten Propheten, in der Mitte Tugenden
und oben Ecclesia und Synagoge, beide jeweils von

118 Vgl. W. Cahn (1982), 91; 193, Abb. 151; 261, Kat. Nr. 34.

zwei Männern geleitet, dargestellt sind. Der gekrön
ten Ecclesia zur Rechten Christi entspricht auf der anderen Seite die Synagoge, der eine von oben herab-
kommende Hand, die Hand Christi, den Schleier vom
Gesicht zieht. Ein bärtiger Mann mit Nimbus nimmt
sie bei der Hand, den Blick auf Christus gerichtet, als
wolle er sie zu ihm führen. Sie dagegen blickt zurück
auf den betagten Mose hinter ihr, der an den Hörnern
im weißen Haar erkennbar ist, doch auch er scheint sie
Christus zuwenden zu wollen. Das Bild wirkt wie eine
Umsetzung von 2Kor 3,16, wo Paulus davon spricht,
dass die Hülle, die auf dem Alten Bund liegt, entfernt
werde, sobald sich einer dem Herrn zuwende.

2.1.3. Das Goldene Kalb

Die Geschichte vom Goldenen Kalb (Ex 32) stellt im
Erzählablauf der Geschichte von Israel am Sinai die
große Sünde des Volkes dar, denn durch die Verehrung des selbst gemachten Gottesbildes wendet das
Volk sich von dem Gott ab, der sich ihm gerade am
Gottesberg in besonderer Weise zugewandt hat. Darin, dass der vom Berg mit den Tafeln herabkom-
mende Mose ebendiese Tafeln am Fuß des Berges zerbricht, zeigt sich, dass Israel den Bund mit Gott
gebrochen hat. Im Bild des Goldenen Kalbes kommen
verschiedene Vergehen zum Ausdruck, die alle auf je
eigene Weise in der späteren Geschichte Israels wieder
begegnen werden. So steht zum einen dem »Machen«
eines Gottesbildes das biblische Bilderverbot entgegen, zum anderen drückt sich in ihm auch eine Ablehnung der dem Gott Israels vorbehaltenen Allein-Ver-
ehrung durch sein Volk aus, die im Alten Testament
unablässig durch das sog. Fremdgötterverbot einge-
fordert wird.

Abb. 20: Somme le Roi, Gesetzesübergabe und Anbetung
des Goldenen Kalbs

In einer im letzten Jahrzehnt des Jahrhunderts angefertigten Abschrift des Traktakts »Somme le Roi«, den
der Dominikaner Laurent du Bois 1279, Beichtvater
des französischen Königs Philipp III., als Anleitung
zur Unterweisung von Laien in religiösen und morali-
schen Dingen verfasst hat, sind auf einer Bildseite in
zwei Registern die Übergabe der Gesetzestafeln, ihre
Zerstörung durch Mose und die Anbetung des Goldenen Kalbes dargestellt (London, British Library,
Ms. Add. 54180, fol. 5v).[119]

---

119   Vgl. D. DAICHES (1975), 148 (Abb.).

Im oberen Bild sind zwei Szenen zusammengefasst. In der Mitte des Bildes erhebt sich der Sinai. Links kniet Mose und nimmt aus der Hand Gottes, der sich in der Gestalt Christi aus einer Wolke zu ihm herabneigt, die Gesetzestafeln entgegen. Rechts sieht der Betrachter in einer nahezu filmartigen Bildsequenz, wie Mose die Tafeln mit dem linken Arm hochhebt, um sie wütend auf den Boden zu werfen, wie die Tafeln fallen und schließlich die am Boden liegenden zerbrochenen Tafeln, Sinnbild des gebrochenen Bundes. Mit der rechten Hand deutet Mose auf den Grund seines Zorns, die Anbetung des Goldenen Kalbes, die im unteren Register dargestellt ist. Während Mose auf dem Berg war, hat sich das Volk ein Stierbild aus Gold gemacht und begonnen, es als Verkörperung seines Gottes zu verehren. Die Miniatur zeigt eine goldgelbe Stierfigur auf hohem Altartisch, vor der mehrere Männer auf die Knie gefallen sind, um sie mit erhobenen Armen anzubeten, zwei weitere Männer blasen Hörner. Die Gesichter der beiden Mose-Figuren im oberen Bild wirken mit den großen geschwungenen Hörnern, die aus der Stirn wachsen, wie Masken und ähneln irritierend dem Stierkopf des Götzenbildes. Es hat den Anschein, als habe der Buchmaler durch eine bewusste Angleichung bildlich umsetzen wollen, was der Bibeltext der Vulgata aussagt, nämlich dass von dem Gesicht des Mose, als er vom Berg Sinai herabstieg, Hörner ausgingen (s. o.), es also genau die Merkmale aufwies, die die stiergestaltigen Kultbilder besaßen, die Kraft und Stärke der verehrten Götter symbolisierten. Folgt man der biblischen Erzählung, sahen die Israeliten die Hörner des Mose erstmals, als dieser, nachdem er das Goldene Kalb zerstört hatte, mit den erneuerten Tafeln vom Sinai herabkam, den Zeichen der Versöhnung und Erneuerung des Bundes zwischen Gott und seinem Volk. Indem sich der Buchmaler nicht an die chronologische Folge der Ereignisse in der biblischen Erzählung hält, kann er den gehörnten Mose dem gehörnten Kultbild gegenüberstellen. Nach dessen Vernichtung übernimmt Mose sozusagen dessen Machtsymbol, die Hörner, die auf diese Weise zu einem Abglanz der Macht des unsichtbaren Gottes werden. Das Gegenüber von Mose und Goldenem Kalb wird in manchen Darstellungen zur markanten Konfrontation gesteigert, so an einem Figurenkapitell aus der ersten Hälfte des 12. Jh.s, das sich an einem der nördlichen Langhauspfeiler der romanischen Klosterkirche Ste-Marie-Madeleine in Vézelay (Burgund, Frankreich) befindet.[120]

Das Kalb, ein kräftiger junger Stier, nimmt die Mitte des Kapitells ein. Es ist so lebendig gestaltet, dass es kaum wie ein aus Metall gegossenes Kultbild wirkt. Hinter ihm sieht man einen Mann mit einem Widder auf den Schultern, ein Israelit, der ein Opfertier heranbringt, das auf dem Altar vor dem Kultbild geopfert werden soll. Vor dem Kalb steht Mose und hält in der hoch erhobenen linken Hand die Gesetzestafeln, mit der anderen Hand schwingt er einen Knüppel, als wolle er auf das Kalb einschlagen. Das Tier hat den Kopf hochgeworfen, seinem aufgerissenen Maul entfährt ein ungestalter Dämon mit Klauenfüßen und unverhältnismäßig großem Kopf, von dem gesträubte Haarsträhnen wie Flammen abstehen. Die Figuren

---

120 Vgl. J. ADHÉMAR, La Madeleine de Vézelay. Étude iconographique, Melun 1948, 188; K. AMBROSE, The Nave Sculpture of Vézelay: The Art of Monastic Viewing, Toronto 2006, 103; P. DIEMER, Stil und Ikonographie der Kapitelle von Ste-Madeleine, Vézelay, Diss. Heidelberg 1975, 336.

Abb. 21: Vézelay, Figurenkapitell,
Mose und das Goldene Kalb

sind so angeordnet, dass dem Dämon die Gesetzestafeln, das geoffenbarte Wort Gottes, Symbol seiner Gegenwart, genau vor Augen stehen. Schreiend vor Wut, mit dem Zeigefinger der rechten Hand drohend, muss er seine Wohnstatt, das Goldene Kalb, verlassen, das Mose packen, verbrennen und zu Staub zerstampfen wird. Die Gestaltung der Szene erinnert an Darstellungen der Heilung des Besessenen von Gerasa (Mk 5,1–20; Lk 8,26–39), der auf das Wort Jesu hin von dem mächtigen, ihn seit Langem quälenden Dämon befreit wird. Dieser erhält ähnlich wie bei dem Kapitell in Vézelay oft die Gestalt eines geflügelten Teufels, der dem Besessenen durch den Mund entweicht. Während in den Darstellungen der neutestamentlichen Szene die Gestalt Jesu das Wort Gottes verkörpert, sind es bei dem Kapitell in Vézelay die Gesetzestafeln, die Mose dem Götzenbild entgegenhält.

In der berühmten mozarabischen Bibel von San Isidoro in León (Castilla y León, Spanien), die, von Meis ter Florentius mit über 100 Miniaturen ausgestattet, im Juni 960 im kastilischen Kloster Valeránica vollendet wurde, ist die Erzählung vom Goldenen Kalb in mehreren Szenen dargestellt (León, Real Colegiata de San Isidoro, Cod. 2, fol. 46r).[121] Unterhalb einer Bildfolge, in der die Übergabe der Tafeln auf dem Sinai, die Mose aus einer Wolke entgegennimmt, ohne dass auch nur die Hand Gottes sichtbar wäre, ihre Zerstörung durch Mose und die Anbetung des Goldenen Kalbes zusammengefasst sind, ist Mose zu sehen, der Aaron zur Rede stellt. Auf die Vorwürfe seines Bruders antwortet Aaron ausweichend:

»Und ich sagte ihnen: Wer Gold hat, nehme es sich ab. Da gaben sie es mir, und ich habe es dann im Feuer gegossen, und heraus kam dieses Kalb.« (Ex 32,24)

Die Gestaltung der Figur Aarons durch Meister Florentius verrät jedoch die ganze Wahrheit: Denn Aaron hält in der erhobenen linken Hand einen Beutel mit dem Gold, das er hat einsammeln lassen, während er mit der anderen die blassen Umrisse eines Stieres an einem seiner Hörner fasst, die Skizze, die er selbst gezeichnet und nach der er das Goldene Kalb gegossen hat. Das geht wohl auf das Verständnis des recht schwierigen hebräischen Textes in Ex 32,4 zurück, bei dem einige Übersetzer an einen Meißel denken, mit dem Aaron das Kalb in Form gebracht habe (so auch die Elberfelder Bibel), andere dagegen an einen Griffel, mit dem Aaron eine Skizze für den Guss des Goldenen Kalbs gemacht habe (so Luther und auch die

---

121   Vgl. W. Neuss (1922), 72 ff.; P. Galindo, La »Biblia de León« del 960, in: Spanische Forschungen der Görresgesellschaft 16 (1960), 37–60; H. L. Kessler (1977), 63.

Einheitsübersetzung). Rechts von Mose und Aaron ist ein blauer gewellter Streifen zu sehen, der in Dtn 9,21 erwähnte »Bach, der vom Berg hinunterfließt«, in den Mose den Staub streute, der von dem vernichteten Kultbild übriggeblieben war. Links dahinter steht eine Gruppe von Israeliten, einige halten Kelche in den Händen, denn Mose zwingt sie, von dem Wasser zu trinken.

»Den Staub streute er ins Wasser und gab es den Israeliten zu trinken.« (Ex 32,20)

Die Szene veranschaulicht die Nichtigkeit des aus Gold, dem die Ewigkeit und die Herrlichkeit des Himmels symbolisierenden Metall, gemachten Götzenbildes. Und indem die Israeliten sich das als unvergänglich erachtete Gold einverleiben müssen, verwandelt es sich eben doch in vergängliche Materie.

2.1.4. Dornbusch und Sinai

Mit der Erzählung vom brennenden und doch nicht verbrennenden Dornbusch (Ex 3) ist zuerst die Berufung des Mose verbunden. Da dieses Ereignis in der Erzählung aber am Gottesberg lokalisiert wird, verbindet die Erzählung auf eigene Weise die Begründung des Auftrags, Israel aus Ägypten herauszuführen und ins Verheißene Land zu bringen, mit der Begründung der durch den Bund gegebenen besonderen Gottesnähe, da die Gotteserscheinung am Sinai konstitutiv für Israels Selbst- und Gottesverständnis ist. Schon in der Dornbuscherzählung begegnet das Motiv der Offenbarung des Gottesnamens, wenn Gott auf Moses Frage nach seinem Namen mit dem geheimnisvollen »Ich bin, der ich bin« oder »Ich werde sein, der ich sein werde« (Ex 3,14) antwortet. Später bei der Erneuerung des Bundes nach der Sünde mit dem Goldenen Kalb wird es wieder aufgenommen und sogar ins Zentrum der Theologie gesetzt, wenn Gott in Ex 34 an Mose vorüberzieht und ihm seinen Namen offenbart und sich dabei als barmherziger und gnädiger Gott bekannt macht. Diese Namensoffenbarung versteht sich schließlich auch als Aufnahme der Gotteserkenntnis, die zuvor in den Kategorien des Sehens beschrieben war, besonders in der mit der Bundeserneuerung in direkter Verbindung stehenden Beschreibung, dass Mose beim Vorübergang Gottes nicht sein Angesicht sehen kann, sondern ihn nur »im Nachhinein« erkennt (s. o. B. 2.9.)

Zu den Beständen des Diözesanmuseums von Salerno (Kampanien, Italien) gehört eine Gruppe von fast 40 mit Reliefs verzierten Elfenbeintafeln, die vermutlich in der ersten Hälfte des 12. Jh.s gearbeitet wurden. Sie zeigen Bibelszenen aus Genesis und Exodus sowie aus dem Neuen Testament, beginnend mit der Schöpfung und endend mit dem Pfingstereignis. Es ist nicht hinreichend geklärt, in welchen Zusammenhang die Tafeln einst gehörten, doch könnten sie zum Schmuck einer Altarverkleidung bestimmt gewesen sein.[122] Unter den alttestamentlichen Szenen befinden sich vier, die Mose gewidmet sind, wobei drei zur Geschichte der Berufung am brennenden Dornbusch gehören und die vierte die Übergabe der Gesetzestafeln auf dem Sinai darstellt. Das Leben des Mose wird somit zu zwei Ereignissen verdichtet, die als heilsgeschichtlich entscheidend empfunden wurden: Mit der Berufung am brennenden Dornbusch erhält Mose den Auftrag, die Israeliten aus Ägypten heraus ins Verheißene Land zu

---

122   Vgl. R. Bergman (1980); A. Braca, Gli Avori, Salerno 1994.

führen, auf dem Sinai erhält er die Gesetzestafeln als Zeugnis des Bundesschlusses zwischen Gott und seinem Volk, die deshalb auch mitunter als »Tafeln des Bundes« bezeichnet werden (Dtn 9,11 u. ö.).

In der Berufungsszene nimmt Mose die rechte Hälfte des Bildfeldes ein. Entsprechend der ikonographischen Tradition frühchristlicher und noch frühmittelalterlicher Zeit ist er als junger bartloser Mann mit kurzem Haupthaar wiedergegeben. Mit beiden Händen löst er sich die Sandale vom rechten Fuß. Vor ihm steht ein Busch, mit seinen Blättern und Früchten an einen Weinstock erinnernd, aus dem Flammen schlagen. Mose sieht jedoch nicht auf den Busch, sondern nach oben, wo der Betrachter in einem das Himmelsgewölbe bezeichnenden Viertelkreis ein Brustbild Gott-Christi sieht, dargestellt als bärtiger Mann mit langem Haar, der Mose mit der rechten Hand bedeutet, sich nicht weiter zu nähern. »Komm nicht näher heran! Lege deine Schuhe ab; denn der Ort, wo du stehst, ist heiliger Boden.« (Ex 3,5) Während bei den frühchristlichen Darstellungen der Dornbuschszene die Gegenwart Gottes, die von Mose vernommene Stimme, oftmals allein durch eine Hand, die *manus Dei*, angezeigt wird, ist es hier, wie häufig in der Romanik, eine menschliche Gestalt, die sie verkörpert. Doch fehlt eigentümlicherweise der Kreuznimbus, der sie als Christus bezeichnet.[123]

---

123 Es war die Menschwerdung Gottes in Christus, die es den christlichen Künstlern ermöglichte, trotz des alttestamentlichen Bilderverbots Gott bildlich darzustellen, nämlich in seiner menschlichen Gestalt, als *imago Christi*. Seit frühchristlicher Zeit wurde Christus als die sichtbare Gestalt des unsichtbaren Gottes verstanden, wie es bereits Kol 1,15 ausgedrückt: »Er ist das Ebenbild des unsichtbaren Gottes …«.

Abb. 22: Salerno, Elfenbeintafel, Mose am brennenden Dornbusch

Mit der Darstellung der Gesetzesübergabe auf dem Sinai endet die Szenenfolge zum Alten Testament. Mose
steht leicht nach vorn gebeugt, wiederum die rechte
Bildhälfte einnehmend, und streckt beide Arme vor,
um die Tafeln des Bundes aus der Hand Gottes in
Empfang zu nehmen. Arme und Hände sind aus Ehrfurcht verhüllt. Vor Mose steigt ein Berg steil an, den
eine Inschrift als MŌT SINAI bezeichnet. Anders als
in der Berufungsszene ist die Gegenwart Gottes hier
tatsächlich nur durch eine Hand verbildlicht, die aus
der Himmelssphäre heraus Mose die Tafeln, dargestellt als geschlossenes Diptychon, überreicht. Nicht
zufällig endet der Zyklus zum Alten Testament mit
der Gesetzesübergabe an Mose als Grundlage des
Bundesschlusses Gottes mit Israel. Dieser Alte Bund
blieb im Verständnis des christlichen Mittelalters gültig bis zur Offenbarung Gottes in Jesus Christus, dessen Inkarnation, Passion und Auferstehung Inhalt der
sich anschließenden Bilderfolge zum Neuen Testament sind.

Abb. 23: Salerno, Elfenbeintafel, Gesetzesübergabe

Wie sehr die Berufung des Mose und der Bundesschluss am Sinai als zusammengehörig betrachtet
wurden, verdeutlichen die Mose-Szenen an der berühmten Holztür des Hauptportals der Basilika Santa
Sabina in Rom. Die Tür ist an den Außenseiten mit Re-
liefplatten geschmückt, die Bibelszenen aus dem Alten
und aus dem Neuen Testament zeigen. Sie stammen
aus der Bauzeit der Kirche (5. Jh.). Rund zwei Drittel
des einstigen Bestands haben sich erhalten, darunter
acht große Tafeln, von denen drei Szenen aus dem Leben des Mose darstellen. Auf der ersten Tafel des
Mose-Zyklus sind in drei Bildstreifen die Berufung sowie die Gesetzesübergabe auf dem Sinai zusammengefasst, wobei der Erzählverlauf von unten nach oben
geht und die Gestalt des Mose insgesamt viermal vorkommt.

Die Berufung ist in zwei Szenen aufgeteilt.[124] In der unteren Hälfte des Reliefs sieht man Mose bei der Herde seines Schwiegervaters Jitro sitzen. Er wendet den Kopf nach oben, dorthin, wo im darüberliegenden Bildstreifen neben einem lodernden Feuer ein Engel steht. Der Engel spricht mit erhobenem Arm zu einem vor ihm sitzenden Mann, in dem wiederum Mose zu erkennen ist, der sich die Sandalen löst. Einen »Engel des Herrn«, der Mose in einer aus dem Dornbusch schlagenden Flamme erscheint, erwähnen der hebräische Text sowie die Septuaginta und die Vetus Latina, während er in der Übersetzung der Vulgata nicht vorkommt (Ex 3,2). Dementsprechend findet sich die Darstellung eines Engels am oder im Dornbusch vor allem in der griechischen Kunst, insbesondere in der Buchmalerei, unter deren Einfluss vermutlich die Relieftafel von Santa Sabina entstanden ist.[125] Es ist allerdings eigenartig, dass auf dem Relief von Santa Sabina kein brennender Busch zu sehen ist, sondern nur eine große Flamme, die von einem Felsen emporlodert. Sie lässt bereits an den brennenden Sinai denken, auf den Gott »im Feuer herabkam« (Ex 19,18) zur Theophanie. Im oberen Bildstreifen schließlich stehen zwei Gestalten unmittelbar nebeneinander, mit denen vermutlich beide Male wieder Mose gemeint ist. Die linke Gestalt, mit ausgebreiteten Armen und geöffneten Handflächen, könnte Mose im Gespräch mit dem Herrn darstellen und noch auf die darunterstehende Dornbuschszene bezogen sein, die rechte zeigt ihn, wie er mit verhüllten Händen keine Tafeln, sondern eine Schriftrolle[126] aus der Hand Gottes entgegennimmt,

---

124 Vgl. G. Jeremias (1980), 20 ff.; W. Kemp (1994), 231 ff.
125 Vgl. N. Zchomelidse (2003), 166; G. Jeremias (1980), 22 f.
126 Zu Beispielen für Darstellungen, in denen Mose nicht Tafeln,

Abb. 24: Rom, Santa Sabina,
Berufung des Mose und Gesetzesübergabe

die unmittelbar über dem flammenden Berg aus Wolken herabkommt. Die fließenden Übergänge zwischen
den Szenen der Berufung und der Gesetzesübergabe,
angeordnet um denselben brennenden Berg, sind Ausdruck der inhaltlichen Zusammengehörigkeit der dargestellten Ereignisse.

Unter den prachtvollen Mosaiken, mit denen im
6. Jh. der Altarraum von San Vitale in Ravenna (Emi-

sondern eine Buchrolle erhält, siehe T. C. ALIPRANTIS (1986),
33 f. Das Motiv findet sich vor allem im ostkirchlichen Raum.

220

lia-Romagna, Italien) ausgestattet wurde, befindet sich eine Darstellung der Berufung des Mose, die insofern Gemeinsamkeiten mit der der Holztür von Santa Sabina in Rom aufweist, als sie Elemente enthält, die eher der Offenbarung auf dem Sinai zugeordnet werden können.

Die Szene, die sich im östlichen Zwickel des Bogens über den Erdgeschossarkaden befindet, ist zweigeteilt: Unten wird Mose als Hirte gezeigt, der die Herde des Jitro weidet. Er hält eine Schriftrolle in der Hand, die auf seine Bestimmung als Empfänger und Übermittler der Weisungen Gottes deutet. In der Szene darüber löst er sich die Sandalen, wobei er den Kopf nach oben wendet, wo hinter ihm in den Wolken eine Hand die Gegenwart Gottes verkörpert. Weder ein Engel ist zu sehen noch ein brennender Busch, vielmehr ist der gesamte Berg von kleinen Flammen übersät, er brennt, wie es für die Offenbarung auf dem Sinai überliefert ist:

»Der ganze Berg war in Rauch gehüllt, denn der Herr war im Feuer auf ihn herabgestiegen. Der Rauch stieg vom Berg auf wie Rauch aus einem Schmelzofen.« (Ex 19,18)

Der brennende Gottesberg bei der Berufung des Mose verweist demnach bereits auf die Gesetzesübergabe auf dem Sinai, die genau gegenüber an der Nordwand dargestellt ist: Mose nimmt mit ehrfurchtsvoll verhüllten Händen aus der Hand Gottes eine Schriftrolle entgegen, doch sieht er nicht auf das, was seine Hände tun, sondern wendet aus Furcht, Gott zu schauen, das Gesicht ab und blickt in die entgegengesetzte Richtung. Die große Bedeutung des Mose für die Heilsgeschichte wird in den drei Mose-Szenen von San Vitale

Abb. 25: Ravenna, San Vitale, Berufung des Mose

dadurch hervorgehoben, dass er mit einem Nimbus versehen ist.[127]

Die besondere Stellung des Mose in den frühchristlichen Bildfolgen, wie sie an der Tür von Santa Sabina in Rom und in den Mosaiken von San Vitale in Ravenna oder auch von Santa Maria Maggiore in Rom[128] überliefert sind, hat in den sog. Loggien Raffaels (1483–1520) seine Spuren hinterlassen. Zwischen 1516 und 1519 stattete Raffael die lange Galerie im oberen Geschoss der nach Entwürfen von Bramante errichteten Loggien des päpstlichen Palastes mit Fresken aus, wobei er für die 13 Gewölbe einen großen Bibelzyklus aus insgesamt 52 biblischen Szenen konzipierte, der

127   J. POESCHKE (2009), 160 ff., Taf. 67–69.
128   J. POESCHKE (2009), 70 ff., B. BRENK (1975), 77 ff.

als »Raffaels Bibel« bezeichnet wird.[129] 12 der 13 Gewölbe weisen jeweils vier Szenen aus dem Alten Testament auf, die thematisch zusammengehören (Schöpfung, Paradies, Noah, Abraham, Isaak, Jakob, Josef, Mose, Mose, Josua, David, Salomo); das 13. Gewölbe stellt vier Szenen aus dem Leben Jesu dar. Geht man die Themen der Gewölbe durch, fällt auf, dass nur Mose gleich zwei Gewölbe, also insgesamt acht Szenen, gewidmet sind. Bei der Auswahl der Mose-Szenen scheint Raffael die »Gotteserscheinung« in ihren unterschiedlichen Weisen besonders interessiert zu haben. Neben der Berufung am Dornbusch hat er die Feuersäule beim Durchzug durch das Rote Meer, das Wasserwunder, die Theophanie am Sinai, die Wolkensäule vor dem Offenbarungszelt sowie die Rückkehr des Mose vom Berg mit »strahlendem Angesicht« gemalt. Die Sichtbarkeit des Unsichtbaren stellt Raffael im komplexen Bildprogramm seines Bibelzyklus in das Zentrum und lässt Mose dabei zur exemplarischen Gestalt der Gottesbegegnung werden.

Den Bibeltext getreu umsetzend findet sich in manchen Darstellungen der Berufungsszene nur der eigentümlich brennende Busch, dessen Blätter inmitten der Flammen grün bleiben, um die Gegenwart Gottes anzuzeigen, so in der entsprechenden Szene der in der Nordvorhalle von San Marco in Venedig befindlichen Moseskuppel, deren Mosaikzyklus zum Leben des Mose im 13. Jh. geschaffen wurde.[130] Um der größeren Anschaulichkeit willen wurde jedoch häufig ein Bild Gottes in den Busch eingefügt. Dabei tritt neben das

---

129 Vgl. N. Dacos, Raffael im Vatikan. Die päpstlichen Loggien neu entdeckt, Stuttgart 2008.
130 Vgl. O. Demus (1984), 168 ff.; J. Poeschke (2009), 321, Taf. 171.

Bild Christi, wie es unter anderem eine Miniatur im Ingeborgpsalter zeigt, der um 1200 für die Gemahlin des französischen Königs Philipp II. August, Ingeborg von Dänemark, angefertigt wurde (Chantilly, Musée Condé, Ms 9 Olim 1695, fol. 12v), im Spätmittelalter zunehmend dasjenige Gottvaters. Die Szene der Berufung des Mose in der Wenzelsbibel (Wien, Österreichische Nationalbibliothek, Codex Vindobonensis 2759, fol. 55v), der berühmten für Wenzel IV. von Böhmen angefertigten Prachthandschrift aus dem späten 14. Jh. sitzt Mose, weißhaarig und mit Hörnern versehen, am Boden und entledigt sich seiner Stiefel. Vor ihm steht ein Baum, in dessen Blattwerk Flammen züngeln und in dem eine in unwirklichem Blau gehaltene und von einem Wolkenband umgebene Büste Gottvaters zu sehen ist, den Kopf umgeben von einem goldenen Nimbus. Um den Baum schweben in rötliches Licht getauchte, gleichfalls von einem Wolkenband umsäumte Engel, von denen einer Mose ein Schriftband entgegenhält, die Verkörperung der Stimme Gottes, die ihn auffordert, die Schuhe abzulegen: »Depone calcyamenta pedum«. Die seltsame Einfärbung der Gestalten Gottvaters und der Engel verleiht ihnen etwas Unwirkliches und verdeutlicht dem Betrachter, dass sie nicht zu der sichtbaren Welt gehören, in der sich Mose befindet und die er wahrnimmt.[131]

In dem großartigen Freskenzyklus aus der Zeit um 1100, der in der Abteikirche Saint-Savin-sur-Gartempe (Poitou, Frankreich) das über 40 m lange Tonnengewölbe des Hauptschiffs schmückt, sind in vier Bild-

---

131 Vgl. Wenzelsbibel. König Wenzels Prachthandschrift der deutschen Bibel (erl. von H. APPUHN, mit einer Einl. von M. KRAMER), Bd. 1: Genesis und Exodus, Dortmund 1990, 241–244.

streifen Szenen aus Genesis und Exodus angeordnet, zu denen auch mehrere Episoden aus der Geschichte des Mose gehören, darunter die Gesetzesübergabe auf dem Sinai.[132] Ein weißhaariger bärtiger Mose kniet auf dem Berg Sinai, der als ockerfarbene halbrunde Erhebung wiedergegeben ist, und empfängt aus den Händen Gottes die beiden Gesetzestafeln. Gott-Christus steht neben ihm, das Haupt von einem großen dunklen Kreuznimbus hinterfangen, in eine Mandorla eingeschlossen, die eine Zierleiste und ein Wolkenband einfassen. Durch das Wolkenband hindurch reicht er Mose die Tafeln, auf denen die Worte zu lesen sind: D(EU)M ADORA und NON OCCIDES, zwei der »zehn Worte«, die Gott dem Volk durch Mose mitteilt und von denen das erste die sog. Gottesgebote und das zweite die sog. Sozialgebote einleitet. Die Gliederung der Gebote in zwei Gruppen wurde schon früh mit dem Motiv der zwei Tafeln begründet, denn man nahm an, dass die Gebote sachlich getrennt und geordnet seien. Vier Hörner blasende Engel umgeben die beiden Figuren. Sie verbildlichen den »gewaltigen Hörnerschall«, der die Herabkunft des Herrn auf den Sinai begleitet (Ex 19,16). Darüber hinaus verweisen sie auf die große Bedeutung des Geschehens für das Volk Israel und für die gesamte Menschheit, denn ihre Vierzahl steht für die »vier Ecken der Welt«, den gesamten Erdkreis. Der blaugrundige Bildraum, in dem sich Mose befindet, ist deutlich geschieden von dem rotgrundigen Bildraum, in dem sich die Gestalt Gottes befindet und in den Mose,

132 Vgl. E. Jeannin, Abbaye de Saint-Savin-sur-Gartempe, o. J., 48 ff.; Y. Labande-Mailfert, Poitou Roman, St. Léger-Vauban 1962, 142 ff.; R. Favreau (Hrsg.), Saint-Savin. L'abbaye et ses peintures murales, Poitiers 1999, 131 ff.

Abb. 26: Saint-Savin-sur-Gartempe, Gesetzesübergabe

anders als der Betrachter, nicht hineinzusehen vermag. Mose hört zwar den Hörnerschall, sieht aber weder die Engel noch den Herrn, der für ihn im Feuer, dargestellt durch den rötlichen Grund, und in der »dunklen Wolke« (Ex 20,21) verborgen bleibt. Doch offenbart sich ihm dieser verborgene Gott in den Zehn Geboten.

Eine eindrucksvolle Vision der Gegenwart Gottes in Wolken und Feuer auf dem Sinai findet sich auf dem sog. Triptychon von Modena (Modena, Galleria Estense), das zu den frühen Werken von Domenikos Theotokopoulos, genannt El Greco (1541–1614), gerechnet wird.

Es handelt sich um ein kleines, zusammenklappbares Retabel, das der privaten Andacht diente. Auf der Rückseite der Mitteltafel befindet sich eine Darstellung des Sinaimassivs, das mit drei steilen dunklen

Gipfeln in den Himmel ragt. Zu Füßen des mittleren Berges, des Mosesberges, liegt das Katharinenkloster, in dem seit dem 10. Jh. die Reliquien der heiligen Katharina von Alexandrien verehrt werden, deren Leichnam der Legende zufolge von Engeln auf den Sinai getragen und dort bestattet wurde. Auf dem Gipfel im Hintergrund ist schemenhaft das Begräbnis zu erkennen. Im Vordergrund sieht man Pilger auf dem Weg zum Kloster, das dort errichtet worden sein soll, wo Mose einst den brennenden Dornbusch sah. Über dem Gipfel des Mosesberges haben sich Wolken zusammengeballt, die an einer Stelle aufreißen und goldgelbe Flammen sichtbar werden lassen, die auf den

Abb. 27: El Greco, Sinai mit Gesetzesübergabe

Berg hinunterfließen. Rauch färbt die Wolken rotbraun, das Feuer taucht sie in rosafarbenes Licht. Die verbergenden Wolken sind ebenso Zeichen der Gegenwart Gottes wie das Feuer, Sinnbild seiner Herrlichkeit und Gewalt; im Feuer offenbart sich Gott Mose sowohl bei der Berufung am brennenden Dornbusch als auch auf dem Sinai. Aus den Flammen kommen zwei weiß leuchtende Tafeln, nach denen Mose, dessen Gestalt sich schmal gegen die Wolken abzeichnet, seine Arme ausstreckt. In leuchtenden Buchstaben stehen, wie mit Feuer an den Himmel gemalt, in griechischer Sprache die Worte: »Der heilige und von Gott betretene Berg Sinai«. El Greco hat sich zu diesem Bild von zeitgenössischen Druckgraphiken mit Ansichten des Sinai inspirieren lassen, von denen er die Anordnung der drei Gipfel und des Katharinenklosters sowie die beiden Szenen auf den Gipfeln übernimmt. Diese Graphiken, die auch anderen Malern als Vorlage für Sinai-Bilder dienten, sollten zur Anschauung bringen, was den Sinai auszeichnet, nämlich vor allem der Ort zu sein, auf den Gott hinabgestiegen ist (Ex 19,11), an dem er sich Mose offenbarte und ihm die Gesetzestafeln zur Besiegelung des Bundes übergab. Die einzigartige Bedeutung dieses Ortes bringt El Greco durch die zeitübergreifende Zusammenschau der verschiedenen mit dem Sinai verbundenen Ereignisse aus biblischer und nachbiblischer Zeit zum Ausdruck. Indem das biblische Geschehen, die Offenbarung auf dem Sinai, in demselben Bildraum dargestellt wird, in dem sich die christlichen Pilger bewegen, wird seine Bedeutung für die Gegenwart des Betrachters sichtbar.[133]

---

133 Vgl. J. BROWN, El Tríptico de Módena, in: El Greco, Fundacíon Amigos del Museo del Prado, Barcelona 2003, 61–73; J. ÁLVA-

Während sich für Darstellungen der Berufung des
Mose am brennenden Dornbusch und der Übergabe
der Gesetzestafeln auf dem Sinai durch die Jahrhunderte zahlreiche Beispiele finden, ist nur selten versucht worden zu verbildlichen, wie Mose den »Rücken« Gottes schaut. Nachdem Mose bei der Berufung
am brennenden Dornbusch sein Gesicht verhüllte,
weil er sich fürchtete, Gott anzuschauen, bittet er ihn
später, ihn doch seine Herrlichkeit sehen zu lassen. Da
verspricht Gott Mose, seine ganze Schönheit an ihm
vorüberziehen zu lassen, doch erlaubt er ihm nur seinen »Rücken«, nicht aber sein »Angesicht«, zu sehen,
denn niemand könne es sehen und am Leben bleiben
(Ex 33,21–23).[134] Von der berühmten deutschsprachigen Weltchronik, die Rudolf von Ems um 1230–1250
verfasste, sind mehrere illuminierte Abschriften erhalten, von denen einige Miniaturen aufweisen, die »Gottes Rücken« originell ins Bild umsetzen. In dem in Zürich befindlichen Exemplar, das aus dem ehemaligen
Benediktinerkloster Rheinau (Kanton Zürich) stammt
und in die Mitte des 14. Jh.s zu datieren ist, nimmt die
entsprechende Darstellung das obere Register eines
zweigeteilten Bildfeldes ein (Zürich, Zentralbibliothek, Ms. Rh. 15, fol. 87r).[135]

REZ LOPERA (Hrsg.), El Greco. Identidad y transformación.
Creta. Italia. España, Ausst. Kat. Museo Thyssen Bornemisza,
Madrid 1999, 339 ff.; M. VASSILAKI, Three Questions on the Modena Tritych, in: El Greco of Crete. Proceedings of the Interna-
tional Symposium Held on the Occasion of the 450th Anniver-
sary of the Artist's Birth, Iraklion, 1.–5. September 1990 (hrsg.
von N. Hadjinicolaou), Iraklion 1995, 119–132.

134 Zu den Schwierigkeiten, die der hebräische Text bietet, und
    möglichen Erklärungen s. o. B. 2.9.

135 Vgl. K. ESCHER, Die Bilderhandschrift der Weltchronik des
    Rudolf von Ems in der Zentralbibliothek Zürich (Mitteilun-
    gen der Antiquarischen Gesellschaft in Zürich, Bd. 31), Zürich

Mose kniet mit erhobenen Händen vor einem Felsen, den Blick auf eine Wolke vor ihm gerichtet, in der ein übergroßer Hinterkopf mit langen Haaren zu erkennen ist, umfangen von einem goldenen Nimbus.

»Der HERR stieg in der Wolke herab und stellte sich mit ihm dorthin. Er rief den Namen des HERRN (JHWH) aus. Der HERR ging dann an ihm vorüber und rief aus: Der HERR ist der HERR (JHWH – JHWH). Ein barmherziger und gnädiger Gott, langmütig und reich an Treue … Sofort verneigte sich Mose bis zur Erde und warf sich nieder.« (Ex 34,5–8)

Das Bild lässt keinen Zweifel daran, dass Mose nur die rötliche Wolke erblickt und allein der Betrachter den Hinterkopf Gott-Christi in ihr sehen kann. Für Gregor von Nyssa (gest. nach 394) stand außer Frage, dass Mose den unsichtbaren Gott, der sich vor ihm verbarg, niemals in einer körperlichen Form gesehen hat. Das Bild vom »Rücken Gottes« erklärt er folgendermaßen: »Wer aber folgt, schaut den Rücken dessen, dem er folgt. Und nun wird Moses, der Gott zu sehen verlangte, belehrt, wie man Gott sehen kann: Gott nachfolgen, wohin ER auch führt, ist: Gott sehen. Denn SEIN Vorübergehen bedeutet dem Folgenden, dass ER führt.«[136] Indem in der Miniatur der Rücken Gottes nicht Mose, sondern dem Betrachter zugewandt ist, wird dieser aufgefordert, ihm nachzufolgen und damit auf die Weise zu »sehen«, wie Mose es getan hat.

1935, 16, Tafel V, Abb. 17; C. KRATZERT, Die illustrierten Handschriften der Weltchronik des Rudolf von Ems, Diss. Berlin 1974, 31.

136 GREGOR VON NYSSA, Der Aufstieg des Moses (übers. und eingel. von M. BLUM), Freiburg i. Br. 1963, 117; vgl. F. BŒSPFLUG (2006).

Abb. 28: Weltchronik des Rudolf von Ems (Zürich),
Gott zieht an Mose vorüber

Die Szene im unteren Register zeigt, wie Mose mit
leuchtendem Antlitz, dargestellt durch flammenartige
Strahlen um seinen Kopf, den Israeliten die Gebote
Gottes übermittelt.

Herausgelöst aus dem Erzählzusammenhang des Exo-
dus findet sich eine Darstellung des Mose auf dem Si-
nai im Stuttgarter Psalter, einer reich bebilderten
Handschrift, die in den Jahren 820–830 in der Abtei
Saint-Germain-des-Prés bei Paris geschaffen wurde
(Württembergische Landesbibliothek Stuttgart, Cod.
Bibl. 2° 23, fol. 62 r).[137] Als erstes von vier Bildern zu

---

137 Vgl. J. ESCHWEILER, u. a., Der Inhalt der Bilder, in: Der Stutt-
      garter Bilderpsalter, Bibl. Fol. 23, Württembergische Landes-
      bibliothek Stuttgart, Bd. 2: Untersuchungen, Stuttgart 1968, 94;
      F. MÜTHERICH, Die verschiedenen Bedeutungsschichten in der
      frühmittelalterlichen Psalterillustration, in: Frühmittelalter-
      liche Studien 6 (1972), 232–244.

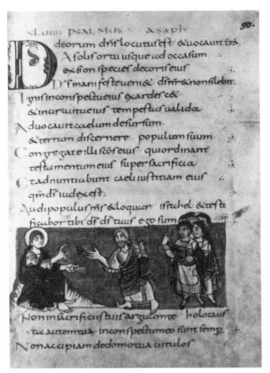

Abb. 29: Stuttgarter Psalter, Illustration zu Ps 49,7

Psalm 49 (Vulg.) illustriert sie die Einleitung der Rede Gottes an sein Volk: »Höre, mein Volk, ich rede. Israel, ich klage dich an, ich, der ich dein Gott bin« (Ps 49,7). Im Folgenden ermahnt Gott den Frevler, seine Gebote nicht nur im Munde zu führen, sondern sie auch einzuhalten, und zählt die Vergehen auf, deren er sich schuldig gemacht hat. Dabei handelt es sich offensichtlich um Verstöße gegen die Gebote des Dekalogs, denn der Frevler hat sich Dieben und Ehebrechern angeschlossen und durch üble Nachrede sogar enge Verwandte herabgewürdigt. Mose wird zwar in dem

Psalm nicht erwähnt, doch ließ sich das Gesetz Gottes offenbar am deutlichsten in seiner Person fassen. Mose steht, ein Diptychon, auf dessen Flügeln der Schriftzug »Tabulas Moysi« zu lesen ist, in der linken Hand, vor dem Sinai, auf dem Gott-Christus thront. Ausdruck des eindringlichen Gesprächs zwischen Gott und Mose sind ihre lebhaft gestikulierenden Hände. Hinter Mose stehen mehrere Israeliten so nahe beieinander, dass sie durch den geschlossenen Umriss fast wie eine einzige Gestalt wirken; sie sind Israel, dem Gott seine Gebote durch Mose übermittelte und dem die mahnende Gottesrede in Psalm 49 gilt.

Zu den großartigsten Darstellungen des Exodus-Geschehens gehören schließlich die Bilder, die Marc Chagall (1887–1985) schuf. Unter den 17 großformatigen Gemälden aus den Jahren 1954 bis 1966, die den Zyklus »Message Biblique« bilden, befindet sich ein Gemälde, das unter dem Titel »Mose vor dem brennenden Dornbusch« bekannt ist. Es stellt allerdings viel mehr dar als nur die Berufung des Mose und ist eher als eine Zusammenfassung des Buches Exodus zu verstehen (Musée National Message Biblique Marc Chagall, Nizza).[138] Die Mitte des vorwiegend in Blautönen gehaltenen Bildes nimmt der brennende Dornbusch ein, über dem aus einer Aureole in den Farben des Regenbogens ein Engel mit ausgebreiteten Armen hervorkommt. Rechts kniet Mose, eine ganz in Weiß gehaltene, nahezu leuchtende Gestalt, von deren Kopf zwei Strahlenbündel ausgehen. Er greift sich mit der rechten Hand an die Brust. Auf der anderen Seite des

---

138 Vgl. Musée National Message Biblique Marc Chagall, Nice (2001), 35; P. Provoyeur (1996), 135 f.; I. Köninger / B. Moos (2007), 76 ff.

Abb. 30: Marc Chagall, Mose vor dem brennenden Dornbusch

Dornbuschs ist er wiederum dargestellt, wenn auch eigentlich nur sein im Profil wiedergegebener strahlend gelber Kopf. Denn sein Körper ist kein menschlicher Körper mehr, sondern besteht aus einem blauen Kegel, der sich bei näherer Betrachtung als aus lauter Menschenkörpern zusammengesetzt erweist. Mose ist sichtlich zum Haupt des Volkes Israel geworden. Vor seinem Gesicht schweben die Tafeln des Bundes, als zögen sie vor ihm her und wiesen ihm den Weg. Hinter dem Volk liegt eine dichte weiße Wolke, die es schützt und den Blicken der Feinde, der Ägypter, entzieht, diese dagegen nahezu ganz einschließt, um sie zu vernichten.

Der aus 24 Farblithographien bestehende Exodus-Zyklus, den Marc Chagall 1966 schuf, endet mit einem Doppelblatt, in dem der Künstler einen anschaulichen Vergleich aus Hosea, der die Liebe und Fürsorge Gottes für sein Volk beschreibt, ins Bild überträgt. Im Vordergrund ist Mose dargestellt, auch hier eine leuchtend weiße Gestalt, auf einem Berg kniend und mit beiden Händen die Tafeln des Bundes hochhaltend, unter ihm in der Ebene das Volk, angeführt von einem Mann in rotem Gewand mit einem Stab in der Hand, in dem vermutlich wiederum Mose zu sehen ist. Hinter ihm gehen Aaron, der an der priesterlichen Kopfbedeckung zu erkennen ist, und ein Mann mit einer Torarolle in den Händen, vielleicht Josua, dem Erfolg bei der Landnahme verheißen wird, sofern er Tag und Nacht die Tora, die Mose ihm gegeben hat, befolgt (Jos 1,7f.). Über dem Volk schwebt eine große dichte Wolke, gehalten von einem Engel. Nur auf den ersten Blick unverständlich wirkt die schwebende Gestalt am Himmel, die einen Mann darstellt, der ein kleines

Abb. 31: Marc Chagall, Schlussbild des Exodus-Zyklus

235

Kind an sich drückt. Sie verbildlicht die große Liebe Gottes zu Israel, die Hosea im Handeln Gottes erkennt:

»Als Israel jung war, gewann ich ihn lieb, ich rief meinen Sohn aus Ägypten. ... Ich war es, der Efraim gehen lehrte, ich nahm ihn auf meine Arme. ... Ich war für sie wie die Eltern, die den Säugling an ihre Wangen heben. Ich neigte mich ihm zu und gab ihm zu essen.« (Hos 11,1–4)

Wie ein Vater sein Kind, so hat Gott Israel behütet, sein Volk, mit dem er den Bund geschlossen hat, dessen Sinnbild die Tafeln in der Hand des Mose sind.[139]

2.1.5. Das Offenbarungszelt

Zwei große Erzählstücke, die durch die Konzeption der Anweisung (Ex 25–31) und der Ausführung (Ex 35–40) aufeinander bezogen sind, handeln vom tragbaren Heiligtum für die Zeit der Wüstenwanderung, das auch als Offenbarungs- oder Begegnungszelt oder auch als Stiftshütte bezeichnet wird. Die theologische Idee dieses Heiligtums wird zu Beginn der Ankündigung formuliert:

»Sie sollen mir ein Heiligtum machen, und ich werde in ihrer Mitte wohnen.« (Ex 25,8)

Das Zeltheiligtum wird folglich verstanden als Ort der Präsenz Gottes bei seinem Volk. Nach der Fertigstellung dieses Heiligtums wird es von der Gegenwart Gottes in Gestalt der Wolke erfüllt, ganz so, wie Gott zuvor auf dem Berg Sinai erschienen war. Das Heiligtum wird zur besonderen Offenbarungsstätte auf der

---

139 Vgl. I. TRAUDISCH-SCHRÖTER / H. SCHRÖTER (1993), 98 f. Die Autoren sehen in den beiden schwebenden Gestalten ein Liebespaar.

Wanderung des Volkes Israel in das verheißene Land. Es wird in gewisser Weise ein »wandernder Sinai«, wie der berühmte Rabbiner Benno Jacob treffend formuliert hat.[140] An keiner anderen Bibelstelle wird die Vorstellung von der besonderen Gottesnähe beim Zeltheiligtum tiefer reflektiert als in der sehr dichten und komplizierten Szene der Fürbitte des Mose (Ex 33) nach der Sünde mit dem Goldenen Kalb. In einem Gedankenspiel wird nämlich am Beispiel des Zeltes verdeutlicht, dass Gott nicht in der Mitte des sündigen Volkes sein kann, was an der Anweisung abzulesen ist, dass Mose unter diesen Bedingungen das Zelt eigentlich außerhalb des Lagers der Israeliten aufstellen müsste. Damit wird aber die ursprüngliche Grundidee des Heiligtums aufgegeben, weil ihre Verwirklichung unmöglich geworden ist. Erst Gottes erneute Zuwendung in einer besonderen Form der Offenbarung, und zwar im Vorüberzug Gottes an Mose (Ex 33,18ff.), und der dann folgenden Bundeserneuerung mit der Offenbarung des Gottesnamens (Ex 34,5f.) sowie der Sichtbarwerdung der Gottesnähe auf dem strahlenden Angesicht des Mose (Ex 34,29) (s.o.) schafft die Voraussetzung für die nachfolgende Verwirklichung des Offenbarungszeltes.

Die als Ashburnham Pentateuch bekannte Handschrift, die vermutlich im späten 6. Jh. in Italien angefertigt wurde, enthält eine in zwei Register geteilte ganzseitige Miniatur, die oben in zwei Szenen den Bundesschluss und unten das Zeltheiligtum darstellt (Paris, Bibl. Nat., Ms. Nouv. acq. lat. 2334, fol. 76r).[141]

---

140   B. JACOB (1997), 1032.
141   Vgl. D. VERKERK (2004), 89ff., Abb. 21. W. CAHN (1982), 26–28, Abb. 8.

Im oberen Register ist Mose auf dem »brennenden Sinai« zu sehen, dessen Gipfel über den Rahmen der Miniatur hinausragen, vor ihm schwebt eine Wolke, aus deren Mitte das für ihn unsichtbar bleibende Gesicht Gott-Christi blickt. Hinter ihm haben sich Aaron und seine Söhne Nadab und Abihu, den Anordnungen Gottes folgend, in einiger Entfernung niedergeworfen, darunter stellt eine Gruppe von Männern die 70 Ältesten dar, die sie begleiten durften (Ex 24,1–3. 9–11). Unterhalb des Berges ist Mose nochmals dargestellt, nun hinter dem Altar stehend, den er am nächsten Morgen zum Bundesschluss errichtet hat. Er hat die jungen Männer Brandopfer darbringen lassen, die Hälfte des Opferblutes in eine Schüssel gegossen und mit der anderen Hälfte den Altar besprengt (Ex 24,8). Doch sind nicht diese Handlungen dargestellt, der Buchmaler zeigt vielmehr, was danach geschieht: Mose nimmt die »Urkunde des Bundes«, dargestellt als ein großes Diptychon, mit den Worten Gottes, die er am Vortag aufgeschrieben hat, und verliest sie vor dem Volk, das verspricht, sie zu achten (Ex 27,7). Links vom Altar repräsentiert eine Gruppe von 16 Männern und sieben Frauen das Volk Israel; die Beischrift erklärt: »hic filii isrl. Dicunt ad Moysen omnia que precepit dns faciemus.« Auf dem Altar stehen statt der Schüssel mit dem Blut ein Kelch, zwei weitere Gefäße und fünf runde Brote, die eher an eine Darstellung des Letzten Abendmahls denken lassen; auch die sieben weiß gekleideten Männer um den Altar, von denen drei weitere Brote herbeibringen, erinnern eher an Priester oder Diakone als an die jungen Israeliten, die Brandopfer darbringen, auch wenn die Beischrift sie als solche bezeichnet: »hic ubi offerent olocausta«. Indem in die Darstellung des alttestamentlichen Geschehens Elemente eingefügt werden, die auf das Neue

238

Abb. 32: Ashburnham Pentateuch,
Bundesschluss und Zeltheiligtum

Testament vorausdeuten, wird versucht, die typologische Deutung, die die Szene des Bundesschlusses als
Präfiguration der Einsetzung der Eucharistie beim
Letzten Abendmahl verstand, zu visualisieren. Dieser
christologische Bezug ist bereits in der Bibel angelegt,
denn Jesus spricht, als er den Jüngern den Kelch
reicht, vom »Blut des Bundes« und greift dabei auf die
Worte des Mose zurück, die dieser spricht, als er das
Volk mit dem Stierblut besprengt:

»Das ist das Blut des Bundes, den der HERR aufgrund all
dieser Worte mit euch geschlossen hat.« (Ex 24,8)

Im unteren Register ist das Zeltheiligtum dargestellt,
bestehend aus einem Gerüst, an dem verschiedenfar-

bige Vorhänge befestigt sind. Zwei weiße Zelte flankieren das Heiligtum, die Zelte der Israeliten, »tentoria filiorum isrl«, wie eine Beischrift auf der rechten Seite erklärt. In dem Zelt auf der linken Seite sind Mose und Josua, in dem auf der rechten Seite Aaron mit Nadab und Abihu zu sehen, alle in weiße Gewänder gekleidet. Moses und Aaron ergreifen mit beiden Händen jeweils einen Vorhang des Heiligtums, als wollten sie sie wegziehen und den Blick auf das Innere freigeben, in dessen Mitte die Bundeslade steht. Nach Ex 26,33 verdeckte im Zeltheiligtum ein Vorhang das Allerheiligste, in dem sich die Bundeslade befand. Einen solchen Vorhang besaß später auch der Tempel in Jerusalem. Nur einmal im Jahr durfte der Hohepriester das Allerheiligste betreten (vgl. Lev 16). Die Evangelien berichten nun, wie ebendieser Vorhang vor dem Allerheiligsten im Tempel in dem Moment von oben bis unten zerriss, in dem Jesus am Kreuz starb (Mt 27,51 par.). Dieses Geschehen wurde schon von den Kirchenvätern als Enthüllung der Geheimnisse des Alten Bundes durch Christus gedeutet.[142] In gleicher Weise wie die Darstellung des Bundesschlusses im oberen Register enthält auch die Darstellung des Offenbarungszeltes Elemente, die eine typologische Deutung nahelegen. So lässt die mit einem weißen Tuch bedeckte Bundeslade an den Altar einer Kirche denken, und über dem weißen Zelt auf der rechten Seite schwebt eine Wolke, aus der zwei Hände hervorkommen, die eine große Kerze halten. Wolke und Kerze sind zunächst einmal als biblische Sinnbilder der Gegenwart Gottes zu verstehen, die das wan-

---

142   Vgl. J. K. EBERLEIN, Apparitio regis – revelatio veritatis. Studien zur Darstellung des Vorhangs in der bildenden Kunst, Wiesbaden 1982, 83 ff.

dernde Volk am Tag in einer Wolke und in der Nacht in einem Feuer über dem Zeltheiligtum erfuhr, doch wird, indem die Feuersäule als Kerze gestaltet wird, auf eine weitere Sinnschicht verwiesen: In der Kerze ist zugleich die Osterkerze zu sehen, ein Symbol Christi. Die Darstellung will somit einen heilsgeschichtlichen Zusammenhang andeuten: nämlich dass in dem Offenbarungszelt eine Präfiguration der christlichen Kirche zu verstehen ist, dass das Heiligtum Israels, das die Bundeslade mit den Gesetzestafeln, dem Wort Gottes, barg, auf die Kirche vorausweist, in der Christus durch das am Altar gefeierte Messopfer gegenwärtig ist.

Unter den Illuminationen der oben genannten Bibel von San Isidoro (León, Real Colegiata de San Isidoro, Cod. 2), die die biblische Erzählung mitunter nahezu wörtlich ins Bild übertragen, finden sich zwei Darstellungen des Offenbarungszeltes. Zunächst wird Mose in dem Zelt gezeigt, das er nach der Sünde mit dem Goldenen Kalb außerhalb des Lagers für sich aufschlug (fol. 46v).[143] Das Zelt ist als ein Bogen auf zwei Pfosten wiedergegeben, von dem ein Vorhang herabhängt. Rechts vom Zelt schwebt die dunkle Wolke, die sich immer dann herabließ, wenn Mose das Zelt betrat und am Zelteingang stehen blieb. »Dann redete der HERR mit Mose« (Ex 33,9). Auf der anderen Seite sind die Israeliten dargestellt, die sich angesichts der Wolke zu Boden geworfen haben. »Wenn das ganze Volk die Wolkensäule am Zelteingang stehen sah, erhoben sich alle und warfen sich vor ihren Zelten auf den Boden« (Ex 33,10). Die kleinere Gestalt, die bei Mose, aber außerhalb des Zeltes steht, ist sein Diener Josua. Das Bild

---

143   Vgl. W. Kessler (1977), 63.

veranschaulicht, wie Gott sich dem Volk offenbart. Denn das Offenbarungszelt steht genau zwischen der Wolke und dem Volk; es ist die Stätte, an der Gott über den Mittler Mose zum Volk spricht. Von ihm heißt es, dass es der Ort sei, »wo ich mich euch offenbare, um mit dir dort zu reden« (Ex 29,42).

Eine im frühen 15. Jh., vermutlich in Regensburg angefertigte Weltchronik-Handschrift, die sich heute im Besitz des J. Paul Getty-Museums in Los Angeles befindet, enthält eine Miniatur, die zeigt, wie Mose die Anordnung, das Zeltheiligtum zu bauen, auf dem Sinai erhält (Los Angeles, J. Paul Getty-Museum, Ms. 33, fol. 89 v).[144]

Im Vordergrund ist Mose zu sehen. Sein glänzendes Gesicht, das die Israeliten zunächst geängstigt hatte, wird durch zahlreiche vom Kopf ausgehende Strahlen bezeichnet, von denen zwei die Form von Hörnern annehmen. Mit hoch erhobenem Zeigefinger gibt er den Israeliten »alle Gebote« weiter, »die der HERR ihm auf dem Sinai mitgeteilt hatte« (Ex 34,32). Die Szene im Hintergrund stellt nun dar, was Mose auf dem Sinai widerfahren ist und was er dem Volk mitzuteilen hat. Mose steht auf dem Berg und blickt, den Kopf zurückgewendet, auf eine Wolke hinter ihm, in deren Innerem, halb verdeckt, ein Hinterkopf mit langen Haaren sichtbar ist, den ein Kreuznimbus als Haupt Gott-Christi bezeichnet. Mose spricht mit dem sich vor ihm verbergenden Herrn, wie seine Gesten bedeuten, denn mit der einen Hand zeigt er auf die Wolke und mit der anderen auf das, was Gott ihn sehen lässt: das Offen-

---

144 Vgl. J. GÜNTHER, Mittelalterliche Handschriften und Miniaturen. Kunstschätze im Verborgenen, Holm bei Hamburg 1994, 211–220.

Abb. 33: Weltchronik (Los Angeles),
Mose schaut das Zeltheiligtum

barungszelt mit der Bundeslade sowie das ganze Heiligtum, das Gott zu errichten ihn anweist. Gott gibt
Mose genau zu verstehen, wie das Zelt und die Lade,
in die er die Gesetzestafeln legen soll, und alle Bestandteile des Heiligtums ausgeführt werden sollen.
Und ebendiesen Auftrag Gottes gibt Mose in der im
Vordergrund dargestellten Szene an das Volk weiter.
Die Darstellung des Offenbarungszeltes mit der gold-
glänzenden Bundeslade, auf der die von zwei Keru-
bim eingefasste Deckplatte zu erkennen ist, versucht
die große Schau, die Mose auf dem Sinai zuteil wird,
in ein Bild umzusetzen.

2.2. Mose als Thema früher Schriften

»Es zeigt sich, dass außerhalb der sich entfaltenden Pentateuchtradition und des von ihr ausgehenden Einflusses Mose in der alttestamentlichen Überlieferung keine nennenswerte Rolle spielt und dass wir vor allem viel zu wenig und zumal inhaltlich viel zu dürftige unabhängige Aussagen besitzen, um von ihnen aus eine Lösung der Frage nach der ursprünglichen Bedeutung und der überlieferungsgeschichtlichen Herkunft Moses versuchen zu können.«[145] Diese unerwartete Ungleichheit der Bedeutung des Mose im Pentateuch und außerhalb des Pentateuchs mag mit Besonderheiten von Überlieferungsströmen und deren Ausgestaltung in der Hebräischen Bibel zu tun haben, aber sie erklärt sich auch daraus, dass größere zusammenfassende Geschichtsentwürfe, bei denen Mose im Zusammenhang mit dem Exodus eine Schlüsselstellung zukommt, nicht am Anfang, sondern eher am Ende der alttestamentlichen Literaturgeschichte stehen. Daneben lässt sich aber erkennen, dass das inneralttestamentliche Interesse an Mose in seinen Funktionen als Offenbarungsmittler und Gesetzesinterpret – ganz im Sinne dessen, was im Pentateuch und durch seine Überlieferungen vorbereitet wurde – begründet ist und weniger auf die Person bzw. auf die Biographie des Mose ausgerichtet ist. Demgegenüber lässt sich in den Schriften des Neuen Testamentes eine Verschiebung beobachten, denn die neutestamentlichen Autoren lassen in Fortführung des Alten Testamentes erkennen, dass der durch Mose übermittelte und in der Tora festgehaltene Gotteswille

---

145   M. Noth, Überlieferungsgeschichte des Pentateuch, Stuttgart 1948, 175.

die einzigartige und unüberbietbare Stellung und Bedeutung des Mose markiert. Darüber hinaus wächst im Neuen Testament aber auch das Interesse an der Person des Mose. »Sowohl in der Stephanusrede als auch im Hebräerbrief trägt Mose bereits Züge des Christusbildes. In unterschiedlicher Weise schildern beide Texte den Weg des Mose als Vorankündigung des Leidensweges Jesu. Die Stephanusrede erblickt auch hinsichtlich des Rettungsgeschehens in Mose den Vorläufer Jesu. Im Hebräerbrief erscheint Mose überdies als Glaubensvorbild für die Christen.«[146] Die Aufnahmen und Deutungen des Mose im Neuen Testament lassen sich noch differenzierter charakterisieren, wie es H. Frankemölle auch getan hat, der die theologische Akzeptanz des Mose durch neutestamentliche Theologen in den Blick nimmt. »Zur Differenzierung erweist sich dabei die jeweilige Verhältnisbestimmung von Mose gegenüber Jesus Christus als aufschlussreich. So kennzeichnen einige Texte das Verhältnis als identisch oder analog, andere überhöhen Jesus gegenüber Mose (ohne ihn deswegen nach jüdischem Verständnis abzuwerten), wiederum andere stellen beide Personen grundsätzlich, antithetisch gegenüber (was die theologische Abwertung des Mose impliziert).«[147] Die präzise Differenzierung, die Mose als Vermittler der Tora und Mose als Prophet sowie Mose als Typos Jesu erfasst, lässt sich in Bezug auf Mose auf die beiden genannten Aspekte als Schwerpunkte der Rezeption zurückführen.

---

146 M. Hasitschka (1999), 138; ausführlich zur Stephanusrede und ihren biblischen Bezügen jetzt H. Braun (2010).
147 H. Frankemölle, Mose in Deutungen des Neuen Testaments, in: Ders., Jüdische Wurzeln und christlicher Theologie, Bodenheim 1998, 93.

Einen deutlichen Unterschied zwischen dem, was Mose ausgehend von seinen Worten bzw. Schriften bedeutet, und der Person des Mose, scheint auch der jüdische Philosoph Philo von Alexandrien (um 20 v. Chr. – um 50 n. Chr.) zu machen, denn in seinen Werken kommt Mose zwar häufig vor, aber nicht als Person, sondern als Philosoph, Gesetzgeber, Hoher-priester und Prophet, und das bedeutet, dass die Person des Mose hier deutlich hinter dem mit ihm ver-bundenen Gesetz – im weiten Sinne des von ihm Gebrachten – zurücksteht. Seiner Sicht der Person des Mose hat Philo ein eigenes Werk gewidmet, das »Le-ben des Mose« (*De vita Mosis*).[148] Mit diesem Werk liegt uns eine regelrechte Mosebiographie vor, denn Philo zielt mit ihm darauf ab, die Person des Mose bekannt zu machen, wie er im Prolog seines Werkes (*De vita Mosis* I, 1–2) betont: »Das Leben des Moses be-absichtige ich zu schildern, den einige den Gesetzge-ber der Juden, andere den Dolmetsch heiliger Gesetze nennen, eines Mannes, der in jeder Beziehung der größte und vollkommenste Mensch war, und will die Kreise damit bekannt machen, die auf seine Bekannt-schaft gerechten Anspruch haben. Denn der Ruhm, der von ihm hinterlassenen Gesetze ist zwar durch die ganze Welt, selbst bis an die Grenzen der Erde gedrun-gen, aber von seiner Persönlichkeit haben nur wenige wahrhafte Kunde.«[149] *De vita Mosis* ist ein dreigeteiltes Werk, dessen erstes Buch die Lebensbeschreibung des Mose im engeren Sinn behandelt, allerdings nicht von der Geburt bis zum Tod, sondern von der Geburt bis zum Erreichen der Grenze des Verheißenen Landes

---

148 Vgl. L. H. FELDMAN (2007).
149 PHILO VON ALEXANDRIA. Die Werke in deutscher Übersetzung (hrsg. von L. COHN u. a.), Bd. 1, Berlin ²1962, 221 f.

am Jordan. In der biblischen Darstellung vom Tod des Mose in Dtn 34 scheint Philo offensichtlich nicht den Abschluss des Lebens des Mose gesehen zu haben, sondern eine Beschreibung seiner Bedeutung, so dass er selbst mit dieser Beschreibung sein Werk im dritten Buch enden lässt. Das zweite und dritte Buch von *De vita Mosis* stellt nun die Verbindungen zwischen der Person des Mose und dem, was diese Person für die Welt bedeutet, dar. Ganz besonders im zweiten Band ist dies ersichtlich, wenn Philo Mose vor allem als König und Philosophen beschreibt, und zwar in der Weise, dass in Mose in idealer Weise die Eigenschaften von König und Philosoph verbunden sind (*De vita Mosis* II, 3–7): »Über diese will ich jetzt sprechen in der unabweisbaren Voraussetzung, dass sie alle auf ihn Anwendung finden; denn dank der göttlichen Vorsehung wurde er König, Gesetzgeber, Oberpriester und Prophet und leistete in jedem dieser Aemter das Höchste. Weshalb aber auf den einen sich alles anwenden lässt, das ist jetzt zu zeigen. Ein König muss befehlen, was man tun soll, und verbieten, was nicht geschehen darf. Das Befehlen des Notwendigen und das Verbieten des Unstatthaften ist Sache des Gesetzes, sodass der König ohne weiteres das lebendig gewordene Gesetz und andrerseits das Gesetz ein gerechter König ist. Ein König und Gesetzgeber soll aber nicht nur die menschlichen, sondern auch die gottesdienstlichen Dinge mit beaufsichtigen; denn ohne göttlichen Ratschluss haben weder die Unternehmungen von Königen noch die der Untertanen rechten Erfolg. Aus diesem Grunde bedurfte ein solcher Mann der höchsten Priesterwürde, damit er auf Grund tadelloser Opfer und vollkommenen Wissens vom Dienste der Gottheit Abwendung des Bösen und Anteil am Guten für sich und seine Untergebenen von dem gütigen Gotte erflehen konnte, der die Gebete erhört. Denn wie sollte der die Gebete nicht in Erfüllung gehen lassen, der sowohl seinem Wesen nach gütig ist als auch die, die ihn aufrichtig verehren, ganz besonders bevorzugt? Da aber noch sehr viele von den menschlichen und göttlichen Dingen dem Könige sowohl als auch den Gesetzgebern und dem Oberpriester Unbekannte sind – denn er ist ja nichtsdestoweniger ein geschaffenes, sterbliches Wesen, wenn er auch zu so großem und reichem Glücklos gelangt ist –, so musste ihm notwendigerweise auch die Prophetengabe zuteil werden, um das, was er nicht mit der Vernunft erfassen kann, durch die Fürsorge Gottes zu finden; denn zu den Dingen, für die der Verstand nicht ausreicht, dringt nur der prophetische Geist vor. Herrlich und ganz harmonisch ist die Vereinigung dieser vier Fähigkeiten, die in inniger Verschlingung miteinander gleichsam im Reigen eine der andern Nutzen gewähren und vergelten, ein Bild der jungfräulichen Grazien, die nach dem unverrückbaren Naturgesetz nicht von einander zu trennen sind; von ihnen könnte man mit Recht sagen, was auch von den Tugenden gesagt zu werden pflegt, dass, wer eine besitzt, auch alle besitze.«[150] Immer wieder hebt Philo an den verschiedenen Beispielen hervor, dass Mose vergleichbaren griechischen Gestalten ebenbürtig ist und die Einzelnen aufgrund seiner Vielfältigkeit überragt. Das von Philo gezeichnete Idealbild des Mose als König der Philosophen und von der Vernunft gelenkten Königs ist Ausdruck seines Verständnisses, dass der biblische Glaube und die griechische Philosophie keinen Gegensatz bilden, sondern im Kern zutiefst zusammengehören.

---

150   Ebd., 298 f.

Die Zeit des sog. Hellenismus hatte griechische Sprache und Kultur nicht nur im gesamten Mittelmeerraum bekannt und zum alles bestimmenden Maßstab gemacht, sondern jüdische Religion auch in besonderer Weise zu einer Standortbestimmung herausgefordert. Die Hebräische Bibel wurde ins Griechische übersetzt und jüdisches und griechisches Denken kamen miteinander in Kontakt, aber sie gerieten auch in Opposition. In nicht wenigen Fällen wurden Gemeinsamkeiten und Unterschiede ebenso wie Vorzüge und Nachteile der einen und anderen Seite unmittelbar mit Mose in Verbindung gebracht. Das hatte vor allen Dingen einen Grund im für das damalige Denken so wichtigen Altersargument. Korrelation von biblischer Chronologie und Antike führte nämlich dazu, dass Mose und das mit ihm verbundene Gesetz als erheblich älter betrachtet wurden als Homer und die gesamte klassische griechische Philosophie, was seinen Niederschlag auch darin gefunden hat, dass beispielsweise der jüdische Schriftsteller Artapanos im ausgehenden 2. Jh. v. Chr. Mose zum Begründer der gesamten kulturellen Leistungen der alten Welt machen und ihn sogar mit dem griechischen Götterboten Hermes identifizieren konnte, oder andere, wie beispielsweise Aristobulos, die die großen griechischen Philosophen wie Homer, Hesiot, Pythagoras, Sokrates und Plato auf die eine oder andere Weise zu Schülern des Mose erklärten. Die in diesem Kontext so herausragende Rolle kam Mose natürlich auch deshalb zu, weil er und das mit ihm Verbundene in besonderer Weise als Verbindungsglied zur größten alten Kultur im Mittelmeerraum, der ägyptischen, gesehen wurden. So konnte schließlich die »mosaische Religion« zu hohem Ansehen in der griechischen Welt gelangen, doch dieser Sonnenseite der Wahrnehmung des

Judentums entsprach notwendigerweise auch eine Schattenseite. Schon im 2. Jh. v. Chr. hatte der Historiker Hekateus von Abdera berichtet, dass die Ägypter anlässlich einer Pest alle Ausländer aus ihrem Land ausgewiesen hätten, und in diesem Zusammenhang habe Mose sein Volk nach Judäa geführt und mit ihm dort einen Staat gegründet. Die darin zum Ausdruck kommende Sicht, dass die ägyptischen Götter wegen der sie nicht anerkennenden Ausländer Unheil über ihr Land geschickt hätten, wurde später aufgegriffen und gegen die Juden gewendet, insofern man sie als im Ursprung religionsfeindliche Menschen stilisierte, die die Religion (Ägyptens) abgelehnt und zu zerstören gesucht hätten, um eigenen Gesetzen folgen zu können. Mose, der nach allgemeiner Auffassung diese Religion mit ihrer besonderen – bildlosen – Gottesverehrung begründet habe, kommt in den in diesem Kontext begegnenden antijüdischen Polemiken eine besondere Rolle zu. In diesen Zusammenhang müssen die frühjüdischen Werke über Mose, auch das erwähnte von Philo, gestellt werden, weil ihre apologetische Zielsetzung nicht nur zur Ehrenrettung des Mose beitragen will, sondern über ihn zu einer Symbiose von jüdischer und hellenistischer Kultur führen will.

Für den jüdisch-römischen Historiker Flavius Josephus (37/38 n. Chr. in Jerusalem geboren und ca. 100 n. Chr. in Rom gestorben)[151] spielt Mose eine wichtige Rolle, um an ihm die Vorzüge des Judentums aufzeigen zu können und gleichzeitig auch antijüdischen

---

151 Vielfältige Informationen in allgemeinverständlicher Darstellung zu Person und Werk bietet das Themenheft »Flavius Josephus – Geschichtsschreiber zur Zeit Jesu« in der Zeitschrift »Welt und Umwelt der Bibel« (Nr. 32, 2004, Heft 2).

Vorbehalten und Polemiken entgegenzuwirken. Einen diplomatisch agierenden Helden, der ein philosophisches, näherhin stoisches Menschenideal in einzigartiger Weise verwirklicht, stellt Flavius bei seiner Mosedarstellung den nichtjüdischen Lesern vor (*Antiquitates* IV 8, 49): »An Geistesschärfe übertraf er alle Menschen, die je gelebt haben, und geschickt im Erdenken von Plänen, besaß er auch eine wunderbare volkstümliche Beredsamkeit. Seine Stimmungen beherrschte er in solchem Grade, dass sie in ihm gar nicht vorhanden zu sein schienen, und dass er ihre Namen mehr deshalb, weil er sie bei anderen Menschen sah, als von sich selber zu kennen schien. Er war ein vorzüglicher Feldherr und ein Seher wie kaum ein zweiter, sodass, wenn er redete, man Gott selbst sprechen zu hören vermeinte.«[152] Auf diesem Hintergrund vermochte Flavius Josephus selbst den Widerspruch aufzulösen, der dadurch auftauchte, dass Mose in seinem eigenen Werk – schon seit frühhellenistischer Zeit war Mose als genialer Autor des Pentateuchs angesehen worden – über seinen Tod berichtet. Die geheimnisvolle Todesbeschreibung mit dem Begräbnis, bei dem niemand anwesend war und folglich sein Grab unbekannt bleiben sollte, habe Mose verfasst, um einem unsachgemäßen Personenkult in der Form einer späten Vergöttlichung entgegenzuwirken. Pointierter und stärker als Philo von Alexandrien benutzt Flavius Josephus biographische Daten des Mose, um aus ihnen heraus das zu gestalten, was jüdische Kultur und Religion für Nichtjuden bedeuten und leisten kann.

---

152 Flavius Josephus, Jüdische Altertümer (übers. von H. Clementz), Wiesbaden 2004 (= Halle 1899), 193.

2.3. Poetische Verdichtung der Bedeutung des Mose

Immer wieder wird die eigenartig geheimnisvolle – und später sagenumwobene – Darstellung vom Tod des Mose in Dtn 34 zum Ausgangspunkt gewählt, um die Bedeutung von Mose und seinem Werk, der auf ihn zurückgehenden Gottesvorstellung ebenso wie des mit ihm untrennbar verbundenen Gesetzes, zu erfassen und weiterzuentwickeln.[153] So hat auch die englische Dichterin George Eliot (1819–1880), die selbst ihre puritanischen Glaubensvorstellungen zugunsten von freidenkerischen, philosophisch geprägten aufgegeben hat, dem Tod des Mose ein eigenes, großes Gedicht gewidmet. In diesem Gedicht »The Death of Moses« stellt sie in Anlehnung an jüdische Legenden und in Aufnahme von Motiven aus einem Midrasch[154] die Spannung dar zwischen dem Mose, der das Leben liebt und nicht sterben will und dessen Seele die Engel nicht holen wollen, und dem, was Gott mit Mose als seinem Mittler vorhat. Sie löst diese Spannung dadurch auf, dass sie das besondere Verhältnis, das zwischen Gott und Mose besteht, zum Vorbild für die Wirkung nimmt, die Mose auf sein Volk hat. Die letzte Strophe ihres Gedichtes unterstreicht dieses, indem sie Mose, der kein Grab hat, als Gesetz fortleben lässt:

»The people answered with mute orphaned gaze
Looking for what had vanished evermore.

---

153 Vgl. das Kapitel »Der Tod des Mose in der Literatur des 20. Jahrhunderts«, in: E. Otto (2006), 107 ff.
154 Zahlreiche Hinweise auf das Werk »Devarim Rabba« finden sich in deutscher Übersetzung bei G. Plaut, Die Tora in jüdischer Auslegung, Bd. 5: Devarim – Deuteronomium, Gütersloh 2003, 353 ff.

Then through the gloom without them and within
The spirit's shaping light, mysterious speech,
Invisible Will wrought clear in sculptured sound
The thought-begotten daughter of the voice,
Thrilled on theier listening sense: ›He has no tomb.
He dwells not with you dead, but lives as Law.‹[155]

Ganz anders als im Gedicht von Eliot, und doch dem Gedanken nicht so fern, dass Mose in dem fortlebt, was mit ihm verbunden ist, greift auch die jüdische Schriftstellerin Else Lasker-Schüler (1869–1945) in dem Gedicht »Moses und Josua« aus ihrem im Jahre 1913 erschienenen Gedichtzyklus »Hebräische Balladen« auf das Ende des Mose zurück. Sie nimmt allerdings nicht das Motiv vom Tod des Mose und des Weiterlebens der Tora auf, sondern lässt Hoffnung aus dem Motiv der Weitergabe des Auftrags, den Mose für das Volk Israel erhalten hat, an seinen Nachfolger Josua entstehen und lenkt damit zum Motiv des Lebens im Verheißenen Land über.

»Als Moses im Alter Gottes war,
Nahm er der wilden Juden Josua
Und salbte ihn zum König seiner Schar.

Da ging ein Sehnen weich durch Israel –
Denn Josuas Herz erquickte wie ein Quell
– Des Bibelvolkes Judenleib war sein Altar.

Die Mägde mochten den gekrönten Bruder gern –
Wie heiliger Dornstrauch brannte süß sein Haar;
Sein Lächeln grüßte den ersehnten Heimatstern,

---

155   G. Eliot, The Writings of George Eliot, XIX: Poems (hrsg. v. J. W. Cross), New York 1970 (= 1907–1908), 262.

Den Moses altes Sterbeauge aufgehn sah,
Als seine müde Löwenseele schrie zum Herrn.«[156]

In ganz eigenwilliger Weise nimmt sie die verschiede-
nen biblischen Motive in Bezug auf das Verhältnis von
Mose zu Josua auf und verbindet sie – als tiefsinnige
Ausdeutung der biblischen Überlieferung – mit dem
Symbol des Verheißenen Landes, das als »Heimat-
stern« erscheint, den Mose selbst – wie das Land in
Dtn 34 vom Berg Nebo aus – nur noch von Ferne er-
blickte.

2.4. Mose unter analytischem Blick (Sigmund Freud)

Es ist weithin bekannt, dass der Begründer der Psychoanalyse, Sigmund Freud (1856–1939), sich intensiv
mit der Gestalt des Mose beschäftigt hat. Das berühm-
teste Werk zu Mose ist sein letztes Buch, das erst kurz
vor seinem Tod erschienen ist: »Der Mann Moses und
die monotheistische Religion«. Nicht zuletzt dadurch,
dass dieses Buch zuvor erschienene Studien zu Einzel-
fragen der Mosegestalt integriert, ist es ein beredtes
Zeugnis für die lebenslange Auseinandersetzung von
Freud mit Mose. In Mose, so wie Freud ihn sieht, spiegelt sich ihm teilweise sein eigenes Leben und seine
Beziehung zum Judentum wider. Gleichzeitig legt
Freud aus seiner psychoanalytisch erklärten Biographie des Mose eine Erklärung für die besondere Existenz des jüdischen Volkes vor. Freud geht davon aus,
dass Mose ein Ägypter gewesen ist, der aus den Kreisen derer stammte, die unter Pharao Echnaton im
14. Jh. v. Chr. die Alleinverehrung des Sonnengottes

---

156 E. LASKER-SCHÜLER, Hebräische Balladen in der Handschrift
     von Else Lasker-Schüler, Frankfurt 2000, 38.

Aton betrieben haben. Mose habe nach Freud die Israeliten aus Ägypten geführt, um sie zu einem ab-
strakten Monotheismus zu bekehren, wogegen das
Volk dann aber aufstand und Mose tötete. In der
Volksgeschichte Israels sei der Mord an der Vaterfigur
wie eine Neurose aus der Verdrängung wiedergekehrt
und habe schließlich über Schuldgefühle zur Entstehung der Religion des jüdischen Volkes geführt. Freud
war überzeugt davon, dass die ihm wohlbewusste
Last seiner These für Israel Positives hervorbringen
könnte, weil sie die Wahrheit ans Licht bringt: »Einem
Volkstum den Mann abzusprechen, den es als den
Größten unter seinen Söhnen rühmt, ist nichts, was
man gern oder leichthin unternehmen wird, zumal
wenn man selbst diesem Volke angehört. Aber man
wird sich durch kein Beispiel bewegen lassen, die
Wahrheit zugunsten vermeintlicher nationaler Interessen zurückzusetzen, und man darf auch von der
Klärung eines Sachverhalts einen Gewinn für unsere
Einsicht erwarten.«[157] Seine Einsichten zu Mose verdanken sich aber noch einer früheren und sehr prä-
genden Begegnung mit Mose, näherhin der berühmten Mosestatue des Michelangelo. In einem Brief vom
12. 4. 1933 an Edoardo Weiss schrieb Freud: »Durch
drei einsame Septemberwochen bin ich 1913 alltäglich
in der Kirche vor der Statue gestanden, habe sie stu-
diert, gemessen, gezeichnet, bis mir jenes Verständnis
aufging, dass ich in dem Aufsatz doch nur anonym
auszudrücken wagte.«[158] Die 1914 anonym erschienene Studie »Der Mose des Michelangelo« zeugt von
einer sehr intensiven und tiefen persönlichen Auseinandersetzung mit der Gestalt des Mose, was allein

---

157 S. Freud (1977), 25.
158 S. Freud (1969), 196.

schon aus Bemerkungen wie der, dass er immer wieder versucht habe, »dem verächtlich – zürnenden Blick des Heros standzuhalten«[159], spricht. Auch wenn Freud seine Arbeit zu dem Mose des Michelangelo mit dem Hinweis eröffnet, dass er kein Kunstkenner, sondern Laie sei, setzt er sich höchst fachkundig mit den verschiedenen kunstgeschichtlichen Deutungen der Skulptur des Michelangelo auseinander. Dabei wägt er klug zwischen verschiedenen Deutungsversuchen ab. So sehen die einen in der Mose-Skulptur einen bestimmten Augenblick aus dem Leben des Mose dargestellt (s. o. 2.1.1.), andere wollen in ihr eine Charakterdarstellung erkennen, die sich nicht auf eine bestimmte Situation aus der Bibel bezieht. Freud schließt sich diesen Deutungen jedoch nicht an, sondern kommt durch feinsinnige Beobachtungen der rechten Hand und der Verwirbelung des Bartes sowie der Art, in der Mose die Tafeln hält, zu einem eigenen Weg der Interpretation, zu der ihn vor allem auch seine Zeichnungen der Skulptur hinführen.

Freud sieht Mose hier *nach* der heftigen Erregung, die die Wahrnehmung der Sünde des Volkes mit dem Goldenen Kalb ausgelöst hatte, und erschließt daraus eine Besonderheit des hier Dargestellten. Er glaubt zu erkennen, dass Michelangelo seinen Mose die Tafeln nicht zerbrechen lassen will. »Er wollte es in einem Anfall von Zorn, aufspringen, Rache nehmen, an die Tafeln vergessen, aber er hat die Versuchung überwunden, er wird jetzt so sitzen bleiben in gebändigter Wut, in mit Verachtung gemischtem Schmerz. Er wird auch die Tafeln nicht wegwerfen, daß sie am Stein zer-

---

159   Ebd., 199.

Abb. 34: Sigmund Freuds Zeichnungen zum Mose
des Michelangelo

schellen, denn gerade ihretwegen hat er seinen Zorn
bezwungen, zu ihrer Rettung seine Leidenschaft be-
herrscht. Als er sich seiner leidenschaftlichen Empö-
rung überließ, mußte er die Tafeln vernachlässigen,
die Hand, die sie trug, von ihnen abziehen. Da began-
nen sie herabzugleiten, gerieten in Gefahr zu zerbrechen. Das mahnte ihn. Er gedachte seiner Mission und
verzichtete für sie auf die Befriedung seines Affekts.
Seine Hand fuhr zurück und rettete die sinkenden Tafeln, noch ehe sie fallen konnten. In dieser Stellung
blieb er verharrend, und so hat ihn Michelangelo als

257

Wächter des Grabmals dargestellt.«[160] Seine Deutung fasst er dann wie folgt zusammen: »Aber Michelangelo hat an das Grabdenkmal des Papstes einen anderen Moses hingesetzt, welcher dem historischen oder traditionellen Moses überlegen ist. Er hat das Motiv der zerbrochenen Gesetzestafeln umgearbeitet, er läßt sie nicht durch den Zorn Moses' zerbrechen, sondern diesen Zorn durch die Drohung, daß sie zerbrechen könnten, beschwichtigen oder wenigstens auf dem Wege zur Handlung hemmen. Damit hat er etwas Neues, Übermenschliches in die Figur des Moses gelegt, und die gewaltige Körpermasse und kraftstrotzende Muskulatur der Gestalt wird nur zum leiblichen Ausdrucksmittel für die höchste psychische Leistung, die einem Menschen möglich ist, für das Niederringen der eigenen Leidenschaft zugunsten und im Auftrage einer Bestimmung, der man sich geweiht hat.«[161] Auch wenn die jüngste kunstgeschichtliche Studie zum Mose des Michelangelo Freuds Interpretation nicht folgt, würdigt sie doch seine Verdienste um ein besseres Verständnis dieser Statue: »Seit Sigmund Freud im ›Niederringen der eigenen Leidenschaft zugunsten und im Auftrage einer Bestimmung, der man sich geweiht hat‹, den Schlüssel zur Interpretation von Michelangelos *Moses* erkannt zu haben glaubte, verblasste die, bis dahin gültige Meinung, die Jacob Burkhardt zusammengefasst hatte: ›Moses erscheint in dem Moment dargestellt, da er die Verehrung des goldenen Kalbes erblickt und aufspringen will. Es lebt in seiner Gestalt die Vorbereitung zu einer gewaltigen Bewegung, wie man sie von der psychischen Macht, mit der er ausgestattet ist, nur

---

160   Ebd., 214.
161   Ebd., 217.

mit Zittern erwarten mag.‹«[162] Verspohl selbst hat für seine neue Deutung des Mose die Details der Skulptur genauer analysiert und mit dem Bibeltext in Verbindung gebracht. Er weist präzise auf die Szene der Bunderserneuerung in Ex 34 hin, wo Mose mit erneuerten Tafeln, nachdem er die ersten zerbrochen hatte, vom Berg herabkommt, was sich zum einen am Motiv der Hörner des Mose zeige und zum anderen an der »Decke« zu erkennen sei, die der Mose des Michelangelo über rechtes Bein gelegt habe, mit der er nach Ex 34,29 ff. sein Angesicht verhülle. Im Kontext dieser Deutung lässt sich schließlich auch die sitzende Haltung des Mose erklären, die darauf hinweist, dass er hier das Volk in dem unterweist, was Gott ihm auf dem Berg aufgetragen hat, so dass sich auch das Problem beseitigen lässt, dass der große deutsche Rabbiner Benno Jakob als anstößig empfunden hat: »Die beiden größten Künstler der Neuzeit hat die Gestalt des Gottesmannes Mose mit den Tafeln zur Nachbildung gereizt, aber der Maler Rembrandt hat den Geist des AT besser erfasst als der Bildhauer Michelangelo, der seinen Mose sitzend darstellt, den Arm auf die Tafeln gestützt und ruhevoll in die Ferne blickend. (Nie hat Mose mit den Tafeln *gesessen*).«[163]

2.5. Mose als erzähltes Gesetz (Thomas Mann)

Michelangelo ist auch für eine andere neuzeitliche Mose-Rezeption von besonderer Bedeutung. Thomas Mann wurde 1942 in seinem amerikanischen Exil mit anderen berühmten Schriftstellern zur Mitarbeit an einem Film über die Zehn Gebote eingeladen. Als das

---

162   F.-J. Verspohl (2004), 24.
163   B. Jacob (1997), 935.

Filmprojekt scheiterte, sollte es in Buchform in der Weise realisiert werden, dass zehn bedeutende Autoren eine Kurzgeschichte zu jeweils einem der Gebote schreiben sollten. Der Untertitel des Buches zeigt seine Zielrichtung: »Zehn Kurzgeschichten über Hitlers Krieg gegen das Sittengesetz«. Thomas Mann schrieb in diesem Buch unter dem Titel »Thou Shalt Have No Other Gods before Me« (Du sollst keine anderen Götter neben mit haben) eine Novelle zum ersten der Zehn Gebote, die später deutsch unter dem Titel »Das Gesetz« erschienen ist. In dieser Novelle wendet Thomas Mann sich dem Universalethos zu. Er nimmt dieses von Mose als dem Gesetzgeber her in den Blick, weil Mose Israel das Sittengesetz und die verbindlichen Grundwerte gelehrt habe, und dadurch, dass er sie schriftlich fixiert habe, seien sie über Israel der gesamten Menschheit übermittelt worden. Beachtens- und bedenkenswert ist, dass Thomas Mann diese Auftragsarbeit zum Gesetz als seinen »Mose« bezeichnet hat, worauf der Alttestamentler Rudolf Smend hingewiesen hat und dies treffend charakterisiert: »*Das Gesetz* heißt die Bestellung, ›Mose‹ die Art, wie Thomas Mann sie ausgeführt hat.«[164] Thomas Manns Fokussierung auf die Gestalt des Mose, um sein Thema des Universalethos' darzustellen, zeigt sich schon markant in der Eröffnung der Novelle ›Das Gesetz‹:

»*Seine Geburt war unordentlich,*
darum liebte er leidenschaftlich Ordnung, das Unverbrüchliche, Gebot und Verbot.
Er tötete früh im Auflodern,
darum wußte er besser als jeder Unerfahrene, daß Töten

---

164 R. Smend, Das Gesetz, in: W. Barner (Hrsg.), Querlektüren. Weltliteratur zwischen den Disziplinen, Göttingen 1997, 236.

zwar köstlich, aber getötet zu haben höchst gräßlich ist, und
daß du nicht töten sollst.
Er war sinnenheiß,
darum verlangte es ihn nach dem Geistigen, Reinen und
Heiligen, dem Unsichtbaren, denn dieses schien ihm geist-
lich, heilig und rein.«[165]

Das Thema, *sein* Thema, das Universalethos, verbindet Thomas Mann, indem er sich selbst in Parallele zu
Mose sieht. »Und mit dieser Gestalt (Mose) wird auch
die Künstlerthematik – seine eigene ewig angefoch-
tene Künstlerexistenz – für ihn wichtig. Es führt aber
kein direkter Weg von Mose zu Thomas Mann, von
Thomas Mann zu Mose. Es braucht einen Vermittler,
einen bildenden Künstler, den Bildhauer Michelangelo. Wie der Bildhauer den widerstehenden Stein be-
haut, so bearbeitet Mose sein widerspenstiges Volk –
er ›sprengt‹ und ›metzt‹ –, ja, so sieht sich der Dichter
sein deutsches Volk bilden und formen. … So wird
Michelangelo zum Bindeglied zwischen Thomas
Mann und Mose. Des Dichters und Moses Werk am
deutschen wie am israelitischen Volk wird in der
Sprache der Bildhauerei ausgedrückt. Die Arbeit des
Gesetzgebers Mose und des Ethikers Thomas Mann
ist das Behauen eines widerspenstigen Blocks. Mose
als Volksführer, Priester, Prophet bleibt in der Novelle
immer dem Bildner und Former seines Volkes, also
dem Gesetzgeber untergeordnet.«[166] Der Dichter Thomas Mann gestaltet seinen Mose aber nicht nach der
berühmten Mose-Skulptur des Michelangelo, sondern
nach der Michelangelo-Büste von Giovanni da Bo-

---

165 THOMAS MANN, »Das Gesetz«, in: Späte Erzählungen (Frank-
       furter Ausgabe), 1981, 339.
166 F. W. GOLKA (2007), 178 f.

261

logna. Bis hin zur gebrochenen Nase lässt Thomas Mann seinen Mose im Bild Michelangelos erscheinen. Seine gebrochene Nase erhält der Mose Thomas Manns' durch eine kleine Abweichung vom Bibeltext. In seiner Novelle schlägt nämlich der ägyptische Aufseher, den Mose zur Rede stellt, weil er einen ägyptischen Sklaven schlägt, mit seinem Stock die Nase ein. Daraufhin entreißt Mose ihm den Stock und erschlägt ihn. Die Deutungen, die die Novelle »Das Gesetz« von Thomas Mann erfahren hat, sind vielfältig. In seinem Buch zu Thomas Manns Novelle und der biblischen Überlieferung skizziert der Alttestamentler F. W. Golka allein 14 unterschiedliche Deutungen der Novelle, führt sie am Ende aber überzeugend auf vier Grundlinien zurück: »Für den Nichtgermanisten ist es schwierig, bei der Vielfalt der Meinungen zur Mannschen Novelle am Schluss den Überblick zu behalten. Im Grunde lässt sich diese Vielfalt aber auf vier Kernthesen zurückführen:

Bibelkommentar
Künstlerthematik
Universalethos
Faschismuskritik

Nun kann es aber nicht darauf ankommen, uns einer dieser Lesarten in die Arme zu werfen. Für sich betrachtet, sind sie alle zu einseitig. Hatten etwa frühere Zeiten die Faschismuskritik unterschätzt (Hamburger), so sieht die moderne Forschung oft den biblischen Aspekt nicht mehr (Lubich). Wer eine dieser vier Lesarten ignoriert, bekommt einen wichtigen Teil der Mannschen Novelle nicht in den Blickpunkt. Die Lösung kann also nur – bei Thomas Mann nicht wirklich überraschend – in der Synthese liegen.«[167]

---

167   Ebd., 35 f.

2.6. Reinheit des Denkens durch Mose in der Musik? (Arnold Schönberg)

Wie Sigmund Freud und Thomas Mann, so nimmt sich der Komponist Arnold Schönberg der biblischen Gestalt des Mose an, nicht um seine Person darzustellen, sondern um eines Themas willen, das er an der Gestalt des Mose festmacht. Für seine Oper »Moses und Aron« konnte Schönberg auf kein Libretto zurückgreifen, das er seiner Profession entsprechend zu vertonen hätte, vielmehr schrieb er selbst zuerst das Libretto und rang mit der Thematik so sehr, dass er eine Zeitlang sich selbst nicht mehr sicher war, ob er diese Thematik nicht besser als Oratorium realisieren müsse, weil sie als Oper gar nicht aufführbar sei. Im Mittelpunkt der auf drei Akte angelegten Oper steht thematisch das Bilderverbot. Der Philosoph Theodor Adorno, der sich in einem eigenen Essay mit Schönbergs »Moses und Aron« beschäftigt hat,[168] betont, dass Schönberg das »alttestamentliche Bilderverbot auf die Musik übertragen habe.[169] Im wahrsten Sinne des Wortes kreist das Ganze dieser Oper um den sog. »Tanz ums Goldene Kalb«, der im zweiten Akt dargestellt ist. Im Alten Testament selbst stellt diese Geschichte vom Goldenen Kalb (Ex 32) die wichtigste Beispielerzählung zum sog. Bilderverbot dar, das zusammen mit dem Fremdgötterverbot nicht nur die Zehn Gebote eröffnet, sondern das Wichtigste des biblischen Gottesglaubens festhält. Will man vor allen Dingen Schönbergs Umgang mit dem biblischen Stoff

---

168 T. ADORNO, Sakrales Fragment. Über Schönbergs Moses und Aron, in: DERS., Quasi una fantasia, Frankfurt 1963.

169 T. ADORNO, Zum Verständnis Schönbergs, in: DERS., Gesammelte Schriften 18, Frankfurt 1984, 440.

in seiner Oper betrachten, so gilt – was eigentlich auch für das Gesamtverständnis der Oper anzusetzen ist –, dass man von den drei Akten auszugehen hat, obgleich Schönberg den dritten Akt nicht mehr komponiert hat. Er hat aber eine Reihe von Kompositionsanfängen dazu vorgelegt und letztendlich sein ganzes Leben lang diese Vollendung vor Augen gehabt. Dass Schönberg selbst von dieser Einheit in den drei Akten ausging, lässt sich auch aus einem Brief vom 27.11.1950 an F. Siciliani entnehmen, in dem er erwägt, dass bei einer möglichen Aufführung der Text des dritten Aktes gesprochen werden müsse.

Im ersten Akt ist der biblische Stoff der Erzählung von Ex 3–4 verarbeitet. Das ist die sog. Berufung des Mose, in der dieser das Programm des Exodus aus Ägypten mitgeteilt bekommt und zur Führung des Volkes beauftragt wird. Schönberg fasst am Ende des ersten Aktes das für ihn Wichtige dieses Stoffes, nachdem Mose und Aaron sich dem Volk vorgestellt haben, in einem Chor zusammen:[170]

»Er hat uns auserwählt vor allen Völkern,
das Volk des einz'gen Gottes zu sein;
ihm allein zu dienen,
keines anderen Knecht:
Wir werden frei sein
von Fron und Plage!
Das gelobt er uns:
Er wird uns führen in das Land,
wo Milch und Honig fließt;
und wir soll'n genießen,

---

170 Hier und im Folgenden sind die Texte zitiert aus: A. Schönberg, Moses und Aron. Oper in drei Akten. Textbuch, Mainz u. a. 1957.

was er unseren Vätern verheißen.
Allmächt'ger, du bist stärker
als Ägyptens Götter,
Pharao und seine Knechte schlägst du nieder.
Von der Fron befrein uns Moses und Aron.
Ewiger Gott, wir dienen dir;
weihn dir unsere Opfer
und unsere Liebe:
Du hast uns auserwählt,
führst uns in gelobte Land.
Wir werden frei sein!«

Daran schließt, über einen kleinen Chor als Zwischen-
spiel vermittelt, der zweite Akt an, der die Geschichte
vom Goldenen Kalb aus Ex 32 aufnimmt. In Bezug auf
den Glauben des Volkes, den der Chor am Ende des
ersten Aktes ausdrückt, führt der zweite Akt geradezu
in die Gegenrichtung, und zwar insofern, als er das
Scheitern der Vermittlung des Gottesgedankens des
Mose an das Volk vor Augen führt und dabei dann die
vorher zusammengehörigen Hauptpersonen Mose
und Aaron auseinandergehen und die unterschiedlichen Gottesvorstellungen der beiden erkennen lässt.
Als Abschluss des zweiten Aktes hält Mose diese Differenz fest:

»Unvorstellbarer Gott!
Unaussprechlicher, vieldeutiger Gedanke!
Läßt du diese Auslegung zu?
Darf Aron, mein Mund, dieses Bild
machen?
So hab ich mir ein Bild gemacht,
falsch,
wie ein Bild nur sein kann!
So bin ich geschlagen!

265

So war alles Wahnsinn, was ich
gedacht habe,
und kann und darf nicht gesagt
werden!
O Wort, du Wort, das mir fehlt!«

Der daran anschließende dritte Akt greift biblisch etwas weiter aus. Er geht im Kern zurück auf den Bericht vom Tod des Aaron in Num 20. Hier nun lässt Schönberg die Fäden zusammenlaufen und konfrontiert die schier unvermittelbaren Gottesvorstellungen des Mose und des Aaron mit dem Erwählungsgedanken.

Insgesamt bleibt das, was in den zugrunde liegenden biblischen Texten zentral ist, unausgesprochen. Im ersten Akt findet man bei der Berufung des Mose ebenso wenig die Offenbarung des Gottesnamens (Ex 3,14), wie man im zweiten Akt die der Geschichte von Ex 32 vorausgehende Mitteilung der Zehn Gebote findet. Doch dies ist nicht übergangen, vielmehr stellt man fest, wenn man sich die Moses-Passagen genauer anschaut, dass all dies in der Gottesvorstellung, für die Mose in der Oper steht, schon enthalten ist, ja, im wahrsten Sinn des Wortes *vorausgesetzt* wird. Dieser gedanklichen Nähe zum biblischen Stoff steht die Freiheit gegenüber, mit der Schönberg aus den Texten der Bibel seine Aussagen formuliert. So ist die im Zentrum der Oper stehende Konfrontation zwischen Mose und Aaron und die damit verbundene völlig verschiedene Gottesvorstellung dem biblischen Text fremd, auch wenn die Bibel vom einen oder anderen Konflikt zwischen den beiden zu berichten weiß.

Schönberg ist wohl bewusst, dass er nicht die biblische Handlung nacherzählt und dabei vertont, sondern dass er ein Anliegen hat, das er mit dem biblischen Stoff verwirklicht. In einem Brief hat er auf seine Auswahlkriterien aus dem gewaltigen Stoff selbst hingewiesen und drei Aspekte als die ihm wichtigen hervorgehoben: der unvorstellbare Gott, das auserwählte Volk und der Volksführer.[171] Diese Grundgedanken finden sich, geht man am Libretto entlang, im Gesamt der Oper spiegelbildlich wieder, der Grundstruktur der in Zwölftontechnik komponierten Musik der Oper entsprechend. So lässt Schönberg die Stimme aus dem Dornbusch, die er hochsensibel für die theologische Problematik des Sprechens Gottes in drei bis sechs parallel laufenden Solostimmen gestaltet, als Ziel Folgendes am Ende der ersten Szene des ersten Aktes angeben:

»Ich will euch dorthin führen,
wo ihr mit dem Ewigen einig
und allen Völkern ein Vorbild werdet.«

Die Vereinigung mit Gott nimmt Mose am Ende des dritten Aktes schließlich wieder auf:

»Aber in der Wüste seid ihr unüberwindlich
und werdet das Ziel erreichen:
Vereinigt mit Gott.«

Auf dem Höhepunkt der Oper, im zweiten Akt, wird dieses Verhältnis des Volkes zu seinem Gott in den Mittelpunkt gerückt. Im Alten Testament ist die zugrunde gelegte Geschichte vom Goldenen Kalb die entscheidende Sünde des Volkes, insofern sich das Volk hier bewusst von *dem* Gott abwendet, der sich ihm gerade – in der Offenbarung am Sinai – zugewandt hatte. Die Aufnahme ebendieses Stückes ins

---

171 O. H. STECK (1981), 25.

Zentrum der Oper darf bei Schönberg nicht völlig von seiner eigenen Biographie gelöst werden; denn der Jude Schönberg war zum Christentum konvertiert, bevor er sich als Freigeist theosophisch-universalen Erlösungsgedanken zuwandte, dann aber – nach ersten antisemitischen Erfahrungen schon 1922 – eine bewusste Rückkehr ins Judentum vollzog. (1923 beginnt er sich mit dem »Moses und Aron« zu beschäftigen!) Schon am Ende der zweiten Szene des ersten Aktes deutet sich dieser Konflikt des zweiten Aktes an, wenn dort Mose und Aaron mit folgenden Worten gegeneinander stehen:

Moses	*Aron*
Unerbitterliches	Allmächtiger!
Denkgesetz	Sei der Gott dieses Volkes!
zwingt zur	befreit es aus Pharaos
Erfüllung.	Knechtschaft!

Dieses Gegenüber lässt sich nur verstehen als Anfrage an das Volk Israel, wie es selbst vor Gott stehe. Die vorausgesetzte bewusste Rück- und Umkehr wird von Schönberg in der letzten Passage vor diesem Schluss deutlich hervorgehoben, wenn Mose dort sagt:

»Reinige dein Denken, lös es von Wertlosem, weih es Wahrem.«

Als einzig gesungener Satz der Sprechrolle des Mose ist dieser Gedanke von Schönberg aus der ganzen Oper hervorgehoben. Dem gemachten Gottesbild, den eigenen Vorstellungen, versinnbildlicht durch das Goldene Kalb, steht folglich die von Mose verkündete Wahrheit der reinen Gottesvorstellung gegenüber. Nicht die Oppositionen Geist-Materie oder Wort-Bild stehen im Vordergrund der Oper, und an einem Psy-

chodrama, wie gelegentlich vermutet, ist Schönberg
wohl auch nicht gelegen, stattdessen konzentriert er
sich auf das Verhältnis Israel-Gott, und zwar im Sinne
der Erwählung Israels.[172] Dies bedeutet für Schönberg ganz und gar im biblischen und jüdischen Sinne
nicht Privileg, sondern Auftrag, was schon in der ersten Szene des ersten Aktes deutlich zum Ausdruck
kommt, wenn es dort heißt: »Und allen Völkern ein
Vorbild werdet«. Die Berufung und Erwählung Israels
zielt folglich darauf ab, der Welt den Gottesgedanken
zu verkünden. An der Person des Mose macht Schönberg unzweideutig deutlich, wie schwierig dies aber
auch ist. Was Schönberg in seinem Moses und Aaron
vorlegt, ist eigentlich – wie es sich vom Zentrum der
Geschichte des Goldenen Kalbes auch nahelegt – eine
Auslegung des biblischen Bilderverbotes; denn dem
geht es gerade darum, das Gottsein Gottes, seine Unverfügbarkeit, gegen alle menschlichen Projektionen
zu wahren, es ist letztendlich der »Wächter der Theo-
Logie«[173], was Schönberg Mose in der ersten Szene des
dritten Aktes in Abgrenzung zu Aaron auch ausdrü-
cken lässt:

»Und der Gott, den du zeigst,
ist ein Bildnis der Ohnmacht,
ist abhängig von einem Gesetz über
sich; muß erfüllen, was er versprochen hat; muß tun, um was er
gebeten wird,

---

172 Zu den unterschiedlichen Interpretationen vgl. O. H. STECK
      (1981), 54 ff.
173 C. DOHMEN, Religion gegen Kunst? Liegen die Anfänge der
      Kunstfeindlichkeit in der Bibel?, in: DERS. / T. STERNBERG
      (HRSG.), … kein Bildnis machen. Kunst und Theologie im Ge-
      spräch, Würzburg ²1987, 22.

ist gebunden an sein Wort.
Wie die Menschen handeln – gut
oder böse – so muß er:
Strafen ihr Böses, belohnen ihr Gutes.
Aber der Mensch ist unabhängig und tut,
was ihm beliebt aus freiem Willen.
Hier beherrschen die Bilder bereits
den Gedanken, statt ihn auszudrücken.
Ein Allmächtiger – was
immer er auch halte – ist zu nichts
verpflichtet.«

Schönberg legt mit seinem »Moses und Aron« den Kern der Bibel Israels, des Alten Testaments, das Charakteristikum des Gottes-Glaubens, für sich und seine Zeit aus. Es ist der Glaube an den einen, unvorstellbaren Gott. Diese Auslegung ist eine »Auslegung« im eigentlichen Wortsinn, keine Erklärung der Ursprungssituation, sondern eine Aktualisierung und Anwendung in eine neue Situation hinein. Das Bilderverbot war schon innerhalb der biblischen Überlieferung zum markantesten Punkt des Gottesglaubens geworden, vor allen Dingen, nachdem das monotheistische Bekenntnis sich durchgesetzt hatte und das sog. Fremdgötterverbot als Verbot obsolet geworden war. Insofern kann man sagen, dass Schönbergs Oper mit Gott und Israel zu tun hat, und gerade deshalb auch mit der Bilderfrage und schließlich auch mit Antisemitismus.

Was an Möglichkeiten und Schwierigkeiten hierin steckt, das spiegelt sich in den Inszenierungen dieser Oper wider. Die Uraufführung hat Schönberg selbst nicht mehr erlebt. Als Schönberg im Juli 1951 in Los Angeles starb, wurde in Darmstadt erstmals als Teilaufführung die Szene »Das Goldene Kalb und der Altar« aufgeführt. Es folgten 1954 in Hamburg eine konzertante Aufführung und erst 1957 die erste szenische in Zürich.

2.7. Mose verfilmt?

Schönbergs Auseinandersetzung mit dem alttestamentlichen Bilderverbot fand selbst aber eine kongeniale Umsetzung in der Verfilmung der Oper »Moses und Aron« durch das französische Regiepaar Jean Marie Straub und Danielle Huillet (1974). Der eigenwillige, avantgardistische Film reflektiert kritisch Möglichkeiten und Grenzen unterschiedlicher Medien.[174] Dieser Film stellt eine doppelte mediale Brechung dar insofern, als es sich bei der filmischen Inszenierung einer Oper immer um eine Umsetzung handelt, die gar nicht bruchlos geschehen kann, die jedoch im Fall der Oper Schönbergs dadurch verstärkt wird, dass bereits im Libretto der Oper eine erste Umsetzung des biblischen Stoffes vorliegt. Das Thema des Bilderverbotes wird als Kritik an der Konkretion des Sehens im Sinne der menschlichen Vorstellung mit den Mitteln der Musik dargeboten, die nur hörend wahrgenommen werden kann, so dass eine biblische Grundoption, die sich in der Opposition von Hören und Sehen ausdrückt, hier realisiert wird. Die filmische Umsetzung lässt nun aber das zu Hörende visuell erfahren. Diese äußerst abstrakte Reflexion zum biblischen Bilderverbot lässt ein kritisches Licht sowohl auf andere musikalische Umsetzungen des biblischen »Mose-Stoffes« fallen als auch auf andere filmische Umsetzungen. Für

---

174 Vgl. dazu im Einzelnen G. Koch, Die Einstellung ist die Einstellung. Visuelle Konstruktionen des Judentums, Frankfurt 1992, 30–53.

beide gibt es zahlreiche Beispiele, denen gemeinsam ist, dass sie die Gestalt des Mose vor allen Dingen in mehr oder weniger großen Szenenzusammenhängen, die der Exodusgeschichte entnommen sind, darstellen. In der Musik sind es seit dem frühen 17. Jh. vor allen Dingen Oratorien, die sich dem Mosestoff widmen.[175] Bei der Verfilmung biblischer Stoffe bilden Mose und der Exodus eindeutig den Schwerpunkt. Am bekanntesten ist bis heute wohl der Film »Die Zehn Gebote« aus dem Jahr 1957 von Cecil B. De Mille, der auf eine grundlegende Umarbeitung seines Stummfilms aus dem Jahre 1923 zurückgeht. Während der Stummfilm in zwei Teilen zuerst die Geschichte des Mose bot, um im zweiten Teil im Leben zweier Brüder die Zehn Gebote in Anwendung zu zeigen, ging der Film von 1957 ganz und gar in der Darstellung der Mosegeschichte auf. »Für die Neuverfilmung wurde ein nie gekannter Aufwand betrieben. Jahrelange Recherchen gingen den Dreharbeiten voraus: 1900 Bücher wurden konsultiert, 3000 Fotografien gesichtet, 30 Bibliotheken in den USA, in Europa und Afrika durchforstet. Die Ergebnisse wurden in einem eigenen Buch publiziert, in dessen Vorwort der Regisseur die Unverzichtbarkeit genauer Recherche für seinen Film besonders betont. Entstanden ist der Inbegriff eines ›Bibelschinkens‹, ein Schauspektakel, bei dem die Form den Inhalt zu erschlagen droht. Heute mag man den Film als ›ein museal gewordenes Fossil‹ ansehen, aber in seinem Streben nach Monumentalität macht der Film immer noch Eindruck, auch wenn man die Naivität des bunten Bilderbogens nur nach-

---

175 Vgl. M. BOCIAN, Lexikon der biblischen Personen, Stuttgart 1989, 385 ff.

sichtig belächeln kann.«[176] Was mit diesem Film beginnt, setzt sich in zahlreichen späteren Bibelverfil-
mungen – für Kino und Fernsehen – auf je eigene
Weise immer weiter fort: Das Suchen nach historischer
Detailtreue bzw. das Ansinnen einer möglichst bibel-
nahen Umsetzung, bei der die Bibel sozusagen das
Drehbuch selbst liefert. Diese Tendenz lässt sich bis zu
den neuesten Produktionen verfolgen, so dem Zwei-
teiler aus dem Jahre 1995, der unter der Regie von Ro-
ger Young im Rahmen eines Großprojektes gedreht
wurde, das das gesamte Alte Testament in 21 Fernseh-
filmen repräsentieren sollte, oder auch dem aufwän-
dig gestalteten Zeichentrickfilm »Der Prinz von Ägypten« aus dem Jahre 1998.[177]

2.8. Mose – mehr als eine Symbolfigur für Recht und Gesetz

Was im Medium des Films eher selten ist, die Person
und Biographie des Mose seinem »Werk«, dem von
ihm übermittelten bzw. gegebenen Gesetz, nachzu-
ordnen, wie es die Bibel selbst deutlich vorgibt, findet
im Bereich der abendländischen Kultur bzw. Rechts-
geschichte geradezu einseitig und einhellig statt. Wie
»Mose« schon in den Schriften des Neuen Testamentes
zum Ersatzwort für das Gesetz, die Tora, geworden
ist, so ist er in der späteren Geschichte des Christentums oft mit dem Zentralstück des alttestamentlichen
Gesetzes, den Zehn Geboten, gleichgesetzt worden,
dabei ist die besondere Autorität der Zehn Gebote

---

176   P. Hasenberg, Vom heroischen Freiheitshelden zum Füh-
      rer wider Willen: Mose als Filmfigur, in: W. Zahner (Hrsg.)
      (1996), 11 f.
177   Vgl. B. Britt (2004), 40 f.

nicht von der Person des Mose als Gesetzgeber abgeleitet worden, sondern von Mose als dem Mittler eines göttlichen Gesetzes. Der Dekalog, der sich in der Überlieferung der Tora selbst als eine Art Grundgesetz präsentiert, bildet die Grundlage schlechthin für eine Verankerung von Recht und Gesetz jenseits des menschlichen Verfügungswillens. Die Vorstellung eines göttlichen Gesetzes, das allem Menschlichen vorausgeht und über diesem steht, hat ihre Urprägung in der biblischen Vorstellung von Mose erhalten, dem Gott am Sinai die Tafeln mit dem Dekalog gegeben hat. Die auf Mose – direkt oder indirekt – bezogenen Religionen von Judentum, Christentum und Islam haben jede auf ihre Weise das Verhältnis von geistlicher und weltlicher Macht auf die jeweils unterschiedlich ausgestaltete Verbindung der menschlichen Gesetze zum vorgegebenen göttlichen Gesetz gesehen. »Moses Vermächtnis ist in den drei monotheistischen Religionen in bleibend konfliktreicher Vielfalt angetreten worden. Aber wenn die eine *lex divina* je nach Ort und Zeit höchst divergent wahrgenommen, konkretisiert wurde, dann müßte jeder einzelne Fromme aus inneren Gründen seines Glaubens um bleibende Differenz wissen und sich in religiös intensivierter Selbstreflexion begrenzen können. Niemand, auch eine starke religiöse Autorität nicht, vermag zu sagen, ob sein Gottesgesetz die Richtschnur sein wird, nach der im letzten Gericht geurteilt wird. Wie alle von Menschen gemachten Gesetze steht auch jede menschliche Deutung von Gottesgesetz unter dem heilsamen eschatologischen Vorbehalt, dass Gott wohl besser als die Gläubigen weiß, was er Mose zu sagen hatte.«[178]

---

[178]   F. W. Graf (2006), 91.

Die gesamte Ausgestaltung von Recht und Ethos im Abendland sind auf dieser Grundlage vom Dekalog nachhaltig geprägt worden. »Die Zehn Gebote sind die Grundlage und die Anfänge christlicher Ethik, zugleich das Bindeglied zur allgemein menschlichen Moral und eine Plattform für den Weltbezug christlicher Verkündigung.«[179] Gerade durch die enorme Wirkung, die der Dekalog in der Rechtskultur erlangt hat, ist es dazu gekommen, dass der Dekalog aus seinem literarischen und theologischen Kontext, der Geschichte Israels, näherhin des Exodus, herausgelöst wurde, so dass er damit auch zum Teil von seiner »Bezugsperson«, dem Mittler Mose, gelöst wurde oder auch Mose mit diesem herausragenden Gesetzeswerk in der Weise identifiziert worden ist, dass alles andere, was biblisch mit seiner Person verbunden ist, dahinter zurückgetreten ist. »Die Einteilung und Systematisierung der Verbrechen richtet sich in den Darstellungen juristischer Schriftsteller ... nach der Systematik des Dekalogs ... Erst im späteren siebzehnten und achtzehnten Jahrhundert tritt man an das aus der Bibel sich ergebende Recht kritisch heran, indem man zu unterscheiden sucht zwischen dem wahrhaft auf göttlichem Willen beruhenden Recht und dem spezifisch jüdischen Nationalrecht.«[180] In diesem Sinn ist der Dekalog und mit und über ihn »Mose« zum Symbol für die Ethik jüdisch-christlicher Provenienz geworden.

---

179 H.-G. Fritzsche, Art. Dekalog V: Theologische Realenzyklopädie, Bd. 8, 418.
180 E. Schmidt, Einführung in die Geschichte der deutschen Strafrechtspflege, Göttingen ³1965, 147.

D. VERZEICHNISSE

1. Literaturverzeichnis

Das Literaturverzeichnis enthält im vorliegenden Buch zugrunde gelegte und weiterführende Literatur zur Gestalt des Mose. Da die Reihe »Biblische Gestalten« sich nicht an Exegeten, sondern an ein breiteres an bibeltheologischen Fragen interessiertes Publikum wendet, ist die Literaturauswahl – bis auf ganz wenige Ausnahmen – auf deutschsprachige Titel begrenzt.

1.1. Kommentare

Braulik, Georg (1986), Deuteronomium 1–16,17 (Die Neue Echter Bibel), Würzburg 1986.

Braulik, Georg (1992), Deuteronomium 16,18–34,12 (Die Neue Echter Bibel), Würzburg 1992.

Dohmen, Christoph (2004), Exodus 19–40 (Herders Theologischer Kommentar zum Alten Testament), Freiburg 2004.

Fischer, Georg / Markl, Dominik (2009), Das Buch Exodus (Neuer Stuttgarter Kommentar – Altes Testament 2), Stuttgart 2009.

Gerstenberger, Erhard S. (1993), Das 3. Buch Mose – Leviticus (Das Alte Testament Deutsch 6), Göttingen 1993.

[Ibn Esra] (2000), Abraham Ibn Esras langer Kommentar zum Buch Exodus (eingel., übers. und komm. von D. U. Rottzoll), Berlin / New York 2000.

Jacob, Benno (1997), Das Buch Exodus (hrsg. im Auftrag des Leo Baeck-Instituts von Shlomo Mayer unter Mitwirkung von Joachim Hahn und Almuth Jürgensen), Stuttgart 1997.

Krochmalnik, Daniel (2000), Schriftauslegung. Das Buch Exodus im Judentum (Neuer Stuttgarter Kommentar – Altes Testament 33/3), Stuttgart 2000.

Krochmalnik, Daniel (2000), Schriftauslegung. Die Bücher Levitikus, Numeri, Deuteronomium im Judentum (Neuer Stuttgarter Kommentar – Altes Testament 33/5), Stuttgart 2000.

Noth, Martin (1988), Das 2. Buch Mose – Exodus (Das Altes Testament Deutsch 5), Göttingen [8]1988.

Plaut, W. Gunther (2000–2003), Die Tora in jüdischer Auslegung (5 Bände), Gütersloh 2000–2003.

Rad, Gerhard von (1964), Das 5. Buch Mose – Deuteronomium (Das Alte Testament Deutsch 8), Göttingen 1964.

[Raschi] (1994), Raschis Pentateuchkommentar (vollständig ins Deutsche übertragen und mit einer Einleitung versehen von S. Bamberger), Basel 1994 (= [2]1928).

Rüterswörden, Udo (2006), Das Buch Deuteronomium (Neuer Stuttgarter Kommentar – Altes Testament 4), Stuttgart 2006.

Scharbert, Josef (1989), Exodus (Die Neue Echter Bibel), Würzburg 1989.

Scharbert, Josef (1992), Numeri (Die Neue Echter Bibel), Würzburg 1992.

Schmid, Rudolf (1977), Mit Gott auf dem Weg. Die Bücher Exodus, Levitikus, Numeri (Stuttgarter Kleiner Kommentar AT 3), Stuttgart 1977.

Staubli, Thomas (1996), Die Bücher Levitikus, Numeri (Neuer Stuttgarter Kommentar – Altes Testament 3), Stuttgart 1996.

Willi-Plein, Ina (1988), Das Buch vom Auszug. 2. Mose, Neukirchen-Vluyn 1988.

Winter, J. / Wünsche, A. (1909), Mechiltha. Ein tannaitischer Midrasch zu Exodus, Leipzig 1909.

Zenger, Erich (1978), Das Buch Exodus (Geistliche Schriftlesung 7), Düsseldorf 1978.

1.2. Monographien, Aufsätze, Lexikonartikel

Alonso Schökel, Luis (1992), Moses. Biblische Betrachtungen, München 1992.

Assmann, Jan (1998), Moses der Ägypter. Entzifferung einer Gedächtnisspur, München 1998.

Assmann, Jan (2000), Monotheismus und Ikonoklasmus als politische Theologie, in: Otto, E. (2000), 121–139.

Assmann, Jan (2003), Die mosaische Unterscheidung oder der Preis des Monotheismus, München/Wien 2003.

Aurelius, Erik (1988), Der Fürbitter Israels. Eine Studie zum Mosebild im Alten Testament, Stockholm 1988.

Barbiero, Gianni (2002), Der Glaubensweg des jungen Mose als Synthese der spirituellen Erfahrung des Exodus, in: Ders., Studien zu alttestamentlichen Texten, Stuttgart 2002, 199–220.

Böckler, Annette M. (2006), Nie mehr erstand in Israel ein Prophet wie Mosche. Mose in der jüdischen Überlieferung: Welt und Umwelt der Bibel 41, 2006, 41–45.

Britt, Brian (2004), Rewriting Moses. The Narrative Eclipse on the Text, London / New York 2004.

Braun, Heike (2010), Geschichte des Gottesvolkes und christliche Identität, Tübingen 2010.

Buber, Martin (1966), Moses (1944), Heidelberg ³1966.

Cazelles, Henri u. a. (1963), Moses in Schrift und Überlieferung, Düsseldorf 1963.

Daiches, David (1975), Moses. Man in the Wilderness, London 1975.

Deselaers, Paul (2002), Mose – Freiheit aus der Nähe zu Gott, in: Ders., Lebensweisheit aus der Bibel. Biblischer Frauen und Männer – Inspiration für heute, Freiburg 2002, 62–74.

Dohmen, Christoph / Stemberger, Günter (1996), Hermeneutik der Jüdischen Bibel und des Alten Testaments, Stuttgart 1996.

Fischer, Georg (2000), Das Mosebild der Hebräischen Bibel, in: Otto, E. (2000), 84–120.

Frevel, Christian (2006), Von den Schwächen eines Helden. Der andere Mose: Welt und Umwelt der Bibel 41, 2006, 20–25.

Gerhards, manfred (2006), Die Aussetzungsgeschichte des Mose. Literar- und traditionsgeschichtliche Untersuchungen zu einem Schlüsseltext des nichtpriesterlichen Tetrateuch, Neukirchen-Vluyn 2006.

Gertz, Jan Christian (2002), Mose und die Anfänge der israelitischen Religion: Zeitschrift für Theologie und Kirche 99, 2002, 3–20.

Gertz, Jan Christian (2008), Mose: Wissenschaftliches Bibellexikon im Internet (www.wibilex.de).

Görg, Manfred (1997), Die Beziehungen zwischen dem Alten Israel und Ägypten. Von den Anfängen bis zum Exil, Darmstadt 1997.

Görg, Manfred (2000), Mose – Name und Namensträger.

Versuch einer historischen Annäherung, in: Otto, E. (2000), 17–42.

Golka, Friedemann W. (2007), MOSE – Biblische Gestalt und literarische Figur. Thomas Manns Novelle »Das Gesetz« und die biblische Überlieferung, Stuttgart 2007.

Graupner, Axel / Wolter, Michael (Hrsg.) (2007), Moses in Biblical and Extra-Biblical Tradition, Berlin / New York 2007.

Hagemann, Ludwig (1985), Propheten – Zeugen des Glaubens. Koranische und biblische Deutungen, Graz/Wien/Köln 1985.

Hartenstein, Friedhelm (2008), Das Angesicht JHWHs. Studien zu seinem höfischen und kultischen Bedeutungshintergrund in den Psalmen und in Exodus 32–34, Tübingen 2008.

Hasitschka, Martin (1999), Die Führer Israels: Mose, Josua und die Richter, in: M. Öhler (1999), 117–140.

Herrmann, Siegfried (1995), Mose: Neues Bibel-Lexikon II, Zürich/Düsseldorf 1995, 847–849.

Hieke, Thomas (2003), Die Genealogien der Genesis, Freiburg 2003.

Konkel, Michael (2008), Sünde und Vergebung. Eine Rekonstruktion der Redaktionsgeschichte der hinteren Sinaiperikope (Ex 32–34) vor dem Hintergrund aktueller Pentateuchmodelle, Tübingen 2008.

Krauss, Rolf (2001), Das Mosesrätsel. Auf den Spuren einer biblischen Erfindung, München 2001.

Lehmann, Johannes (1983), Moses – Der Mann aus Ägypten. Religionsstifter, Gesetzgeber, Staatsgründer, Hamburg 1983.

Lenzen, Verena (1996), Moses, Augsburg 1996.

Lohfink, Norbert (1988), Die priesterliche Abwertung der Tradition von der Offenbarung des Jahwenamens an Mose, in: Ders., Studien zum Pentateuch, Stuttgart 1988, 71–78.

Lohfink, Norbert (1999), Der Tod am Grenzfluß. Moses unvollendeter Auftrag und die Konturen der Bibel, in: Ders., Im Schatten deiner Flügel, Freiburg 1999, 11–28.

Martin-Achard, Robert, u. a. (1978), La figure de Moïse. Ecriture et relectures, Genf 1978.

Mark, martin (2011), »Mein Angesicht geht« (Ex 33,14) –

Gottes Zusage personaler Führung am »Tag der Fürbitte«, Freiburg 2011 (im Druck).

NEHER, ANDRÉ (1977), Moses (rororo Bildmonographien), Reinbeck b. Hamburg 1977.

NEUSS, WILHELM (1922), Die Katalanische Bibelillustration um die Wende des ersten Jahrtausends und die altspanische Buchmalerei, Bonn/Leipzig 1922.

ÖHLER, MARKUS (Hrsg.) (1999), Alttestamentliche Gestalten im Neuen Testament, Darmstadt 1999.

OTTO, ECKART (Hrsg.) (2000), Mose. Ägypten und das Alte Testament, Stuttgart 2000.

OTTO, ECKART (2000a), Der historische, der biblische und der historisch-kritische Mose. Probleme ihrer Relation und Wirkungsgeschichte, in: DERS. (2000), 9–16.

OTTO, ECKART (2000b), Moses und das Gesetz. Die Mose-Figur als Gegenentwurf Politischer Theologie zur neuassyrischen Königsideologie im 7. Jh. v. Chr., in: DERS. (2000), 43–83.

OTTO, ECKART (2006), Mose. Geschichte und Legende, München 2006.

OTTO, ECKART (2007), Das Gesetz des Mose, Darmstadt 2007.

OTTO, ECKART / KRAUS, WOLFGANG / NIEHOFF, MAREN U. A. (2002), Mose: Religion in Geschichte und Gegenwart Bd. 5, ⁴2002, 1534–1543.

PERLITT, LOTHAR (1971), Mose als Prophet: Evangelische Theologie 31, 1971, 588–608.

RENDTORFF, ROLF (1975), Mose als Religionsstifter. Ein Beitrag zur Diskussion über die Anfänge der israelitischen Geschichte, in: DERS., Gesammelte Studien zum Alten Testament, München 1975, 152–171.

RÖMER, THOMAS (2006), Ein einzigartiger Vermittler. Die Biographie des Mose nach den biblischen Texten: Welt und Umwelt der Bibel 41, 2006, 12–17.

RÖMER, THOMAS (HRSG.) (2007), La construction de la figure de Moïse, Paris 2007.

SCHART, AARON (1990), Mose und Israel im Konflikt. Eine redaktionsgeschichtliche Studie zu den Wüstenerzählungen, Göttingen 1990.

SCHMID, HERBERT (1986), Die Gestalt des Mose. Probleme alttestamentlicher Forschung unter Berücksichtigung der Pentateuchkrise, Darmstadt 1986.

SCHMIDT, WERNER H. (1989), Exodus, Sinai und Mose (EdF 191), Darmstadt, ²1989.

SEGAL, BEN-ZION / LEVI, GERSHON (HRSG.) (1985), The Ten Commandments in History and Tradition, Jerusalem 1985.

SMEND, RUDOLF (1959), Das Mosebild von Heinrich Ewald bis Martin Noth, Tübingen 1959.

SMEND, RUDOLF (2009), Mose als geschichtliche Gestalt, in: DERS., Zwischen Mose und Karl Barth, Tübingen 2009 1–26.

STEINS, GEORG (2009), Amos und Mose rücken zusammen. Oder: was heißt intertextuelles Lesen der Bibel?, in: DERS.; Kanonisch-intertextuelle Studien zum Alten Testament, Stuttgart 2009, 249–261.

TASCHNER, JOHANNES (2008), Die Mosereden im Deuteronomium. Eine kanonorientierte Untersuchung, Tübingen 2008.

UEHLINGER, CHRISTOPH (2003) »Hat YHWH denn wirklich nur mit Mose geredet?« Biblische Exegese zwischen Religionsgeschichte und Theologie, am Beispiel von Num 12: Biblische Zeitschrift 44, 2003, 230–253.

ZENGER, ERICH (1993), Am Fuß des Sinai. Gottesbilder des Ersten Testaments, Düsseldorf 1993.

ZENGER, ERICH (1985), Israel am Sinai. Analysen und Interpretationen zu Exodus 17-34, Altenberge ²1985.

ZENGER, ERICH / NÜTZEL, JOHANNES M. / MAIER, JOHANN U. A. (1998), Mose: Lexikon für Theologie und Kirche, Bd. 7, ³1998, 486–492.

ZENGER, ERICH (2008) Einleitung in das Alte Testament, Stuttgart ⁷2008.

1.3. Spezielle Literatur zu C. Wirkung

ALIPRANTIS, THEOLOGOS CHR. (1986), Moses auf dem Berge Sinai. Die Ikonographie der Berufung des Moses und des Empfangs der Gesetzestafeln, München 1986.

ARMOUR, PETER (1993), Michelangelo's Moses: A Text in Stone, in: Italian Studies 48, 1993, 18–43.

ASCH, SCHALOM (1990), Moses »Der Gott hat gegeben«. Roman (1953), München 1990.

BERGMAN, ROBERT (1980), The Salerno Ivories. Ars Sacra from Medieval Amalfi, Cambridge/London 1980.

BŒSPFLUG, FRANÇOIS (2006), »Nur meinen Rücken darfst du sehen …« Von den Schwierigkeiten, eine Vision darzustellen, in: Welt und Umwelt der Bibel 41, 2006, 56–60.

BOUREL, DOMINIQUE (2006), Politiker oder Prophet? Mose zwischen Freud und Buber: Welt und Umwelt der Bibel 41, 2006, 52–55.

BRENK, BEAT (1975), Die frühchristlichen Mosaiken in S. Maria Maggiore zu Rom, Wiesbaden 1975.

CAHN, WALTER (1982), Die Bibel in der Romanik, München 1982.

DACOS, NICOLE (2008), Raffael im Vatikan. Die päpstlichen Loggien neu entdeckt, Stuttgart 2008.

DEMUS, OTTO (1984), The Mosaics of San Marco in Venice, Teil 2 (The Thirteenth Century), Bd. 1, Chicago/London 1984.

DUTTON, PAUL EDWARD/ KESSLER, HERBERT L. (1997), The Poetry and Paintings of the First Bible of Charles the Bald, Ann Arbor 1997.

ECHINGER-MAURACH, CLAUDIA (2009), Michelangelos Grabmal für Papst Julius II., München 2009.

ESCHWEILER, JAKOB / FISCHER, BONIFATIUS / FREDE, HERMANN JOSEF / MÜTHERICH, FLORENTINE (1968), Der Inhalt der Bilder, in: Der Stuttgarter Bilderpsalter, Bibl. Fol. 23, Württembergische Landesbibliothek Stuttgart, Bd. 2: Untersuchungen, Stuttgart 1968.

FELDMAN, LOIS H. (2007), Philo's Portrayal of Moses in the Context of Ancient Judaism, Notre Dame 2007.

FREUD, SIGMUND (1975), Der Mann Moses und die monotheistische Religion. Schriften über die Religion (1939), Frankfurt 1975.

FREUD, SIGMUND (1969), Der Mose des Michelangelo (1914), in: DERS., Studienausgabe X. Bildende Kunst und Literatur, Frankfurt 1969, 196–222.

SARFATTI, Gad B. (1985), The Tablets of the Law as Symbols of Judaism, in: B.-Z. Segal / G. Levi (Hrsg.), The Ten Commandments in History and Tradition, Jerusalem 1985, 383–418.

GAGER, JOHN G. (1972), Moses in Greco-Roman paganism, Nashville 1972.

GRAF, FRIEDRICH WILHELM (2006), Moses Vermächtnis. Über göttliche und menschliche Gesetze, München 2006.

GRODECKI, LOUIS (1995), Études sur les vitraux de Suger à Saint-Denis (XIIe siècle), Bd. 2, Paris 1995.

GRUBRISCH-SIMITIS , ILSE (2004), Michelangelos Moses und Freuds ›Wagstück‹. Eine Collage, Frankfurt 2004.

HEITHER, THERESIA, Mose: Biblische Gestalten bei den Kirchenvätern, Münster 2010.

HOFFMANN, KONRAD (1968), Sugers »anagogisches Fenster« in St. Denis, in: Wallraf-Richartz-Jahrbuch, Bd. 30, 1968, 57–88.

JEREMIAS, GISELA (1980), Die Holztür der Basilika S. Sabina in Rom, Tübingen 1980.

KEMP, WOLFGANG (1994), Christliche Kunst. Ihre Anfänge, ihre Strukturen, München u. a. 1994.

KESSLER, HERBERT L. (1977), The Illustrated Bibles from Tours, Princeton 1977.

KÖNINGER, ILSETRAUD / MOOS, BEATRIX (2007), Auf den zweiten Blick. Chagall und die Bibel, Stuttgart 2007.

MEDDING, WOLFGANG (1930), Die Westportale der Kathedrale von Amiens und ihre Meister, Augsburg 1930.

MELLINKOFF, RUTH (1970), The Horned Moses in Medieval Art and Thought, Berkeley u. a. 1970.

MELLINKOFF, RUTH (1974), The Round-Topped Tablets of the Law, in: Journal of Jewish Art 1, 1974, 28–43.

MORAND, KATHLEEN (1991), Claus Sluter. Artist at the Court of Burgundy, London 1991.

Musée National Message Biblique Marc Chagall Nice. Catalogue des collections, Paris ²2001.

NARKISS, BEZALEL (1969), Hebrew Illuminated Manuscripts, Jerusalem 1969.

OSSWALD, EVA (1962), Das Bild des Mose in der kritischen alttestamentlichen Wissenschaft seit Julius Wellhausen, Berlin 1962.

POESCHKE, JOACHIM (2009), Mosaiken in Italien 300–1300, München 2009.

PROVOYEUR, PIERRE (1996), Marc Chagall. Die Bilder zur Bibel, Stuttgart/Zürich ²1996.

SCHLOSSER, HANSPETER (1974), Moses, in: Lexikon der christlichen Ikonographie, Bd. 3, Rom 1974, 282–297.

SCHMIDINGER, HEINRICH (1999), Die Bibel in der deutschsprachigen Literatur des 20. Jahrhunderts, Bd.: 2 Personen und Figuren, Mainz 1999.

SCHNEIDER, FRIEDRICH (1888), Ein Diptychon des X. Jahrhunderts, in: Zeitschrift für christliche Kunst, Bd. 1, 1888, 15–26.

SEIFERTH, WOLFGANG (1964), Synagoge und Kirche im Mittelalter, München 1964.

ST. CLAIR, ARCHER (1987), A New Moses: Typological Iconography in the Moutier-Grandval Bible Illustrations of Exodus, in: Gesta 26, 1987, 19–28.

STECK, ODIL HANNES (1981), Moses und Aron. Die Oper Arnold Schönbergs und ihr biblischer Stoff, München 1981.

TRAUDISCH-SCHRÖTER, IRIS / SCHRÖTER, HARTMUT (1993), Marc Chagall. Exoduszyklus. Eine Botschaft von Befreiung und Bewahrung, Wiehl 1993.

VERKERK, DOROTHY (2004), Early Medieval Bible Illumination and the Ashburnham Pentateuch, Cambridge 2004.

VERSPOHL, FRANZ-JOACHIM (2004), Michelangelo Buonarroti und Papst Julius II. Moses – Heerführer, Gesetzgeber, Musenlenker, Göttingen / Bern 2004.

ZAHNER, WALTER (Hrsg.) (1996), Die Bibel: Das Alte Testament – Die Filme: Moses und Materialien und Arbeitshilfen Bd. 3, München / Frankfurt 1996.

ZCHOMELIDSE, NINO (2003), Das Bild im Busch. Zu Theorie und Ikonographie der alttestamentlichen Gottesvision im Mittelalter, in: JANOWSKI, BERND / NINO ZCHOMELIDSE (HRSG.): Die Sichtbarkeit des Unsichtbaren. Zur Korrelation von Text und Bild im Wirkungskreis der Bibel (Arbeiten zur Geschichte und Wirkung der Bibel, Bd. 3), Stuttgart 2003.

Nachtrag

Nach Abschluss des Manuskripts erschien das überaus anregende Buch zum Koran von Angelika Neuwirth (Der Koran als Text der Spätantike. Ein europäischer Zugang, Berlin 2010), das unter dem Titel »Mose – seine koranische Entwicklung« (S. 653–671) die im vorliegenden Buch – aufgrund seiner thematischen Ausrichtung und des begrenzten Umfangs – nur angedeuteten Aspekte (s. o. 35 f.) der Mose-Rezeption im Koran präzise und fundiert in verständlicher Weise entfaltet. Auf diese Darstellung sei ausdrücklich hingewiesen, weil sie einige Aspekte der innerbiblischen Entwicklung des Mose-Bildes zu verstehen hilft.

2. Abbildungsverzeichnis

Abb. 1: *Die Jüdische Bibel (TaNaK) und das Alte Testament*
C. Dohmen.

Abb. 2: *Zeittafel zu wichtigen Epochen der Geschichte Ägyptens*
C. Dohmen.

Abb. 3: *Karte mit den wichtigsten Orten zur Exodusgeschichte*
© Katholisches Bibelwerk Stuttgart, aus NSK.AT 2 (Exodus) 183, mit freundlicher Genehmigung von Autor (G. Fischer) und Verlag.

Abb. 4: *Kompositionselemente der Tora*
C. Dohmen.

Abb. 5: *Weltchronik des Rudolf von Ems (Zürich), Gott begräbt Mose*
(Zürich, Zentralbibliothek, Ms. Rh. 15, fol. 112v)
Escher, Konrad: Die Bilderhandschrift der Weltchronik des Rudolf von Ems, Zürich 1935, Tafel VI, Abb. 22.

Abb. 6: *Ernst Barlach, Mose*
(Ernst Barlach Haus Hamburg. Stiftung Hermann F. Reemtsma)
Die Ernst Barlach Museen. Güstrow – Ratzeburg – Hamburg – Wedel, Leipzig 1998 (E. A. Seemann), 72.

Abb. 7: *Ernst Barlach, Mose, Kohlezeichnung*
Ernst Barlach. Zwischen Himmel und Erde, Auswahl und Einführung von Carl Georg Heise, München 1953 (Piper), Abb. 41.

Abb. 8: *Kathedrale von Amiens, Marienportal (Ausschnitt)*
Medding, Wolfgang: Die Westportale der Kathedrale von Amiens und ihre Meister, Augsburg 1930 (Dr. Benno Filser Verlag), Abb. 13.

Abb. 9: *Kathedrale von Lausanne, Südportal, Mose*
C. Dohmen.

Abb. 10: *Admonter Bibel, Mose auf dem Sinai*
(Wien, Österreichische Nationalbibliothek, N. S. Cod. 2701, fol. 68v)
Cahn, Walter: Die Bibel in der Romanik, München 1982 (Hirmer), 161, Abb. 120, 121.

Abb. 11: *Elfenbeindiptychon, Gesetzesübergabe und Erscheinung des Auferstandenen vor Thomas*
(Berlin, Staatliche Museen zu Berlin, Preußischer Kulturbesitz)

Kemp, Wolfgang: Christliche Kunst. Ihre Anfänge, ihre Strukturen, München/Paris/London 1994 (Schirmer/Mosel), 217 ff., Tafel 16.

Abb. 12: *Regensburger Pentateuch, Weitergabe des Gesetzes*
(Jerusalem, Israel Museum, Ms. 180/52, fol. 154 v)
Narkiss, Bezalel: Hebrew Illuminated Manuscripts, Jerusalem 1969 (Encyclopaedia Judaica Jerusalem), Tafel 29.

Abb. 13: *Marc Chagall, Mose*
Nationalmuseum Biblische Botschaft Marc Chagall Nizza, Paris 1976 (Editions des musées nationaux), Abb. auf S. 216.

Abb. 14: *Claus Sluter, Mose*
Morand, Kathleen: Claus Sluter. Artist at the Court of Burgundy, London 1991 (Harvey Miller Publishers), Tafel 40.

Abb. 15: *Bibel von Ripoll, Mose übermittelt Gottes Weisungen*
(Rom, Biblioteca Apostolica Vaticana, Vat. lat. 5729, fol. 6 v)
Neuss, Wilhelm: Die katalanische Bibelillustration um die Wende des ersten Jahrtausend und die altspanische Buchmalerei, Bonn/Leipzig 1922 (Kurt Schroeder), Tafel 4, Abb. 6.

Abb. 16: *Bibel von Moutier-Grandval, Titelbild zum Buch Exodus*
(London, British Library, Ms. Add. 10546, fol. 25 v)
Cahn, Walter: Die Bibel in der Romanik, München 1982 (Hirmer), 48, Abb. 25.

Abb. 17: *Bibel von Moutier-Grandval, Bildseite zur Offenbarung des Johannes*
(London, British Library, Ms. Add. 10546, fol. 449 r)
Cahn, Walter: Die Bibel in der Romanik, München 1982 (Hirmer), 49, Abb. 26.

Abb. 18: *Saint-Denis, »Anagogisches Fenster«*
Grodecki, Louis: Etudes sur les vitraux de Suger à Saint-Denis (XIIe siècle), Bd. 2, Paris 1995 (Presses de l'Université de Paris-Sorbonne), Abb. 19.

Abb. 19: *Lambeth-Bibel, Wurzel Jesse (Ausschnitt)*
(London, Lambeth Palace, Ms. 3, fol. 198 r)
Cahn, Walter: Die Bibel in der Romanik, München 1982 (Hirmer), 193, Abb. 151.

Abb. 20: *Somme le Roi, Gesetzesübergabe und Anbetung des Goldenen Kalbs*
(London, British Library, Ms. Add. 54180, fol. 5 v)

Daiches, David: Moses. Man in the Wilderness, London 1975 (Weidenfeld and Nicholson), 148.

Abb. 21: *Vézelay, Figurenkapitell, Mose und das Goldene Kalb*
Moreau, Abel: Vézelay, o. J., 20 (unten).

Abb. 22: *Salerno, Elfenbeintafel, Mose am brennenden Dornbusch*
(Diözesanmuseum Salerno)
Bergmann, Robert P.: The Salerno Ivories. Ars Sacra from the Medieval Amalfi, Cambridge/London 1980 (Harvard University Press), Abb. 17.

Abb. 23: *Salerno, Elfenbeintafel, Gesetzesübergabe*
(Diözesanmuseum Salerno)
Bergmann, Robert P.: The Salerno Ivories. Ars Sacra from the Medieval Amalfi, Cambridge/London 1980 (Harvard University Press), Abb. 19.

Abb. 24: *Rom, Santa Sabina, Berufung des Mose und Gesetzesübergabe*
Jeremias, Gisela: Die Holztür der Basilika S. Sabina in Rom, Tübingen 1980 (Ernst Wasmuth), Tafel 20.

Abb. 25: *Ravenna, San Vitale, Mosaiken im Altarraum*
Stützer, Herbert Alexander: Ravenna und seine Mosaiken, Köln 1989 (Dumont), Abb. 35 und 36.

Abb. 26: *Saint-Savin-sur-Gartempe, Gesetzesübergabe*
Sureda, Joan und Emma Liaño: Le monde roman, premier langage de l'Europe, Saint-Léger-Vauban/Paris 1998 (Zodique/Desclée de Brouwer), 195, Abb. 7 unten.

Abb. 27: *El Greco, Sinai mit Gesetzesübergabe*
(Modena, Galleria Estense)
Daiches, David: Moses. Man in the Wilderness, London 1975 (Weidenfeld and Nicholson), Abb. 68.

Abb. 28: *Weltchronik des Rudolf von Ems (Zürich), Gott zieht an Mose vorüber*
(Zürich, Zentralbibliothek, Ms. Rh. 15, fol. 87 r)
Escher, Konrad: Die Bilderhandschrift der Weltchronik des Rudolf von Ems, Zürich 1935, Tafel V, Abb. 17.

Abb. 29: *Stuttgarter Psalter, Illustration zu Ps 49,7*
(Württembergische Landesbibliothek Stuttgart, Cod. Bibl. 2° 23, fol. 62r)
veröffentlicht durch die Württembergische Landesbibliothek Stuttgart, WLB Digitale Sammlungen: http://digital.wlb-stuttgart.de/digitale-sammlungen/.

Abb. 30: *Marc Chagall, Mose vor dem brennenden Dornbusch*
Nationalmuseum Biblische Botschaft Marc Chagall Nizza, Paris 1976 (Editions des musées nationaux), Farbtafel 10.
bpk / RMN / Nizza, Musée national Message biblique Marc Chagall / Gérard Blot

Abb. 31: *Marc Chagall, Schlussbild des Exodus-Zyklus*
Traudisch-Schröter, Iris und Hartmut Schröter: Marc Chagall. Exoduszyklus. Eine Botschaft von Befreiung und Bewahrung, Wiehl 1993, 100 f.

Abb. 32: *Ashburnham Pentateuch, Bundesschluss und Zeltheiligtum*
(Paris, Bibl. Nat., Ms. Nouv. acq. lat. 2334, fol. 76 r)
Cahn, Walter: Die Bibel in der Romanik, München 1982 (Hirmer), 27.

Abb. 33: *Weltchronik (Los Angeles), Mose schaut das Zeltheiligtum*
(Los Angeles, J. Paul Getty-Museum, Ms. 33, fol. 89 v)
Artist unknown, Moses and the Ark of the Covenant, 1400–1410 with addition in 1487, Tempera Colors, gold, silver paint, and ink on parchment, Leaf: 33,5 × 23,5 cm (13 3/16 × 9 1/4 in.)
veröffentlicht im Internet vom Paul Getty Museum: http://www.getty.edu/art/gettyguide/artObjectDetails?artobj=2164.

Abb. 34: *Sigmund Freuds Zeichnungen zum Mose des Michelangelo*
Sigmund Freud, Der Mose des Michelangelo, in: Ders., Studienausgabe X. Bildende Kunst und Literatur, Frankfurt 1969, 214 f.